国家社科基金
后期资助项目

# 外商直接投资产业控制力研究

Foreign Direct Investments' Controls on the Chinese Industries

李泳 著

社会科学文献出版社
SOCIAL SCIENCES ACADEMIC PRESS (CHINA)

# 国家社科基金后期资助项目
## 出版说明

　　后期资助项目是国家社科基金设立的一类重要项目，旨在鼓励广大社科研究者潜心治学，支持基础研究多出优秀成果。它是经过严格评审，从接近完成的科研成果中遴选立项的。为扩大后期资助项目的影响，更好地推动学术发展，促进成果转化，全国哲学社会科学规划办公室按照"统一设计、统一标识、统一版式、形成系列"的总体要求，组织出版国家社科基金后期资助项目成果。

全国哲学社会科学规划办公室

# 摘　要

外商直接投资（Foreign Direct Investment，FDI）威胁东道国产业安全问题一直是国内外学者研究的一个热点。但是FDI引致东道国产业风险的方式和路径错综复杂，涉及经济、制度、文化、体制等众多因素。目前各种基于内外影响因素进行的产业控制和产业安全的测度和评价研究，由于受指标选择的系统性、相关性、可测性、科学性、规范性等方面的制约，难以把握问题的实质，严重影响了评价的准确性和一致性，常常出现控制之名与控制之实不相符的现象。我们对外资产业控制的研究必须改变视角。调研中我们发现不同经济类型的外资企业在组织结构、产业布局和风险特征上存在较大差异，跨国投资者出于管理和协调的考虑所关注的区位因素也存在差别，但其根本目的是获得产业掌控力，通过产品定价权实现财富控制，通过产业链整合实现对产业发展进程和发展方向的控制。基于此，本书研究的出发点是从更加具体的产业组织、产业结构和产业布局行为操控上来分析外资企业对产品定价权和产业链构建的控制效应，并就如何实施FDI产业全息动态监控提出针对性的建议。

依照"现状—理论—专题—对策"的分析研究思路，本书从以下方面对外资实施产业控制的机理及外资对中国的产业控制状况进行了研究。

第一，对FDI在中国的产业投资行为特征及影响因素进行了调查分析。基于对微观企业的问卷调查，研究FDI投资行为的目的性和影响外资企业抢占市场、控制定价权、构建产业链等行为的因素，以便预测弱化FDI产业控制力的着力点。进一步通过对FDI投资的结构性研究，揭示出不同类型的外资企业对外资政策响应的重要性程度存在显著差别，从而推测出哪类企业更容易受外资政策调整的影响，提出弱化外资产业控制力的着力点。

第二，对FDI的产业控制机理进行了分析。构建起FDI"产业组织控制—产业结构控制—产业布局控制—定价权控制和产业链控制"的理论分析框架。对FDI改变东道国产业组织作用机理的分析认为FDI具有利用规模经济占优控制市场结构、利用技术研发占优控制市场运行、利用品牌占优控制市场绩效的行为动机。FDI对东道国产业组织的恶意控制将打破产业内企业间均衡有效的竞争格局，其结果是产业组织运行失去效率。对FDI改变东道国产业结构作用机理的分析认为FDI利用投资倾斜控制产业结构合理化进程，利用技术溢出效应和产业关联效应控制产业结构高级化的进程。FDI对东道国产业结构的恶意控制将造成产品生产低端化，资源浪费，企业缺乏成本压力和技术创新的危机感，经营运行效率低下，长期产业发展速度会变慢。对FDI改变东道国产业布局作用机理的分析认为FDI改变了当地的交通运输条件和物流网络，改变了市场盈利空间。FDI对东道国产业布局的恶意控制将改变所在地的区位条件，抑制区域增长极的极化作用以及极核扩散效应，阻碍产业集中度的提高，以及产业集群效应的实现。FDI通过在产业组织、产业结构和产业布局等方面的运作获得产业掌控力，综合表现为对产品定价权和产业链整合及延伸的控制，进一步地，通过产品定价权实现对东道国产业的生存控制，通过产业链整合构建控制东道国产业发展的方向和进程。

第三，构建了FDI产业控制力测度的指标体系。在理论分析的基础上，遵循科学性、合理性、可行性的精神，本着完备性、系统性、动态性、可测性、重要性的原则，本书构建出评判包括产业组织控制、产业结构控制、产业布局控制、定价权控制和产业链构建控制五个方面体现产业控制程度和方向的指标体系，共计16个子指标，并将其综合成一个总指数。这一外资产业控制综合指数不仅取决于各子指标的数值，而且取决于反映在不同背景下各指标重要性的权重。本书依照"对FDI控制产业运行状况的衡量必须考虑它在多大程度上影响了经济资源配置、投入产出效率以及产业增长"这一思想设计了一个VAR模型用于测算指标体系中各指标的权重，对中国典型产业的外资控制力进行了实证测度，得出了与实际相符的结论。

第四，利用风险率存活模型探讨了FDI投资时机与产业生态状况之间的关系。结果发现随着时间的积累，FDI投资的风险函数（概率）增长，并呈现长期上升的趋势。产业已有FDI投资规模、市场潜力、产业链整合程度、FDI投资专门化优势、对外开放程度等都是可以缩短FDI

投资时间、加快FDI对东道国产业投资步伐的关键。

第五，基于对FDI产业控制作用机理的分析，本书认为FDI集中的市场结构本身并不构成产业安全威胁，东道国FDI审查工作的重点应当针对控制性行为而不是控制性结构，针对单个交易项目而不是整个行业，对交易项目进行有效的风险评估，以及建立敏感岗位的就业安全标准。根据安全系统论、安全信息论和安全控制论，以互联网为工具，结合产业安全工作实际设计出全息动态监管系统。本系统以外资企业生产经营行为信息为输入，经过信息的收集、存储、筛选、整理、隐患信息监控与风险控制系统的反馈管理，实现产业安全运行或产业损害最小化。

**关键词：** 外商直接投资　产业控制力　定价权　产业链构建　监控系统

# Abstract

How foreign direct investment (FDI) threat the industry security of host country has always been a research topic for domestic and foreign scholars. But when and how FDI damage occur is complex, which involves various aspects such as economy, society, culture, industrial regulatory regime, and so on. At present all kinds of measure and evaluation research for industry security are based on the internal and external related factors. But due to the selected index are lack of normalization, scientificity and unification, the evaluation often lack accuracy and consistency, which mislead the supervision and policy formulation for FDI. So it is necessary for researchers to design a scientific method to assess industry safety and build up an operable system to effectively supervise FDI. Our study intends to do such work to explore the mechanism of FDI controlling industry of host country, find the characteristics of FDI affecting Chinese industry development, devise an effective evaluation system to assess FDIs' industry controlling power, and design a regulatory system for FDI in China. The main work includes:

(1) To analyze FDIs' industrial behavior characteristics in China. Based on a questionnaire from the microscopic enterprises, FDIs' motivation, FDIs' scales and correlated factors which affected FDIs' flows were illustrated. The investigation give us new insights into the FDIs' behaviors to seize market share, vie for pricing power, and FDIs' industrial control powers. Further analysis for the FDI structure reveals the different types of foreign investment enterprise have different degree's response to the FDI policy of host country, by which it can be inferred what kind of enterprise are more susceptible to FDI policy adjustments.

(2) To explore the mechanism of FDI controlling industry of host country. We build up a theoretical analysis framework of FDIs' industrial controlling power, that is, "controlling on industrial organization-controlling on industrial

structure-controlling on industry layout-pricing power & controlling on industrial chain". The mechanism of FDIs' industrial organization controlling means FDI dominants market structure by taking the advantage of its large scale, governs market operation by its leading technology, and manipulates market performance by its famous brands. The malicious control of FDI for industrial organization will break the effective competition among enterprises within the industry, as a result, the industrial organization's operating is no longer efficiency.

The mechanism of FDI controlling on industrial structure involves two channels: one is to control the process of rationalization of industrial structure by investment inclination; the other is to control the pace of industrial structure upgrading by technology spillover and the industrial chain effect. FDIs' malicious control for industrial structure will lead to low-end products prevalence, bring tremendous resource waste, and kill domestic enterprises technology innovation and creativity, and competition awareness. In the long run, industrial development will run inefficiency and unsustainable.

FDI inflows can change the local conditions of transportation and logistics network, change the market profit margins, and thus change the industry layout. FDIs' malicious control for industrial layout will deteriorate the local geographical conditions, deter the formation and development of the industry cluster district, inhibit the polarization and limit the proliferation of a regional economic development, which will restrict the industrial concentration, constrain the industrial structure optimization, and weaken the ability of the industry to response market adjustment. FDI achieves industrial controlling power by manipulating the industrial organization, industrial structure and industrial layout, which embodies to a certain extent the product pricing power and industrial chain integration and extension. Further, FDI uses the product pricing power to control the survival of the industry, and organizes the industrial chain reconfiguration to control the industrial development of the host countries.

(3) On the basis of above theoretical analysis, following the general principles of completeness, rationality and feasibility, systematic, dynamics, measurability, this book select 16 variables to compose an index as accurately

as possible to assess the FDI controlling level on industrial organization, industrial structure, industry layout, pricing power and industrial chain reconfiguration. Whether the composite index would evaluate correctly and accurately the FDI industry controlling level not only depends on the appropriation and their sizes of the various choose indicators, also depends on the weight of each indicator which reflects its relative importance in the comprehensive evaluation. We design a VAR model used to calculate the weight of each indicator following the ideology that "the assessment of FDI industrial controlling power should based upon how much it can affect the resource allocation, input and output transformation, and growth of the industry". The critical boundary of FDI industrial control level is also defined. The empirically results of FDI controlling power of typital industries of China is consistent with the reality.

(4) To study the relationship between FDI investment timing and the industrial ecological status using a survival model. The results show that FDI risk function (probability) increases with prolonging period of time, and has a long-term upward trend. FDI scale in China, market potential, the industrial chain integration degree, the open degree to the outside world, and FDI enterprises' itself specialization advantages all can affect FDI inflows to China.

(5) To devise a holographic dynamic supervision system for FDI. Based on system theory, information technology and cybernetics, using Internet as a productive tool, a FDI holographic dynamic supervision system for industry security is designed. The system input is the information variables describing FDI enterprises' production and management behaviors, the output is industry damage degree/industry security degree, the system operation procedures include information collection, storage, filter, sorting, hazards monitoring and feedback management of risk control to realize the safe operation of the industry and/or minimizing industrial injuries.

**Keywords**: Foreign Direct Investment (FDI); Industrial Controlling Power; Pricing Power; Industrial Chain Reconfiguration; FDI Monitoring; Controlling System

# 目 录

## 第一章 导言 ………………………………………………………… 1
- 第一节 研究背景与意义 ………………………………………… 1
- 第二节 FDI与产业控制研究综述 ……………………………… 2
- 第三节 研究对象和范围的界定 ………………………………… 9
- 第四节 研究方法与技术路线 …………………………………… 15
- 第五节 研究数据来源 …………………………………………… 17
- 第六节 主要创新点 ……………………………………………… 19

## 第二章 FDI产业投资的行为特征及影响因素调查 ……………… 21
- 第一节 问卷设计与样本特征 …………………………………… 21
- 第二节 外资企业对华产业投资的目的 ………………………… 24
- 第三节 影响外商在华投资的因素及其重要程度 ……………… 29
- 第四节 外资企业在华的市场占有率 …………………………… 32
- 第五节 外资企业的定价原则 …………………………………… 34
- 第六节 不同类型外资企业对华外资政策的响应 ……………… 37
- 第七节 FDI产业控制力的传统测度 …………………………… 42
- 第八节 本章小结 ………………………………………………… 46

## 第三章 FDI产业控制机理研究 …………………………………… 49
- 第一节 FDI产业控制的含义 …………………………………… 49
- 第二节 FDI产业控制机理 ……………………………………… 52
- 第三节 FDI产品定价权控制 …………………………………… 53
- 第四节 FDI产业链整合与延伸控制 …………………………… 56
- 第五节 本章小结 ………………………………………………… 62

## 第四章　FDI产业组织控制研究 ………………………………… 63

第一节　产业组织控制的含义 ………………………………… 63
第二节　FDI控制产业组织运行的机理 ……………………… 64
第三节　FDI控制中国产业组织状况 ………………………… 69
第四节　本章小结 ……………………………………………… 82

## 第五章　FDI产业结构控制研究 ………………………………… 84

第一节　产业结构控制的含义 ………………………………… 84
第二节　FDI控制产业结构的机理 …………………………… 85
第三节　FDI控制中国产业结构的实证分析 ………………… 92
第四节　本章小结 …………………………………………… 107

## 第六章　FDI产业布局控制研究 ………………………………… 109

第一节　关于产业布局 ……………………………………… 109
第二节　FDI控制产业布局的机理 ………………………… 111
第三节　对FDI产业布局控制的测度 ……………………… 116
第四节　中国FDI产业布局控制力分析 …………………… 117
第五节　本章小结 …………………………………………… 128

## 第七章　中国FDI产业控制力测度研究 ……………………… 129

第一节　FDI对中国产业控制的分析
　　　　——以农业产业为例 …………………………… 129
第二节　FDI产业控制力指标体系设计 …………………… 135
第三节　FDI产业控制力指数构建 ………………………… 137
第四节　FDI产业控制力实证测度 ………………………… 139
第五节　有效利用FDI，弱化FDI对中国产业控制的措施 … 146
第六节　本章小结 …………………………………………… 148

## 第八章　FDI产业投资决策特性研究 …………………………… 149

第一节　FDI投资决策的影响因素研究 …………………… 149
第二节　FDI投资决策优化模型及其模拟 ………………… 159

第三节　本章小结 …………………………………………… 167

## 第九章　基于 FDI 产业控制的产业安全评价 ……………………… 169
第一节　评价产业安全基本思路 …………………………… 169
第二节　产业安全研究方法的选择 ………………………… 170
第三节　基于 DEA 的 FDI 控制影响产业安全
综合评价模型构建 …………………………………… 173
第四节　FDI 影响产业安全评价模型的应用 ……………… 177
第五节　本章小结 …………………………………………… 186

## 第十章　FDI 安全审查的制度构建 ………………………………… 188
第一节　对外资安全审查的认识 …………………………… 188
第二节　中国 FDI "安全审查范围" 规定的变更 ………… 190
第三节　设置 FDI 安全审查范围的国际经验
——以美国安全审查为例 …………………………… 193
第四节　对 "外国投资法" 立法工作的思考 ……………… 198
第五节　对外资并购进行国家经济安全审查的指向 ……… 201
第六节　本章小结 …………………………………………… 205

## 第十一章　FDI 产业全息动态监管研究 …………………………… 206
第一节　中国 FDI 产业监管现状分析 …………………… 206
第二节　全息动态监管原理 ………………………………… 208
第三节　全息动态监管系统应用中的几个问题 …………… 212
第四节　案例：中国玉米产业 FDI 全息动态监管设计 …… 215

参考文献 ………………………………………………………………… 244

后　记 …………………………………………………………………… 253

# Contents

**1. Introduction / 1**

    1.1 Research background / 1

    1.2 An overview of FDI industrial control / 2

    1.3 Research object and scope / 9

    1.4 Research methods and technical routes / 15

    1.5 Data sources / 17

    1.6 The major innovation / 19

**2. The behavioral characteristics of FDI and influencing factors / 21**

    2.1 Questionnaire design and sample analysis / 21

    2.2 The purpose of FDI in China / 24

    2.3 The factors that affect foreign investment in China / 29

    2.4 The market share of foreign companies in China / 32

    2.5 The principle of the pricing of foreign companies / 34

    2.6 The response of foreign enterprises to China's FDI policy / 37

    2.7 A traditional measure of the power of FDI industrial control / 42

    2.8 The summary of the chapter / 46

**3. Research on the mechanism of FDI industrial control / 49**

    3.1 The meaning of FDI industrial control / 49

    3.2 The control mechanism of FDI industrial controls / 52

    3.3 FDI control on product pricing / 53

    3.4 FDI control on integration and extension of industry chain / 56

    3.5 The summary of the chapter / 62

## 4. Research on FDI industrial organization control / 63

    4.1 The meaning of FDI industrial organization control / 63

    4.2 The mechanism of industrial organizations / 64

    4.3 An empirical analysis of FDI industrial organizations control in China / 69

    4.4 The summary of the chapter / 82

## 5. Research on FDI industrial structure control / 84

    5.1 The meaning of FDI industrial structure control / 84

    5.2 Mechanism of FDI industrial structure control / 85

    5.3 Empirical analysis of FDI industrial structure control in China / 92

    5.4 The summary of the chapter / 107

## 6. Research on FDI industrial layout control / 109

    6.1 Industrial layout / 109

    6.2 The mechanism of FDI industrial layout control / 111

    6.3 A measure of FDI industrial layout control / 116

    6.4 FDI industry layout control in China / 117

    6.5 The summary of the chapter / 128

## 7. Measure FDI industrial control in China / 129

    7.1 An empirical measure on FDI industrial control / 129

    7.2 Indicators system measuring the power of FDI control / 135

    7.3 The index measuring the power of FDI control / 137

    7.4 An empirical measure on the power of FDI control / 139

    7.5 Effective use FDI against FDI's industrial control in China / 146

    7.6 The summary of the chapter / 148

## 8. Characteristics of FDI decision and optimization / 149

    8.1 Risk probability model / 149

    8.2 The simulation of FDI decision optimization / 159

8.3 The summary of the chapter / 167

## 9. The industry safety evaluation based on FDI industrial control / 169

9.1 A basic framework for assessing industrial safety / 169

9.2 The choice of research methods for industrial safety / 170

9.3 The comprehensive evaluation model of industrial security based on DEA / 173

9.4 An application of the evaluation model of FDIs' impact on industrial safety / 177

9.5 The summary of the chapter / 186

## 10. The system of FDI industrial security / 188

10.1 Understanding foreign investment safety screening / 188

10.2 The scope of China's FDI security / 190

10.3 International evidence in setting up the scope of FDI security / 193

10.4 A thinking about the "foreign investment law" / 198

10.5 A security screening guide for foreign mergers and acquisitions / 201

10.6 The summary of the chapter / 205

## 11. Design a system of holographic dynamic monitoring on FDI / 206

11.1 China's FDI industrial regulation / 206

11.2 The principle of holographic dynamic regulation / 208

11.3 An application of the holographic dynamic monitoring system / 212

11.4 An FDI holographic dynamic monitoring system in China's corn industry / 215

**References** / 244

**Postscript** / 253

# 第一章 导言

## 第一节 研究背景与意义

外商直接投资（FDI）作为经济全球化背景下一种主流的资本流动形态，对促进一国经济的发展具有全面而深刻的影响，它既可以为东道国提供要素供给、培育企业、创造需求、促进技术创新，又可以增强其产业依附性、加剧经济波动性、影响可持续发展。FDI通过市场垄断、产业控制、技术依附等威胁东道国经济安全的问题客观存在。随着经济全球化的冲击和我国对外开放的深化，FDI对我国经济安全的威胁日益显现，比如FDI对大豆等农产品定价权的控制，对加工制造企业的疯狂并购和对流通领域的不断渗透，令国人担忧。认真研究我国改革开放30多年来FDI的产业投资格局、利益实现上的方式和路径，尤其是研究FDI危及产业的风险形成、集聚、爆发的机理和防范控制措施，有利于更好地规范FDI的行为，提高我国产业对FDI的吸纳能力，改善政府决策，带动技术创新，促进产业发展。

但是FDI引致产业风险的方式和路径错综复杂，涉及经济、社会、文化、制度、体制等众多因素，目前各种基于内外影响因素建立安全评价指标体系进行安全性测度和评价的研究，由于受指标选择的系统性、相关性、可测性、科学性、规范性等制约，严重影响了评价的准确性和一致性，常常会误导外资监管工作的导向。有效利用外资急需一种科学的产业安全评价方法和具有可操作性的有效的外资监管方法。联合国贸易和发展组织（UNCTAD）的研究表明，FDI对一国产业构成威胁的基础和核心是获得产业控制，这有国际通行的外资市场控制率警戒线标准（通常为20%，一般行业为30%，少数竞争性行业为50%）。因此，深入研究FDI产业控制，分析FDI产业控制的形成机理和评价方法，不仅能提高研究的理论性，而且有助于产业安全的评价更具有系统性和科学性，从而提出更有针对性的 FDI 监管措施。

所谓 FDI 产业控制是指在开放条件下，基于创新技术、标准等竞争优势而形成的国际竞争力所产生的外国资本对东道国产业的国际控制能力。从理论上讲，外资控制的经济体的产业安全度既可能低于也可能高于内资企业控制的经济体的安全度，因为两者在客观上都有影响经济安全的正反因素。内资控制的经济体以自力更生发展经济为主，外资企业不多，因而有助于建立自己的产业体系，但在经济发展初期，资源和技术短缺，内资企业大多缺乏规模经济效益和组合经济效益，因而抑制了产业竞争力的提升；利用外资发展本国经济虽然在客观上使得东道国资源得以有效整合，提高了产业的整体竞争能力，但外资企业会借助资源、技术管理优势形成产业控制，因而东道国借助 FDI 获得的规模经济效益和组合经济效益有可能受到 FDI 垄断行为的损害。而且外资控制的产业在资源配置上必然有超出规模经济和组合经济所要求的界限冲动，达到进一步的外资垄断。因此，外资产业控制状况威胁产业安全有着内在的风险形成、积聚和爆发机理。本书将 FDI 产业控制放在较为成熟的产业经济学理论体系框架中进行剖析和观察，探讨 FDI 实施产业控制的形成和传导机制，并根据安全系统论、安全信息论和安全控制论，研究基于产业安全的全息动态 FDI 监测和管理系统，这对健全符合 WTO 规则的 FDI 准入制度和安全审查机制，实现可持续利用外资战略，具有十分迫切的现实意义。

## 第二节  FDI 与产业控制研究综述

由于 FDI 对东道国产业的控制力体现为决定产品的定价权、控制财富的流量、改变产业的发展进程和发展方向，它被认为是衡量威胁东道国产业安全的核心指标（赵元铭、黄茜，2009）。国外关于 FDI 与产业控制问题的理论起源可以追溯到重商主义的贸易理论，英国古典经济学家亚当·斯密最早提出了保护民族经济的问题，主张要对外国船舶绝对禁止或课以重税，以保护本国船舶运输产业的安全（亚当·斯密，1972）。之后以亚历山大·汉密尔顿、弗里德里希·李斯特和约翰·穆勒为代表的近代贸易保护主义学者提出了幼稚产业的"有效保护"理论。美国第一任财政部长汉密尔顿在1791年向美国国会提交的《关于制造业的报告》在论证了美国发展制造业的必要性的基础上提出了征收保护性关税、禁止进口竞争对手的商品、禁止制造业原材料的出口、制造业原料进口免税和出口退税、鼓励在国内开展发明创造、对制成品出口进行质量产地的监管、为异地间金钱汇兑提供便利、为商品运输提供便利等扶植美国制造业发展的11种政策举措（亚历山大·汉密尔顿，1791）。德国经济学家弗里德里希·李斯特在其《政治经济学的国民体系》中主张实行保护关税制度，认为"国家同个人一样，各有它自己的切身利益挂在心头"，只有根据本国的国情基于民族国家立场，通过适当的保护制度实现国内外资源的有效利用使其成长为一个工业强国，才能促进世界范围内的自由贸易（弗里德里希·李斯特，2009）。英国经济学家约翰·穆勒研究了幼稚产业的特征，提出"幼稚产业选择的三个标准：正当的保护只限于刚刚从外国引进技术并且正处于学习掌握过程中的产业，应保护那些不久以后取消保护也能生存和发展的产业，保护一段时间后，有可能变成有比较优势的产业"（景一凡，2008）。对幼稚产业有效保护理论的探索反映了19世纪的美、英等国一种保护民族工业并力图赶超的经济民族主义意志。

"二战"后阿根廷经济学家劳尔·普雷维什提出的中心-边缘理论认为世界经济是以高度工业化国家为中心的，与中心国的贸易总是使穷国不利或相对不利，出路只能是对发展中国家的民族产业进行保护，要求国际组织改变不利于穷国的"自由贸易秩序"，实施进口替代等保护措施加快本国工业化（劳尔·普雷维什，1989）。这一理论探索反映了20世纪拉美一些国家为摆脱对工业强国的依附争取新的发展模式做出的艰难探索。到20世纪70年代又出现了以英国经济学家维尼·高德莱（Wynne Godly）为代表的新贸易保护主义。为建立国际贸易新秩序推动出口规模的扩大，新贸易保护主义的保护对象不仅包括纺织业等本国正在衰落的传统垄断产业，还包括金融业等本国已经高度发达且具有竞争优势的产业。新贸易保护主义以技术性贸易壁垒和环境壁垒等非关税措施为主要手段，通过采用苛刻的技术和环保标准来达到限制发展中国家出口贸易的目的。这些理论的内容和政策主张都在一定程度上从贸易和产业发展关系的角度论及了产业安全问题。

国外对 FDI 实施产业控制引起的产业安全问题的研究主要涉及三个方面。

(1) FDI 对生产和贸易的支配：Andreas Waldkirch 用熟练工人和资本缺乏的墨西哥行业水平的 FDI 数据研究得出技术差距大的行业 FDI 对生产和贸易的掌控性强；Bruce A. Blonigen 研究了跨国公司对发展中东道国产品加工和流通领域的支配；John Cantwell 分析了外国资本在非洲地区对生产资料的支配；Pritt Vahter 用爱沙尼亚和斯洛文尼亚 1995～2001 年制造业部门 FDI 企业面板数据，研究了外国资本在东欧地区对生产资料的支配；Chukwuka Onyekwena 等（2016）提出产品相近模型研究外国资本对出口贸易的支配，认为跨国公司在资源丰富的西非共同体从事上游活动，能刺激基础产品和中间产品出口到从事下游生产活动的投资国，FDI 对东道国出口的作用依出口产品的种类不同而异，西非经济共同体的 FDI 增加基础产品出口，减少中间产品出口，对最终产品出口没有影响；R. Douglas Hecock 等检验了 15 个拉丁美洲国家 1986～2006 年 FDI 对不发达国家私人生产者的支配，认为私人生产者会被 FDI 逐步吞噬，最终成为其附属品；Frank Bartels 研究了投资南部非洲的 FDI 流入效应，资源类 FDI 深受国内民主和财产权保护影响，投资服务业的 FDI 与公共财政支出有很大关系。

(2) FDI 对技术的支配：Nigel Driffield 等检验了 FDI 对英国生产率提高的影响，技术寻求型的 FDI 对英国的生产率提高没有影响，只能从具有技术所有权优势的 FDI 中才能获得生产率的提高；Blomström M. 和 F. Sjöholm（1999）研究了外国资本为了降低生产成本，竭力维持传统的生产方式，单一的生产结构导致对投资国经济的过度依赖；Rolf-Ulrich Sprenger 等研究了 FDI 对拉美一些国家农业资源采取掠夺式经营，对环境产生了极大破坏；Natalia Zugravu-Soilita 应用法国、德国、瑞典和英国 1995～2008 年制造业面板数据，分析 FDI 对工业污染 $CO_2$、$SO_2$、$NO_x$ 和生化需氧量（Biochemical Oxygen Demand，BOD）排放的影响，认为在资本劳动比低于平均水平和环境规制较严格的国家 FDI 有助于污染的降低，能产生 FDI 环境正效应的污染晕轮效应，但在平均资本禀赋高、环境法规宽松，以及资本丰富的国家，FDI 增加污染，即存在所谓的污染天堂或禀赋因素诱导的影响，给这些国家发展低碳经济带来严重挑战。

（3）FDI对市场的支配：Gerhard Kling等基于1873~1927年德国公司的微观数据，应用知识-资本模型（Knowledge-Capital Model，KC）识别出水平和垂直FDI，对东道国市场垄断的动力；Kokko A.和T. Thang（2014）对越南的外资研究认为FDI通过其垄断优势，把东道国本土企业排挤出市场，或制造潜在的进入壁垒，限制新企业进入，结果导致本土企业的破产，以及失业的增加和贫困的加剧；Peter Egger和Michael Pfaffermayr的研究认为FDI采用机械化生产技术及在相关的产业领域大量采用现代化的进口机器，导致资本对劳动力的替代，其中最明显的便是加工制造业；Brian Aitken和Ann E. Harrison应用委内瑞拉外资企业的面板数据分析认为，外资企业的进入一方面会促进内资企业的技术创新，另一方面又会提高内资企业的生产成本，使企业利润下降，减少市场份额，甚至迫使内资企业破产。

为此，很多国家的政府就FDI对本国产品市场和资源垄断问题直接进行监控，设有相应的法律保护。在20世纪80年代外资并购浪潮下，美国担心其国家经济主权丧失，1988年制定《综合贸易及竞争法》修正案以限制收购。该法案授权总统根据"国家安全"方面的理由，禁止任何外国人对从事州际商务的美国企业实行吞并、取得或接管，这使得美国政府有非常大的自由裁量权。原爱克森-弗罗里奥修正案的有效期届满以后，1991年布什总统签署了一项使该修正案永久有效的法案。1990年2月，美国总统布什根据商务部外国投资委员会的调查结果，以对美国国家安全造成威胁为由，要求中国航空技术进出口公司在3个月内放弃对美曼可公司的所有权。因担心日本跨国公司会通过购买土地进一步掌控美国农业，美国农业部对日本在加州和华盛顿的直接投资展开了大规模调查（R. Jussaume and M. Kenney，1993）。美国还制定联邦法、州法及其他特别法律对外国投资进行不同程度的制约和限制，以及反托拉斯法、环境保护法规、食品及药品法、证券法、劳动法等一系列法律规范外国投资者的投资行为。

日本引进外资的态度一贯谨慎。1950年颁布了《关于外国资本的法律》，实行严格审批制度。自1964年加入经合组织及《资本移动自由化法案》以后，为履行《资本移动自由化法案》的义务，日本内阁先后于

1967年、1975年通过了《对内直接投资自由化决议》及《关于技术引进自由化决议》，大大放宽了对外国资本和技术的限制。1980年修订了《外汇与外贸管理法》，废止了《关于外国资本的法律》，实施了新的外资政策，将原有关于外资的部分规定在新的政策基础上加以修订，纳入《外汇与外贸管理法》中。新法虽不实行一般审批制，而实行申报制度，但仍坚持对外国投资的必要审查，外资不得有害国家安全、公共秩序和影响日本企业和经济的发展（余劲松，2014）。

中国学者对FDI产业控制的研究多是从威胁产业安全的角度进行。该问题的研究开始于20世纪80年代中后期提出的"中国的粮食安全问题"（杨明洪，2000）。我国加入WTO后，农业对外开放中大豆产业的FDI垄断开始引起学界和政府的高度重视。目前，研究主要涉及以下几个方面。

（1）产业安全的定义、研究内容设定。许多研究分析了FDI投资会形成产业控制：首先，一旦国际资本控制了农业、流通业等这些涉及国计民生的经济命脉产业，其惯用炒作高利润、高回报的操作方式来影响产业的发展，久而久之，本国的产业就会失去竞争力（蒋殿春、张宇，2008）；其次，FDI投资房地产有利于农村非耕地地价上扬，形成城市、乡村合理的地价比例关系，但这是以通货膨胀为代价的（郑秀君，2006）；最后，FDI控股中国基础产业，虽然在一定时期有利于投资增加，引进先进的技术，但可能引起区域垄断、价格控制，资金骤然撤出会给中国带来产业危机（赵元铭，2008）。

（2）产业控制的方式途径分析。祝年贵（2003）认为，外资对中国产业控制主要表现在对品牌、技术和市场的控制上。景玉琴（2006）指出，跨国公司的品牌控制直接导致我国市场结构的二元变化：一元是跨国公司占支配或主导地位的"行业领导者"；另一元聚集了大量中小企业，不同程度上依附于前一类群体，多数既无规模优势，又缺乏技术实力。这种二元结构造成我国技术开发能力薄弱，产业核心技术对外依赖性增强，也使政府力图贯彻的产业政策在实施中大打折扣。陶涛、李怡群（2010）的分析认为截至2009年底，外资市场份额占50%以上的只有1个行业，即通信设备、计算机及其他电子设备制造业，外资市场份额为63%，外资在相当多的行业并没有主导占据市场地位，不存在产控制威胁。李孟刚等（2006）利用全国第三次工业普查数据分析认为中国市场和原创品牌被外资所吞噬，内资产业控制力被外资削弱，技术溢出效应未如预期，产业安全隐患凸显。宋宝香、彭纪生（2007）对中国存在的国外资本对我国品牌控制的问题进行了一定调查、研究和探讨，指出已经有相当多的国内优势品牌被国外资本兼并或者收购，甚至在日用化工产品和碳酸饮料市场上国外品牌已经占据了绝对优势。李泳（2014）分析了FDI对农业产业的市场控制、股权控制、技术控制（包括品牌、专利、研发、标准制定等），研究基本表明FDI对我国产业的控制构成了严峻的安全挑战。李连成、张玉波（2002）从社会心理学的角度研究外商的品牌控制对国人社会心理的影响，指出外资品牌控制让国人对外国产业认同，这种社会心理的"溢出"，会导致国人在其他产业产品上对外国产品的崇拜及对民族产品的歧视。外商直接投资对我国产业、市场的垄断，会削弱国家宏观调控能力；张中山、李冬梅（2006）认为FDI通过对行业龙头品牌的收购，达到消除本土的有力竞争者、占据竞争对手的市场份额、获得已形成的完备销售渠道和网点、获得在我国该产业中具有优势的竞争地位甚至具有一定垄断能力的目的。

（3）产业控制的定量研究。国内学者在产业控制评价指标体系的建立方面做了很多工作，并取得了一定的成果。李海舰（1997）提出了对外商直接投资应采用外资市场占有率、外资品牌拥有率、外资技术控制率和外资控股率4个指标监控外商直接投资对我国产业安全的影响。何维达、何昌（2002）对我国的产业控制力建立的评价指标体系较有代表性，他们认为产业控制力评价指标应包括外资市场控制率、外资品牌拥有率、外资股权控制率、外资技术控制率、外资经营决策权控制率、某个重要企业受外资控制情况、受控制企业外资国别集中度。王苏生等（2008）依据装备制造业自身的特点把外资市场控制率、外资技术控制率、外资股权控制率和主要企业受外资控制情况作为衡量产业安全的4个指标，总结出外资控制程度较强的行业是电气机械及器材制造业、通信设备、计算机及其他电子设备制造业。卜伟等（2011）利用1998~2008年装备制造业规模以上主要企业的相关统计数据，用外资市场控制率、外资股权控制率、外资技术控制率和主要企业受外资控制率4个指标，从产业控制力角度考察了我国装备制造业的产业安全问题，发现外资对装备制造业产业控制力影响较大。王水平（2010）对零售业的市场控制力、股权控制力、外资来源国集中程度、主流业态被外资控制程度四个方面的实证测评显示中国零售业的自主控制力因外商投资扩张正在快速减弱，中国零售业的安全水平已处于"基本安全"的下档。马松林（2012）用2001~2010年中国农副食品加工业数据分析了外资控制情况，结果显示从时间上看，外资市场控制率、股权控制率、资产控制率的变动以2004年、2005年为拐点，呈现出倒"U"型特征；从空间分布看，农副食品加工业外资控制的地域集中在上海、天津、广东等沿海地区。乔颖、彭纪生和孙文祥（2005）基于外资市场控制、股权控制、技术控制和品牌控制4种途径实证检验了外资在中国的产业控制力，得出了"一国产业技术水平不可能通过吸引外资得到根本性的提高，只能依靠提高自主研发能力为主，进行海外投资、海外并购为辅的方法逐步解决，否则，只会形成对外资及外国技术的更大依赖。外资对华投资的目的与我国吸引外资的目的存在根本区别。实现产业结构升级与引进外资的数量及规模没有必然的联系，一国产业结构的优化一要靠本国产业苦练内功，二要靠政府制定和实施正确的引资政策"的结论。

总体来看，目前FDI与产业控制的理论与实证研究还存在如下问题：首先，研究比较分散，国外提出的研究方法多为案例分析总结，尚未形成完整的理论框架，FDI产业控制的形成，是通过一定时间内的积累、一定空间上的集聚形成的。没有哪个产业的控制是在同一时间、在所有地区同时形成或失去的。因此，产业控制具有在时间和空间上的动态特征。从这个意义上讲，产业控制是本国资本或外国资本对本国产业在一定时期、一定地域上形成的控制能力，其实质是外资产业控制和内资产业控制两种力量的对决能力。目前FDI产业控制的研究，对入世以来时间维度下的外资控制水平分析较多，对外资产业控制的空间集聚特征分析较少。更无学者研究FDI产业控制变化威胁产业安全的风险形成和传导机制。其次，现有的对FDI产业控制的研究所用的衡量标准多是用单一占有率指标与国际通行的警戒线标准相比。实际上，FDI对某一产业的控制，是对占统治地位生产关系的决定以及对经济政策的影响，并非用一个简单的FDI方面的占有率所能表达。另外，现有研究大多只停留在各种控制率指标的统计描述上，很少有研究对FDI产业控制形成的决定因素进行定量分析。因此，对防范产业安全威胁的指导意义不大。特别地，20世纪90年代中期以后，随着中国贸易条件效应急剧上升，FDI从贸易入手进入各相关产业领域，再进入相关的加工环节，然后逐步向上游和下游的生产、加工、贮运、销售、股市乃至期货等整个产业链扩张，通过对上游产业、龙头产业的斩首式并购，起到以少博多和一剑封喉的重要作用。在这种情况下，FDI企业在华的实际控制力远远大于统计的名义占有率。因此，弄清FDI控制力形成的决定因素以及各因素在多大的程度上影响FDI控制力的变动，是构建有效的产业安全网的前提。最后，目前国内文献定性研究多，实证研究较少。虽然也建立了一些有关我国产业安全度的分析指标体系，但评价体系不统一，科学依据不统一，效果有待进一步检验。尚未出现基于产业安全的全息动态FDI监管模型方面的文献和探讨。但以上研究无疑为"外商直接投资产业控制力研究"奠定了坚实的基础。

## 第三节 研究对象和范围的界定

任何研究都有确定的研究对象和范围，本书也不例外。本书为《外商直接投资产业控制力研究》，从题目上看，需要明确和认识三个关键问题：第一个是产业，第二个是外资产业控制，第三个是产业控制与产业安全的关系。

### 一 关于"产业"的定义

经典的产业经济学教科书将产业界定为"具有使用相同原材料、相同工艺技术或生产产品用途相同的企业的集合"。本书针对的"产业"是指包括产品的生产、加工、储运、销售等各个子产业在内的产业体系，而每一子产业是根据其生产和加工的技术经济流程形成的一条由多个环节或部门构成的产业体系，与产品生产密切相关的产业群共同组成一个网络结构即产业系统。每一个产业作为产业系统中的一个环节，各个环节以某一企业或某一产品为核心连成一体就形成产业体系。在当今全球经济一体化时代，产业竞争的核心观念，不再是企业之间单纯的商品或服务竞争，而是以国际产业内部分工连接起来的产业体系之间的竞争。

研究产业运行不仅需要关注产业内企业的运行，也要研究产业间的联系，即产业经济学包含的产业组织理论、产业结构理论与产业布局理论。产业组织研究产业内部各企业之间的关系，将如不完全信息、进入壁垒、交易成本、调整价格的成本、政府行为等现实世界中的行为因素以摩擦系数的形式加入完全竞争模型，可以深入地分析市场中的企业如何组织以及它们如何在现实中进行竞争。而产业结构研究各产业之间的关系，如产业演化规律、产业间投入—产出关联。产业布局研究分析社会再生产过程中，部门之间、行业之间，以及行业内各中间产品之间的空间均衡状态。一个产业的产品，从投入生产到最终到达消费者之前要经过一系列环环相扣的增值和流转过程，任何一环阻塞或断裂都可能造成产业受制于人。从这个意义上说，产业控制即为产业组织、产业结构和产业布局的控制。随着产业发展壮大，以基础产品生产为核心的企业之间、产业之间的关联增强，对产业控制或产业安全问题的研究已经不能单独从某一行业或某一企业入手，而应该从产业组织、产业结构和产业布局的视角，保持产业系统内产业组织健康运行、产业结构高级化、产业布局合理化，不断提高整个产业体系的国际竞争力。

## 二 FDI 产业控制

FDI 产业控制是指本国产业受外国资本的控制程度，在本质上是指外资使东道国国民现有的或潜在的产业权益受到危害的状态和能力。对于 FDI 产业控制的理解，第一，我们不能只是停留在通常理解的股权控制上。股权的控制只是表象，真正的控制是对其产业核心技术、标准和品牌的控制。第二，产业控制的形成，是通过一定时间内的积累、一定空间上的集聚形成的。没有哪个产业的控制力是在同一时间、在所有地区同时形成或失去的。因此，产业控制力具有在时间和空间上的动态特征。第三，在开放条件下，FDI 产业控制的衡量维度不仅局限于国内市场，而包括 FDI 对相关产业世界范围内市场的控制程度。对核心技术的掌控、对标准的制定及推广使得 FDI 企业在产业国际分工中处于价值链的高端，控制着产品标准、设计、研发、销售等高附加值环节，进而可以实现品牌的创立、市场的占有和股权的扩大。可见，FDI 产业控制的实现一方面通过产品的定价权控制财富的流向，威胁东道国产业的生存安全;另一方面,通过产业链构建拥有改变东道国产业发展进程和发展方向的权利,最终威胁其产业发展安全,见图1-1。

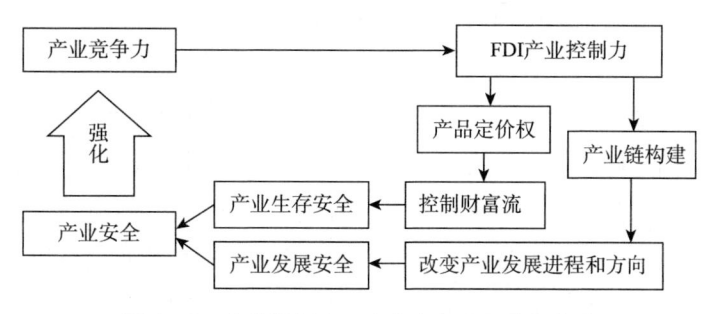

**图1-1 产业控制力、产业竞争力与产业安全**

需要强调,FDI产业控制与内资产业控制是一对互斥的力量,FDI产业控制强,内资产业控制就弱,反之,内资产业控制强,FDI产业控制就弱。FDI产业控制的强化会改变经济活动中的利益分配格局,恶意产业控制情形下将扭曲东道国各个层次的经济利益主体的利益分配,干扰政府产业政策的制定和执行。产业安全危机进一步强化产业竞争力,形成顺势循环。因此,FDI产业控制力是衡量东道国产业安全所受威胁程度的核心和重要边界。

### 三 关于产业控制与产业安全

按照百度百科的定义,产业安全是指"一国在对外开放的条件下,在国际竞争的发展进程中,具有保持民族产业持续生存和发展的能力,始终保持着本国资本对本国产业主体的控制"。如何实现产业安全学术界有各种观点:程恩富(1998)认为维护产业安全的关键在于提升产业的国际竞争力;景玉琴(2004)认为产业安全需要"本国国民所控制的企业达到生存规模,具有持续发展的能力及较大的产业影响力,在开放竞争中具有一定优势"。杨公朴等(2000)认为,"产业安全是指在国际经济交往与竞争中,本国资本对关系国计民生的国内重要经济部门的控制,本国各个层次的经济利益主体在经济活动中的经济利益分配的充分,以及政府产业政策在国民经济各行业中贯彻的彻底"。赵元铭、黄茜(2009)认为"产业安全既包括一国某一产业的安全问题,也包括一国产业群的安全问题,这两个层次是个体与总体的关系。从产业与经济发展的大局出发,确实维护产业集群的整体安全,必要时可以牺牲个别产业安全的代价,换取在全球激烈竞争当中的最大利益"。产业安全可以通过边界指标加以判断,产业安全边界指标体系也给出了产业安全维护的重要途径。

按照百度百科的定义,产业控制力是指"在开放条件下,本国资本对某产业的国际控制力,通过产业控制力的实现,从而决定产品的定价权,控制财富的流量,实现产业的生存安全;同时,通过产业控制力的实现,可以改变产业的进程和发展方向,实现产业的发展安全"。一个产业的外资控制力与内资控制力互为否命题,外资控制力强的产业,内资控制力就弱,反之则反。

按照产业安全的含义,一国产业安全的关键是本国资本在该产业具有核心竞争力,具有维护本国国民产权权益不受侵害的能力。但这并不等于说,外资控制力强的产业其安全度必然低于内资控制力强的产业安全度。从理论上说,外资控制的产业安全度既可能低于也可能高于内资控制的产业安全度,两者在客观上都有影响产业安全的正反因素。内资控制力强的产业以自力更生发展为主,外资企业不多,有助于建立自主产业体系,但在产业发展初期,资源短缺和技术落后,内资企业大多缺乏规模经济效益和组合经济效益,因而会抑制产业竞争力的提升。利用外资在客观上使得东道国资源得以有效整合,提升了整体竞争力,但外资企业会借助资源、技术管理优势形成行业控制力。因而在某一时期外资带来的规模经济和组合经济效益会受到垄断行为的损害和抵消,损害东道国的利益。而且外资控制必然有超出规模经济和组合经济所要求的界限的冲动,从而外资垄断产生对东道国产业控制权和发展权的威胁,进一步损害东道国利益。因此,保持一国的内资对某一产业的组织、结构和布局具有相应的自主权或控制权,即对某一产业的创始、调整和发展拥有相应的自主权或控制权,即可认定该产业在该国是安全的,即产业创始权、调整权和发展权可以看成是衡量产业安全的标准。

## 四 研究目标和内容

利用FDI可以增加东道国资本投入,增强技术推动产业可持续发展,但FDI增加必定对产业产生一定控制,适当的控制可以促进产业竞争和提高产出效率,增加产业安全程度,但 FDI 的过度控制会挤压民族经济,掌控定价权,损害东道国人民的利益,危害产业的可持续发展。为此,本书从 FDI 产业控制角度探讨 FDI 威胁产业安全的机理。我们把 FDI 产业控制放在较为成熟的产业经济学的理论框架中进行剖析和观察,构建出 FDI 产业组织控制—产业结构控制—产业布局控制—定价权控制&产业链控制的理论分析框架;本书建立的这一分析框架提供了一种全新的外资产业控制研究路径。本书一方面用产业组织理论、产业结构理论和产业布局理论对 FDI 产业组织控制、产业结构控制和产业布局控制进行理论研究;另一方面,也试图用 FDI 产业控制力的测度结果说明产业经济学解释 FDI 产业控制问题的有效性和局限性。基于以上目标,本书依照"现状—理论—专题—政策"的研究思路,主要从以下几个方面展开研究。

第一,调查外商投资企业的投资行为特征及影响因素。外资企业在东道国投资的目的不同,形成产业控制力的方式和威胁产业安全的程度也不同。直接用宏观经济指标分析 FDI 产业控制是一种事后结果,为了揭示现象背后的本质,本书直接对微观企业进行问卷调查,研究 FDI 投资行为的目的性和影响 FDI 抢占市场,控制产业组织、产业结构、产业布局和掠夺定价权行为的因素,预测弱化外资产业控制力的着力点(第二章)。

第二,FDI 产业控制机理研究。本书构建起 FDI "产业组织控制—产业结构控制—产业布局控制—定价权控制和产业链控制"的理论分析框架。本书认为 FDI 产业控制是通过对产业组织、产业结构和产业布局三个方面的运作获得产业掌控力,进一步通过操控产品定价权实现对东道国产业的生存控制,通过产业链整合构建控制东道国产业发展进程和方向。对 FDI 定价权的分析表明进货量、信息搜寻成本和内外资销量之比是 FDI 定价权的决定因素。产业链整合与延伸的动力来自作为主导的外资企业创造自身价值、利用协同效应、资源共享和分散风险的诉求,其采用的方式是调整产业组织、倾斜产业结构和改变产业布局(第三章)。

第三,FDI 产业组织控制研究。本书依照"结构—行为—绩效"(SCP)理论分析框架,认为 FDI 利用规模经济占优控制市场结构,利用技术研发占优控制市场的运行,利用品牌占优控制市场绩效;指出 FDI

恶意控制产业组织将打破产业内企业间均衡有效的竞争格局,其结果是产业组织运行失去效率。另外,本书实证分析了FDI对中国产业组织控制状况,结果表明样本期汽车业、有色金属业和机械制造业的FDI产业组织控制力较高,均大于30%,提升幅度最大的是石化产业的FDI产业组织控制力,从1999年的19.82%,到2015年增加到32.53%,提升了12.71个百分点(第四章)。

第四,FDI产业结构控制研究。本书从产业结构合理化和高级化两个层面阐述了FDI控制东道国产业结构的机理,应用外资倾斜度、技术引进效应、产业关联效应、贸易条件效应等指标分析了FDI对产业结构控制的作用方向和度量方法;分析认为外资企业对产业结构的恶意控制将造成产品生产低端化、资源浪费,内资企业缺乏成本压力和技术创新的危机感致使其运行效率低下,长期产业发展速度会变缓。另外,本书对中国FDI产业结构控制状况的实证结果表明FDI对中国产业结构控制力普遍不高,相对较高的产业是机械制造业、汽车业和石化产业,分别为17.54%、16.42%和15.15%,FDI对中国产业结构的控制主要是通过对技术进步的控制体现的,贡献度为90%以上(第五章)。

第五,FDI产业布局控制研究。本书探讨产业布局的主要模式,分析FDI改变东道国产业布局的作用机理;认为外资企业的进入改变了当地的交通运输条件和物流网络,改变了市场盈利空间,进而改变产业布局。FDI通过提升所在地的区位条件,可以对区域经济发展产生极化作用,FDI的技术转移和技术溢出可以产生极核扩散效应。FDI对东道国产业布局的恶意控制将改变所在地的区位条件,抑制区域增长极的极化作用以及极核扩散效应,阻碍产业集中度的提高,以及产业集群效应的实现。本书对中国FDI产业布局控制的实证分析表明样本期石化产业和汽车业表现出相对较强的FDI产业布局控制特性,FDI产业布局控制力分别是11.92%和9.69%,其余各产业的FDI产业布局控制力均小于10%(第六章)。

第六,应用"产业组织控制—产业结构控制—产业布局控制—定价权控制和产业链控制"的理论分析框架,通过综合产业、市场和企业信息研究产业体系FDI控制力测度问题,构造的FDI产业控制力指数($C^{FDI}$)几乎覆盖了FDI对整个产业系统的影响,设计VAR模型用于测算指标体系中各指标的权重，FDI产业控制力指标度量的广泛性和科学性将增强其实用性。本书对中国各产业的外资控制力进行了实证测度，得出了与实际相符的结论，对如何弱化FDI产业控制提出了有针对性的建议（第七章）。

第七，本书构建了FDI投资决策以及FDI延迟投资的决策模型，用于实证分析并比较不同产业FDI投资决策的特征及投资时间决定；实证结果表明，市场需求潜力、产业已有FDI规模、专门化优势、FDI产业控制力、劳动力成本、对外开放程度、规制条件等都是缩短FDI投资时间、加快FDI产业投资步伐的关键影响因素。本书进一步对FDI投资时机（最优等待时间）与东道国市场条件、初始FDI产业控制力变化特征及项目特征参数进行模拟分析，指出由NPV方法所得结论的偏差，进而给出最优投资时机决策准则，为FDI投资决策提供新的思路和决策方法（第八章）。

第八，基于对FDI产业控制作用机理的分析，本书认为FDI集中的市场结构本身并不构成产业安全威胁，东道国FDI审查工作的重点应当针对控制性行为而不是控制性结构，针对单个交易项目而不是整个行业，对交易项目进行有效的风险评估，以及建立敏感岗位的就业安全标准。本书根据安全系统论、安全信息论和安全控制论，以互联网为工具，结合产业安全工作实际设计出全息动态监管系统。本系统以外资企业生产经营行为信息为输入，经过信息的收集、存储、筛选、整理、隐患信息监控与风险控制系统的反馈管理，实现产业安全运行或实现产业损害最小化（第九章至第十一章）。

## 第四节　研究方法与技术路线

### 一　研究方法

（1）实地调查访谈。本书以FDI企业为研究对象，需要掌握有关FDI企业的生产经营情况如原料成本、产品产量、生产能力、市场占有率等方面的详细数据以及投资目的、对投资环境的评价等方面的认知信息。而现有的各部门公开的统计数据不能满足需求，为此，我们开展了专门的实地访谈调查。

在实际调研时，首先争取得到当地外商投资企业协会的大力支持，这使得我们能够顺利地与 FDI 企业接洽。我们特别要求由企业里对外资政策和投资决策有较深认识的财务部或战略规划部主管作为被调研的对象，由项目组成员按照调研表的内容对企业进行一对一的访谈式调查，得到所需的数据资料。在调查时，为了形成良好的互动我们与被调查对象一般采用聊天的方式开始，然后逐渐将谈话引入调查表格所涉及的内容上，这样的访谈往往会有意想不到的收获。这主要是能够了解到企业投资和生产经营决策的真实原因和目的，并掌握大量重要的 FDI 背景信息，对本书的实证研究和分析具有相当高的应用价值。

（2）描述性统计分析。本书对于 FDI 实施产业控制的途径和方法、FDI 产业控制的影响因素及规制 FDI 对策措施有效性评价的研究，是基于一般统计分析。本书按照不同特征进行分类统计，全面分析和考察 FDI 进行产业投资的目的、影响因素及其对 FDI 产业控制规制措施有效性的认知情况。

（3）计量分析。本书构建 VAR 模型并进行计量分析确定 FDI 产业控制指标体系中各指标的权重。

（4）模拟分析。本书应用构建的 FDI 全息动态监管模型，首先对于现实规制政策环境下 FDI 投资的优化决策反映进行模拟分析，其次设计不同的产业生态情景，模拟分析不同产业、类型、规模在产业生态情境下的监管决策与优化反映，以及不同 FDI 产业规制措施的有效性。

（5）归纳演绎。在应用上述各种方法进行实证研究的基础上，本书结合实地调查所获得的有关 FDI 企业及产业生态情况的一手资料，对实证分析结果进行归纳整合及推理演绎，使得其结论具有现实经济意义及政策含义，提升了本书的理论价值和实际应用价值。

## 二 研究的技术路线

本书的研究基于以下判断：随着我国经济的不断开放，进入各领域的 FDI 不断增长，FDI 产业控制力不断增强，产业在获得自身发展的同时要避免 FDI 形成的绝对控制；FDI 为提高产业控制力会追寻现有制度约束下的潜在利益，通过有效监管在利用 FDI 和被 FDI 利用上加以平衡，可以实现内资产业控制和竞争力的增强；FDI产业控制力影响产业安全的程度可通过一定指标进行测量，可以采取有效措施抑制FDI控制力，实现产业安全。

具体研究思路如图1-2所示。

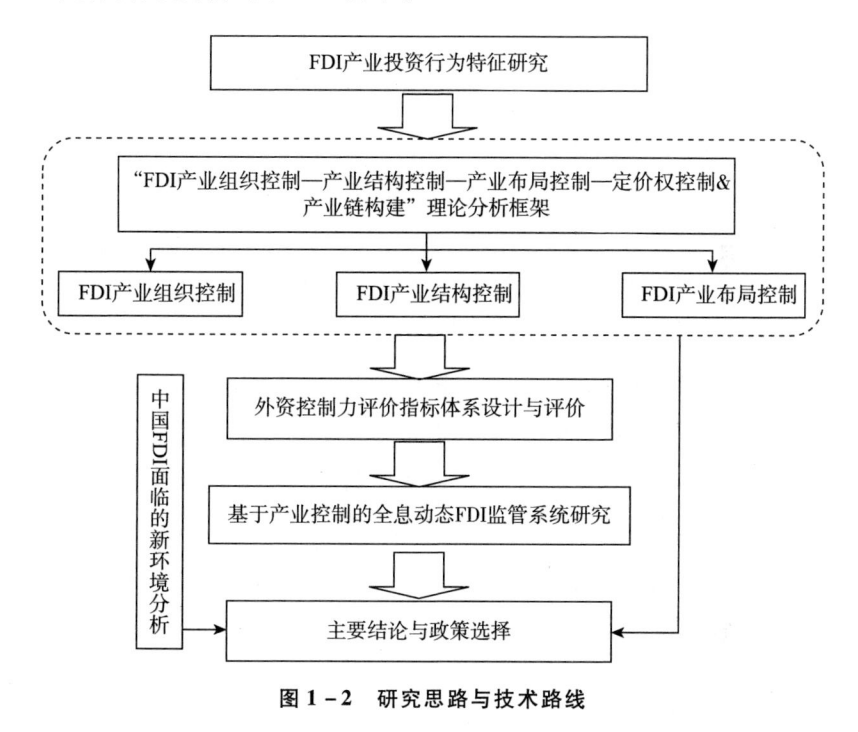

```
                    ┌─────────────────────────┐
                    │  FDI产业投资行为特征研究  │
                    └────────────┬────────────┘
                                 ▼
    ┌─ ─ ─ ─ ─ ─ ─ ─ ─ ─ ─ ─ ─ ─ ─ ─ ─ ─ ─ ─ ─ ─ ─ ─ ─ ┐
          ┌──────────────────────────────────────┐
     │    │"FDI产业组织控制—产业结构控制—产业布局 │     │
          │控制—定价权控制&产业链构建"理论分析框架│
     │    └──────────────────────────────────────┘     │
                                 │
     │  ┌──────────┐  ┌──────────┐  ┌──────────┐      │
        │FDI产业   │  │FDI产业   │  │FDI产业   │
     │  │组织控制  │  │结构控制  │  │布局控制  │      │
        └──────────┘  └──────────┘  └──────────┘
    └─ ─ ─ ─ ─ ─ ─ ─ ─ ─ ─ ─ ─ ─┬─ ─ ─ ─ ─ ─ ─ ─ ─ ┘
  ┌─┐                            ▼
  │中│            ┌──────────────────────────┐
  │国│            │外资控制力评价指标体系设计与评价│
  │F│            └─────────────┬────────────┘
  │D│                          ▼
  │I│           ┌──────────────────────────────┐
  │面│           │基于产业控制的全息动态FDI监管系统研究│
  │临│           └─────────────┬────────────────┘
  │的│                         ▼
  │新│           ┌──────────────────────────┐
  │环│──────────▶│     主要结论与政策选择     │◀──┐
  │境│           └──────────────────────────┘   │
  │分│                                           │
  │析│───────────────────────────────────────────┘
  └─┘
```

图1-2 研究思路与技术路线

## 第五节 研究数据来源

### 一 统计数据

本书实证分析所用产量、价格、产业增加值、成本和收益、进出口、FDI等数据均来自Wind数据库、《中国统计年鉴》、《中国工业年鉴》、《中国海关统计年鉴》、《中国商务年鉴》等现有统计数据。

### 二 实地调查数据

以企业为研究对象的产业控制分析，需要深入了解有关企业产品生产、需求以及收储、运输和加工等各环节成本收益的完整信息，并要求掌握全国外资企业布局较集中地区样本量的数据资料。同时由于实证分析的需要，需要不同特征 FDI 企业生产经营的详细资料。本书研究组成员对 1356 家外资企业和当地 FDI 管理机构进行了实地调查，获取 1325 个有效样本企业数据。

### （一）调查内容

为了使得所获得的数据资料能够符合研究要求，在进行实地调查之前，我们设计了详细的调查表格，内容涉及 FDI 企业的基本情况、对产业生态的认知等详细信息。具体包括以下几个方面。

（1）FDI 企业基本情况。包括公司经济类型、外资来源国家或地区、公司产品、公司的资本金总额以及产品的市场导向，以便对不同类型的外资企业进行比较。

（2）FDI 投资目的。投资目的按要素禀赋的差异分为市场寻求型和效率寻求型。按照这两个总目标我们将其进一步分解成问卷所用的 7 个子目标：服务中国市场、服务海外市场、利用产业链效应实现利润更大化、获取中国市场信息、实现企业本地化建设、降低研发成本、降低生产成本。

（3）FDI 投资重要影响因素。包括原材料、劳动力成本、市场规模以及东道国政府的激励政策等。本书根据对外直接投资理论和相关实证研究结论，列出了 9 项因素供外商评价其重要性。这些因素包括：①市场需求潜力；②相关产业的集聚度；③产业已有的外资规模；④与中国有感情和血缘关系信息；⑤劳动力素质；⑥劳动力成本；⑦政策、政治和法律环境；⑧对外开放程度；⑨原材料价格和供应。

（4）FDI 企业投资决策的信息来源、对产业生态的认知情况、定价原则及企业的成本收益情况。

（5）调查产业链发展的基本情况。主要包括产业链基本产品的生产、存储、加工、运输、销售等环节的发展和协调情况。

### （二）调查过程

为保证 FDI 企业调查数据的准确性和完整性，避免一次性全部调查后可能出现调查数据不符合建模要求或者数据漏缺的现象，在开展大规模 FDI 企业调查之前，我们先通过小规模试调查，在此基础上对调查表内容进行修改和完善，形成最终表格。详细的调查过程如下。

第一阶段，小规模试调查。

课题组初步拟定调查访谈表，在2013年7月对20家外资企业进行了小规模试调查，发现了调查表设计中的不足之处，并根据相关的反馈信息，对调查表做了进一步的修正完善。

第二阶段，大规模调查。

利用补充完善的调查表，我们先后对1356家外资企业开展了大规模实地访谈和电话采访，获取了研究所需的有关外资企业生产经营的详细数据。本次调研历时9个多月，课题组成员走遍吉林、黑龙江、辽宁、内蒙古、北京、山东、河南、深圳、福建，获取了研究所需的第一手数据资料，并掌握了样本外资企业所处产业链的发展等基本情况。

## 第六节 主要创新点

本书的主要创新之处体现在以下方面。

一是对外资企业的调查，弄清FDI投资企业的真实规模和在产业链条上所处的位置。本书在实证量化FDI投资目的和投资影响因素的基础上，以不同来源地、类型和规模FDI企业的市场占有率、收益和产业控制的互动关系为重点，实证研究了FDI企业的投资决策机制及FDI规制政策的有效性，从微观上揭示了中国FDI产业控制力变动的内在机理，这突破了国内学术界对中国产业控制/安全问题的研究仍局限于理论化的描述性探讨或案例分析，从而在某种程度上丰富了中国利用外资的理论，表现出较强的理论创新。

二是尝试一条全新的研究路径，即根据产业经济学的基础理论，将产业经济学的逻辑框架和分析工具应用于对FDI产业控制的研究，以期能够对产业安全进行多方位的组合性研究和深层理论的探讨。在这里，作者借助产业经济学的理论体系，从产业组织、产业结构、产业布局方面对FDI控制力进行剖析和观察，将产业控制含义放入产业经济学的理论框架中进行分析和论述，既用相应的经济学理论去解读控制，又用创造性的控制命题丰富了产业经济学理论。

三是依据构建的FDI产业控制分析框架，设计了FDI产业控制力测度指标体系，从 FDI 产业控制力变化的动态性分析 FDI 对东道国产业发展的贡献与制约。传统的 FDI 产业控制力测度主要依据外资企业产品的市场占有率和股权信息。通过综合产业、市场和企业信息，本书构造的 FDI 产业控制力指数（$C^{FDI}$）几乎覆盖了 FDI 对整个产业系统的影响，FDI 产业控制力指标度量的广泛性将增强其实用性。

四是根据安全系统论、安全信息论和安全控制论，以互联网为工具，结合产业安全工作实际设计出产业全息动态监管系统，同时基于实证研究和国际经验提出的 FDI 审查规制对策，不仅可以用于直接指导相关部门的 FDI 安全审查以强化产业安全，而且可为产业在市场化与国际化规程中防范 FDI 控制的威胁提供科学的政策参考。

# 第二章 FDI产业投资的行为特征及影响因素调查

调查显示，在华投资的外资企业大部分是寻求市场型，只有近1/10是出口导向型的。结构分析表明：中国港澳台地区的企业偏好按市场定价原则进行产品定价，而美国、日本和欧盟的在华企业偏好按母公司要求定价，大型跨国公司比中小企业和个人投资者更具进行价格转移的能力；中方控股企业、来自美国和欧盟的在华企业、大型跨国公司的市场占有率要普遍高于独资企业和中外合作企业、来自中国港澳台地区投资企业、个人投资者和中小外资企业的市场占有率；政策对于外商独资、出口导向型以及小规模外资企业而言，重要性程度更高；而对于中外合资、市场导向型以及大规模外资企业而言，市场因素的重要性程度更高。有色金属、石化产业和汽车产业的外资企业更看重利用产业链，带动产品和服务在中国的利润实现。

## 第一节 问卷设计与样本特征

外资企业来华投资的目的不同，形成产业控制力的方式和威胁产业安全的程度也不同。直接用宏观经济指标分析外资控制力是一种事后结果，为了揭示现象背后的本质，我们直接对微观企业进行问卷调查和分析，揭示外商投资行为的目的性与外资抢占市场、控制定价权行为的影响因素，以找到弱化外资控制力的着力点；对外资企业进行的结构性研究显示不同类型的外资企业对我国外资政策响应的程度存在显著差别，据此可以推测易受外资法律政策调整影响的企业类别，以及外资法律政策制定的着力点。

### 一 问卷设计

2013年7月至2014年5月，我们就外商投资企业投资目的及其影响因素重要性程度的评价进行了调查。此次调查共发放问卷1580份，收回问卷1356份，回收率为85.8%，其中有效问卷1325份，占回收问卷的97.7%。此次问卷调查的主要目的是了解外国投资者选择到中国进行投资的动机及其所主要关注的因素，通过因子分析归纳出一系列重要的组合因素，验证不同特性投资者的投资动机差异和所关注的区位因素差异，以及由此形成的对中国产业发展影响模式的差异。

为了保证调查的有效性，我们在正式发放问卷以前，对20家外资企业试发了问卷，并根据问卷回答情况对问题的设计做出了修改。为保证调研的有效性，我们将访谈对象特别选定为企业里对外资政策和投资决策有较深认识的财务部或战略规划部主管。问卷的第一部分要求外资企业提供基本的厂商信息，包括公司经济类型、外资来源国家或地区、公司的资本金总额、产品的市场导向以及所处产业链位置，以便对不同类型的外资企业进行比较。第二部分要求被调查对象对其到中国投资的目的及所关注的区位因素做出重要性程度的评价。

按照纵向和横向直接投资理论（又称KK理论[①]），本书将外资企业的投资目的归结为市场寻求型和效率寻求型。按照这两个总目标我们将其进一步分解成问卷所用的7个子目标：服务中国市场、服务海外市场、利用产业链效应实现利润更大化、获取中国市场信息、实现企业本地化建设、降低研发成本、降低生产成本。按照本书设计的逻辑框架，外资企业为了实现上述投资目的，会从力图影响东道国产业组织、产业结构和产业布局，以及获取定价权和产业链构建控制权方面加以评估进行区位选择。同时结合Dunning（1973，1981，1992）外国直接投资"折衷理论"中强调的影响外国直接投资区位选择的一些重

---

[①] KK理论由Helpman（1984）提出的纵向FDI理论和Markusen（1984）提出的横向FDI理论组成。纵向FDI理论是指企业把不同生产阶段分别配置在成本相对较低的不同国家的过程，其基本动机是充分利用国家间要素禀赋差异，故又称效率寻求型FDI。横向FDI理论是指当企业在包括母国在内的多个国家同时从事相同或相近产品的生产活动，并向当地销售以满足本地市场需求的过程，其基本动机是占领东道国当地市场，故又称市场寻求型FDI。参见Elhanan Helpman，"A Simple Theory of International Trade with Multinational Corporations"，*Journal of Political Economy* Vol. 92，No. 3（Jun.，1984），pp. 451 - 471，以及James R. Markusen，"Multinationals，Multi-Plant Economies，and the Gains from Trade，" *Journal of International Economics* 16（1984），205 - 226。

要因素，如原材料、劳动力成本、市场规模以及东道国政府的激励政策等，我们列出了 9 项因素供外商评价其重要性。这些因素包括：①市场需求潜力；②相关产业的集聚度；③产业已有的外资规模；④与中国有感情和血缘关系；⑤劳动力素质；⑥劳动力成本；⑦原材料价格和供应；⑧对外开放程度；⑨政策、政治和法律环境。对于这 9 个区位因素，我们分别用 A1～A9 来表示。根据调查问卷的要求，外商投资者被要求分别对这 9 项因素的重要性程度打分，我们对重要性程度赋值 1～9，其中数字 9 代表最重要，数字 1 代表最不重要，从 9 到 1 重要程度逐渐降低。

## 二 样本特征

此次调查共获得有效问卷 1325 份，没有被采用的 31 份问卷是因为被调查者没有提供完全信息或被认为没有认真填写。根据 1325 份有效问卷，我们得到样本企业的特征，见表 2-1。

表 2-1  样本特征

| | 企业个数(家) | 比重(%) | | 企业个数(家) | 比重(%) | | 企业个数(家) | 比重(%) |
|---|---|---|---|---|---|---|---|---|
| 经济类型 | | | 市场控制 | | | 所处产业位置 | | |
| 独资 | 688 | 51.92 | 国内市场为主 | 903 | 68.15 | 生产环节 | 276 | 20.83 |
| 合资 | 534 | 40.30 | 出口为主 | 163 | 12.30 | 收储环节 | 204 | 15.40 |
| 合作 | 103 | 7.77 | 内外销比例差不多 | 259 | 19.55 | 加工环节 | 531 | 40.07 |
| | | | | | | 销售环节 | 314 | 23.70 |
| 资本金来源国（地区） | | | 公司规模（资本金） | | | 隶属产业 | | |
| 中国港澳地区 | 568 | 42.87 | 50 万美元以下 | 656 | 49.51 | 农、林、牧、渔业 | 241 | 18.19 |
| 中国台湾地区 | 43 | 3.25 | 50 万~100 万美元 | 417 | 31.47 | 轻工业 | 149 | 11.24 |
| 日本 | 73 | 5.51 | 100 万~500 万美元 | 156 | 11.77 | 建材业 | 115 | 8.68 |
| 新加坡 | 128 | 9.66 | 500 万美元以上 | 96 | 7.25 | 有色金属业 | 196 | 14.79 |
| 韩国 | 88 | 6.64 | | | | 汽车业 | 93 | 7.02 |
| 欧盟 | 187 | 14.11 | | | | 机械制造业 | 101 | 7.62 |
| 美国 | 58 | 4.38 | | | | 石化产业 | 96 | 7.25 |

续表

| 　 | 企业个数（家） | 比重（%） | 　 | 企业个数（家） | 比重（%） | 　 | 企业个数（家） | 比重（%） |
|---|---|---|---|---|---|---|---|---|
| 维尔京群岛 | 73 | 5.51 | 　 | 　 | 　 | 电子信息产业 | 182 | 13.74 |
| 其他 | 107 | 8.07 | 　 | 　 | 　 | 高新技术产业 | 152 | 11.47 |

注：轻工业包括皮革、羊毛、羽绒及其制造业，家具制造业，造纸及纸制品业，塑料制造业，工艺品及其他制造业。

被调查的外商投资企业，从经济类型来看，主要以独资和合资为主，分别占样本容量的 51.92% 和 40.30%；从资金来源来看，目前仍以中国港澳台地区投资为主，占比接近样本量的一半，而来自美国、日本、韩国以及欧洲发达国家的外资共计占比 30.64%，这和中国商务部《2015 中国外商投资发展报告》提供的关于中国外资来源地的数据很接近；从市场导向来看，主要以服务国内市场为主，占到了 68.15%，这和目前我国外资的总体情况是一致的，因为占所有外资比重 40.3% 的美国、欧洲、日本、韩国、新加坡的跨国公司主要是以市场寻求型为主；从公司规模来看，被调查的企业覆盖了大中小 3 个类型；从样本企业所在的行业来看，涉及农、林、牧、渔业，轻工业，建材业，有色金属业，汽车业，机械制造业，石化产业，电子信息产业和高新技术产业 9 个产业；从样本企业所在的行业位置来看，涉及了生产、储运、加工、销售等多个环节的生产和服务性企业。因此总体而言，这些样本具有较强的代表性。

## 第二节 外资企业对华产业投资的目的

### 一 总体情况

调查显示，38.5% 的外资企业来华投资的首要目标是为服务中国市场，20.62% 的企业产业投资的首要目标是利用中国已有的外资规模，利用产业链效应实现利润更大化。这说明来华投资的外资企业主要是看重中国庞大的市场规模，同时也说明，大部分企业是寻求市场型。服务海外市场的企业只有 10.53%，表明在华投资的外资企业只有 1/10 是出口导向型的，只有 2% 的外资企业是为了获取中国市场信息。表 2-2 给出了外资企业来华投资首要目标的分布情况。

## 二 不同地区

从表2-2我们可以看出,每个区域都有自己的特色,比如东部地区有1/3的外资企业其首要目标是利用沿海信息发达和高素质劳动力资源丰富的优势服务庞大的国内消费市场,带动产品和服务在中国的利润实现;中部地区有将近一半的外资企业其首要目标是服务中国市场,有1/5的企业是利用产业链效应实现利润更大化;而西部地区则有近1/3的外资企业其首要目标是服务海外市场。总体看,绝大部分区域的外资企业其首要目标还是服务中国市场。

表2-2 不同区域的外资企业在华投资首要目标

单位:%

| 区域 | 服务中国市场 | 利用产业链效应实现利润更大化 | 服务海外市场 | 实现企业本地化建设 | 获取中国市场信息 | 降低研发成本 | 降低生产成本 | 合计 |
| --- | --- | --- | --- | --- | --- | --- | --- | --- |
| 东部地区 | 32.34 | 14.26 | 10.67 | 3.22 | 12.89 | 26.62 | 0 | 100 |
| 中部地区 | 48.16 | 21.31 | 6.27 | 10.65 | 5.38 | 4.52 | 3.71 | 100 |
| 西部地区 | 22.65 | 7.85 | 32.02 | 9.50 | 6.06 | 6.21 | 15.71 | 100 |
| 全部样本 | 38.50 | 20.62 | 10.53 | 4.21 | 2.00 | 11.00 | 13.14 | 100 |

注:东部地区包括北京、天津、河北、辽宁、上海、江苏、浙江、福建、山东、广东和海南11个省(区、市),中部地区包括山西、吉林、黑龙江、安徽、江西、河南、湖北、湖南8个省,西部地区包括四川、重庆、贵州、云南、西藏、陕西、甘肃、青海、宁夏、新疆、广西、内蒙古12个省(区、市)。

## 三 不同行业

FDI在中国主要聚集在农业产业(农、林、牧、渔业和食品加工业)、轻工业(造纸及印刷品业等行业,纺织行业,家具制造业,文教体育用品制造业,皮革、毛皮、羽绒、塑料制造业,工艺品及其制造业)、建材业(水泥行业)、汽车业(交通运输设备制造业)、机械制造业(普通机械、专用设备、电气机械及器材、电子及通信设备和仪器仪表及文化、办公用机械制造业)、石化产业(石油加工及炼焦业、化学原料及化学制品、化学纤维制造业)、有色金属业(黑色金属冶炼及压延加工业)、电子信息产业(电子及通信设备制造业)、高新技术产业。

从表2-3来看,各个产业的情况虽然不尽相同,但是对每个产业而言,大部分企业都是看重中国市场,尤其有色金属业、石化产业和电子信息产业更看重利用产业链效应实现利润更大化。对农、林、牧、渔业,建材业,汽车业和电子信息产业而言,外资企业看重降低生产成本的分别只有5.62%、4.32%、5.93%和5.26%,这说明绝大部分来华投资的外资企业不是"成本驱动型"的,也反映了国内企业生产成本已经相对较高。

表2-3 不同行业的外资企业在华投资的首要目标

单位:%

| 行业 | 服务中国市场 | 利用产业链效应实现利润更大化 | 服务海外市场 | 实现企业本地化建设 | 获取中国市场信息 | 降低研发成本 | 降低生产成本 | 合计 |
|---|---|---|---|---|---|---|---|---|
| 农、林、牧、渔业 | 35.78 | 14.37 | 15.82 | 15.25 | 8.67 | 4.49 | 5.62 | 100 |
| 轻工业 | 31.25 | 14.38 | 11.85 | 2.82 | 16.01 | 15.05 | 8.64 | 100 |
| 建材业 | 43.27 | 15.35 | 11.57 | 5.64 | 13.62 | 6.23 | 4.32 | 100 |
| 有色金属业 | 35.66 | 19.07 | 17.78 | 1.79 | 10.05 | 4.42 | 11.23 | 100 |
| 汽车业 | 41.78 | 9.21 | 8.73 | 23.16 | 0.54 | 10.65 | 5.93 | 100 |
| 机械制造业 | 42.71 | 14.32 | 7.15 | 7.34 | 2.6 | 12.72 | 13.16 | 100 |
| 石化产业 | 35.41 | 25.37 | 6.95 | 5.48 | 0.64 | 11.04 | 15.11 | 100 |
| 电子信息产业 | 31.15 | 33.28 | 16.27 | 1.55 | 4.27 | 8.22 | 5.26 | 100 |
| 高新技术产业 | 45.32 | 1.43 | 1.17 | 9.71 | 8.83 | 18.51 | 15.03 | 100 |

注:轻工业包括的子行业同表2-1。

## 四 不同企业类别

来华投资的企业主要以合资、合作、独资形式进入。表2-4显示,中外合资企业及外商独资企业来华投资的首要目标类似,但与中外合作企业有较大差别,几乎所有合作经营的外资企业其首要目标都是看重国内的市场,可见,不同类别的外资其来华的目的不同。

表 2-4　不同类别的外资企业的首要目标

单位：%

|  | 中外合资企业 | 中外合作企业 | 外商独资企业 |
| --- | --- | --- | --- |
| 服务中国市场 | 40.52 | 33.45 | 85.07 |
| 服务海外市场 | 13.09 | 16.17 | 0 |
| 获取中国市场信息 | 9.21 | 8.02 | 0 |
| 实现企业本地化建设 | 1.59 | 1.21 | 0 |
| 利用产业链效应实现利润更大化 | 14.05 | 17.46 | 0 |
| 降低研发成本 | 16.73 | 12.52 | 11.17 |
| 降低生产成本 | 4.81 | 11.17 | 3.76 |

## 五　不同投资来源国别（地区）

表 2-5 给出了来自不同国别（地区）的外资企业来华投资的目标分布。非常明显，来自美国、日本的投资商没有任何一家企业看重降低生产成本和研发成本，可能是由于这些大多是大型跨国公司，他们可以在全世界整合资源，相比而言，在中国的制造和研发成本是高的，因此这些国家来华投资只是看重国内市场。另外，值得关注的是，来自中国港澳台地区、新加坡等地的投资商有相当一部分选择了服务海外市场。另外，有不少企业将目标定位在实现本地化建设，说明外资对中国的政治经济环境具有相当的信心。

表 2-5　不同投资来源国别（地区）的外资企业在华投资首要目标

单位：%

|  | 服务中国市场 | 利用产业链效应实现利润更大化 | 服务海外市场 | 实现企业本地化建设 | 获取中国市场信息 | 降低研发成本 | 降低生产成本 |
| --- | --- | --- | --- | --- | --- | --- | --- |
| 中国港澳地区 | 39.27 | 2.1 | 23.51 | 13.26 | 7.02 | 8.1 | 6.74 |
| 中国台湾地区 | 34.22 | 3.45 | 21.92 | 10.99 | 11.25 | 3.84 | 14.33 |
| 日本 | 45.3 | 13.45 | 22.08 | 11.96 | 7.21 | 0 | 0 |
| 新加坡 | 39.02 | 6.1 | 20.17 | 18.36 | 4.69 | 5.96 | 5.7 |
| 韩国 | 35.38 | 22.55 | 12.15 | 20.12 | 0.46 | 6.74 | 2.6 |
| 欧盟 | 39.21 | 17.55 | 11.96 | 15.7 | 0 | 14 | 1.58 |

续表

| | 服务中国市场 | 利用产业链效应实现利润更大化 | 服务海外市场 | 实现企业本地化建设 | 获取中国市场信息 | 降低研发成本 | 降低生产成本 |
|---|---|---|---|---|---|---|---|
| 美国 | 36.12 | 21.53 | 13.38 | 27.15 | 1.82 | 0 | 0 |
| 维尔京群岛 | 36.06 | 22.23 | 11.2 | 9.65 | 11.35 | 5.87 | 3.64 |
| 其他 | 39.06 | 12.23 | 12.75 | 7.93 | 3.65 | 14.82 | 9.56 |

### 六 不同投资年限

从表2-6来看，不同投资年限的外资企业来华投资的首要目标并没有太大的差别，基本保持一致。选择"服务中国市场"的企业最多，其次是选择"利用产业链效应实现利润更大化"的企业。

表2-6 不同投资年限的外资企业在华投资首要目标

单位：%

| 年份 | 服务中国市场 | 利用产业链效应实现利润更大化 | 服务海外市场 | 实现企业本地化建设 | 获取中国市场信息 | 降低研发成本 | 降低生产成本 |
|---|---|---|---|---|---|---|---|
| 2013~2015年（2年以内） | 33.52 | 15.87 | 9.88 | 10.04 | 7.24 | 16.2 | 7.25 |
| 2010~2012年（3~5年） | 39.05 | 12.81 | 9.87 | 14.89 | 2.35 | 18.22 | 2.81 |
| 2005~2009年（5~10年） | 37.21 | 14.22 | 13.43 | 11.7 | 3.07 | 15.41 | 4.96 |
| 2000~2004年（10~15年） | 34.11 | 17.23 | 12.16 | 12.26 | 4.76 | 11.15 | 8.33 |
| 1999年以前（15年以上） | 40.95 | 17.75 | 11.02 | 9.75 | 1.86 | 9.26 | 9.41 |

### 七 不同投资规模

从表2-7可以看出，投资规模超过500万元的外资企业来华投资的首要目标基本一致，主要为服务中国市场和利用产业链效应实现利润更大化。这与投资小于100万元以及100万元~500万元的外资在华投资的动机显然不同，它们更注重优质低廉的劳动力成本，进而降低研发成本和生产成本。可以看到，大于 10000 万元人民币的外资企业没有一家将首要目标选择为服务海外市场和降低研发成本。

表 2-7 不同投资规模的外资企业在华投资首要目标

单位：%

| 投资规模 | 服务中国市场 | 利用产业链效应实现利润更大化 | 服务海外市场 | 实现企业本地化建设 | 获取中国市场信息 | 降低研发成本 | 降低生产成本 |
|---|---|---|---|---|---|---|---|
| 小于 100 万元 | 34.02 | 10.25 | 0.00 | 17.67 | 8.09 | 13.25 | 16.72 |
| 100 万元~500 万元 | 34.06 | 18.12 | 7.72 | 5.09 | 4.22 | 12.65 | 18.14 |
| 500 万元~1000 万元 | 33.5 | 21.77 | 14.88 | 13.42 | 5.2 | 3.55 | 7.68 |
| 1000 万元~5000 万元 | 37.36 | 23.05 | 8.25 | 8.26 | 8.26 | 7.47 | 7.35 |
| 5000 万元~10000 万元 | 35.62 | 29.06 | 4.31 | 19.13 | 2.13 | 3.44 | 6.31 |
| 大于 10000 万元 | 42.07 | 24.92 | 0.00 | 20.66 | 8.43 | 0.00 | 3.92 |

## 第三节 影响外商在华投资的因素及其重要程度

### 一 各因素重要性程度的统计描述

我们首先对所有样本中各因素的重要性得分进行加总，得到各因素的平均重要程度，对各因素按照重要程度高低进行排序（见表 2-8）。

表 2-8 影响外商在华投资因素的重要性程度排序

| 区位因素 | 位次 | 平均值 | 标准差 |
|---|---|---|---|
| 市场需求潜力 | 2 | 7.21 | 2.46 |
| 劳动力素质 | 1 | 7.51 | 1.78 |
| 相关产业的集聚度 | 4 | 6.53 | 1.95 |
| 原材料价格和供应 | 3 | 6.58 | 2.50 |
| 产业已有的外资规模 | 5 | 6.24 | 1.95 |
| 劳动力成本 | 6 | 5.95 | 1.87 |
| 对外开放程度 | 7 | 5.92 | 1.98 |
| 政策、政治和法律环境 | 8 | 5.64 | 1.37 |
| 与中国有感情和血缘关系 | 9 | 3.97 | 2.73 |

根据表 2-8 的结果，市场需求潜力、劳动力素质和原材料价格和供应是影响外资来华投资排在前 3 位的因素。这些因素涉及外商投资企业的产品销售、要素投入、产业链可延伸性和获利程度。劳动力素质、原材料价格和供应的平均值分别排在第 1 位和第 3 位，其重要性程度也很高。相关产业集中度的平均值排在第 4 位，说明外资对产业链延伸和构建的要求比较高，近年来 FDI 单个项目投资规模的迅速扩大说明外资更注重全球资源的整合和产业链的布局。此外，劳动力成本，政策、政治和法律环境，对外开放程度等环境因素的平均值也比较高，这在一定程度上表明影响外商投资的因素变得多元化，代表中国国内经济和社会发展的一些根本性因素以及政策法律环境，都会对外商的投资决策产生很大的影响。

## 二　因子分析

对各影响因素通过简单统计分析进行排序可以知道其相对重要性。然而这样的分析显然不够。对 9 个因素进行相关分析可知各因素之间存在一定程度的相关性（见表 2-9），为增强解释力，这里采用因子分析的统计降维技术对原始变量进行重新组构，通过降低变量的维度，并剔除解释力弱的因素，找出主要的因素。本研究采用 SPSS10.0 统计软件进行分析。

### （一）KMO 及 Bartlett 球形检验

因子分析要基于变量间的协方差矩阵进行，要求包含在因子分析中的变量必须具有足够的相关性。实践中，变量间的相关性往往是存在的，但是否达到适合进行因子分析的程度需要加以检验。一种检验方法是测度样本 KMO（Kaiser-Meyer-Olkin）值，它给出变量间的相关系数和偏相关系数的比较，KMO 值越大，表示变量间的共同因素越多，越适合进行因子分析，根据 Kaiser（1974）研究的建议，KMO 值大于 0.5 时适合进行因子分析，在 0.7 以上则是令人满意的值。我们得到 KMO 值为 0.712。另一种检验方法是巴特利特球形检验（Bartlett's Test of Sphericity），它是一种建立在协方差阵是单位阵（即变量间不相关）的假设基础之上的检验。参与因子分析的 9 个变量的 Bartlett 球形检验值是 264.719，其对应的相伴概率为 0.0000，非常显著地拒绝原假设，表明对影响外商投资的 9 个因素进行因子分析是可行的。

表 2-9　各影响因素的相关系数

| 因素 | A1 | A2 | A3 | A4 | A5 | A6 | A7 | A8 | A9 |
|---|---|---|---|---|---|---|---|---|---|
| A1 | 1.00 | | | | | | | | |
| A2 | -0.11 | 1.00 | | | | | | | |
| A3 | 0.02 | 0.635 | 1.00 | | | | | | |
| A4 | 0.25 | 0.46 | 0.15 | 1.00 | | | | | |
| A5 | -0.50 | -0.13 | -0.12 | 0.25 | 1.00 | | | | |
| A6 | -0.08 | -0.57 | -0.06 | 0.37 | 0.20 | 1.00 | | | |
| A7 | 0.01 | 0.18 | 0.42 | 0.25 | 0.16 | 0.53 | 1.00 | | |
| A8 | 0.06 | 0.33 | 0.62 | 0.36 | 0.21 | 0.77 | 0.45 | 1.00 | |
| A9 | 0.10 | 0.27 | 0.22 | 0.47 | 0.25 | 0.28 | 0.28 | 0.15 | 1.00 |

注：A1 代表市场需求潜力，A2 代表相关产业的集聚度，A3 代表产业已有的外资规模，A4 代表与中国有感情和血缘关系，A5 代表劳动力素质，A6 代表劳动力成本，A7 代表原材料价格和供应，A8 代表对外开放程度，A9 代表政策、政治和法律环境。

## （二）因子分析的结果

因子分析的基本目的是，用少数几个因子去描述许多指标或者因素之间的联系，即将相互之间比较密切或者相关程度较高的几个因素归在同一个类别之中，每一类因素就成为 1 个因子。根据 Kaiser（1974）的建议，提取的因子其特征值应大于 1，因子下面所包含因素的因子负荷系数应大于 0.5。这里共有 8 个因素符合该条件，而与中国有感情和血缘关系这一因素，由于因子负荷系数小于 0.5 而被剔除，可提取出 3 个因子，将符合条件的 8 个因素分别归入 3 个因子中，即归为 3 类。因子分析结果见表 2-10。

根据表 2-10，因子 1 包括市场需求潜力、对外开放程度、产业已有的外资规模和相关产业的集聚度，代表经济社会发展的市场因素，这一因子也反映出外资实施产业控制、改变产业进程和产业发展方向要面对的宏观经济环境；因子 2 包括原材料价格和供应、劳动力成本和劳动力素质，代表生产要素的特性，这一因子也反映出外资实施定价权控制的基础和依据；政策、政治和法律环境因素为因子 3，主要代表了与政府政策有关的因素。此外，根据各因子的均值，可以发现 3 个因子中，因子 1 的均值最高，为 7.59，而其中市场需求潜力的重要性程度最高，为

表 2 – 10 因子分析的结果

| 提取因子 | 因素 | 因子负荷系数 | 特征值 | 因子均值 | 各因子解释方差 |
| --- | --- | --- | --- | --- | --- |
| 因子 1 | 市场需求潜力 | 0.88 | 4.83 | 7.59 | 31.44 |
| | 对外开放程度 | 0.61 | | | |
| | 产业已有的外资规模 | 0.72 | | | |
| | 相关产业的集聚度 | 0.75 | | | |
| 因子 2 | 原材料价格和供应 | 0.74 | 3.75 | 6.98 | 26.85 |
| | 劳动力成本 | 0.73 | | | |
| | 劳动力素质 | 0.76 | | | |
| 因子 3 | 政策、政治和法律环境 | 0.64 | 1.14 | 5.50 | 11.37 |

0.88，表明市场因素在外商投资决策中占据着非常重要的地位。下面分别从市场控制、定价控制和对华法律政策的响应三个方面分析不同类型外资企业的表现，以揭示不同类型企业在华的行为特征，寻找它们实施产业控制的可能模式。

## 第四节 外资企业在华的市场占有率

外资企业的分布与在中国相应产品市场销售的比例基本上成反向变化的关系，即在中国的市场占有率越低，企业分布的比重越高，如在华市场占有率低于10%的企业占接受调查企业的30.6%，而国内市场占有率高于50%的企业比重只有1.8%。总体上看，60%以上的外资企业国内市场占有率低于20%。

### 一 外资企业类型与在华市场占有率

各类企业在国内市场占有率方面的分布差异显著。如表2－11所示，62.52%的中方控股企业市场占有率超过20%，而其余各类企业超过半数以上市场占有率低于20%，其中市场占有率低于10%的中外合作企业最多，占45.44%，外方控股企业所占比重为36.67%，外商独资企业所占比重为21.43%，中方控股企业最低为10.53%。需要指出的是，接受调查的企业中，没有1家外商独资企业和中外合作企业的市场占有率超过

50%。与其他类型的企业相比，中外合作企业更倾向于利用国内资源和当地营销渠道。

表 2-11 外资企业类型与在华市场占有率

单位：%

| 市场占有率 | 中方控股企业 | 外方控股企业 | 外商独资企业 | 中外合作企业 |
|---|---|---|---|---|
| 10% 以下 | 10.53 | 36.67 | 21.43 | 45.44 |
| 10%~19% | 26.95 | 31.32 | 35.47 | 23.18 |
| 20%~29% | 26.53 | 16.14 | 22.64 | 13.27 |
| 30%~39% | 22.31 | 12.63 | 11.91 | 14.49 |
| 40%~49% | 10.57 | 2.18 | 8.55 | 3.62 |
| 50% 以上 | 3.11 | 1.06 | 0 | 0 |

## 二 外资企业外方来源地与在华市场占有率

表 2-12 中的数据显示，接受调查的企业中市场占有率比例低于 20% 的中国台湾地区、中国港澳地区、日本、美国、欧盟在华企业的分布分别为 100%、81.25%、78.45%、65.56% 和 61.82%。虽然中国港澳地区的企业的比重最高，但必须看到，一半以上的中国港澳地区的企业市场占有率低于 10%，1/3 的企业市场占有率为 10%~19%，只有 18.75% 的企业市场占有率高于 20%。而美国和欧盟的在华企业约有 20% 其市场占有率高于 30%。

表 2-12 外资企业外方来源地与在华市场占有率

单位：%

| 市场占有率 | 美国 | 日本 | 中国港澳地区 | 中国台湾地区 | 欧盟 |
|---|---|---|---|---|---|
| 10% 以下 | 33.42 | 58.34 | 50.52 | 68.5 | 38.34 |
| 10%~19% | 32.14 | 20.11 | 30.73 | 31.5 | 23.48 |
| 20%~29% | 15.1 | 15.79 | 12.71 | 0 | 19.66 |
| 30%~39% | 10.65 | 3.68 | 3.96 | 0 | 7.84 |
| 40%~49% | 6.17 | 1.23 | 2.08 | 0 | 7.43 |
| 50% 以上 | 2.52 | 0.85 | 0 | 0 | 3.25 |

## 三 外资企业外方投资者属性与在华市场占有率

调查结果显示,样本企业中大型跨国公司所占比重为 26.4%,在市场占有率分布上相对比较均匀,市场占有率低于 20%、20%~39% 和高于 40% 的大型跨国公司的比重分别为 45.29%、33.43% 和 21.28%;个人投资者在华企业的比重为 61.67%,企业分布与市场占有率比例呈明显的反向变化,68.50% 的个人投资者在华企业市场占有率低于 10%,31.5% 的个人投资者在华企业市场占有率为 10%~19%,没有 1 个个人投资者的市场占有率在 20% 以上;中小型在华投资企业的比重为 73.6%,相对于市场占有率其分布不很均匀,44.62% 的中小型在华企业国内市场占有率比例低于 10%,35.54% 的在华外资中小企业市场占有率比例为 10%~19%,而 19.84% 的在华外资中小企业市场占有率为 20%~29%,没有中小企业的市场占有率在 30% 以上,见表 2-13。

表 2-13 外资企业外方投资者属性与在华市场占有率

单位:%

| 市场占有率 | 大型跨国公司 | 中小企业 | 个人投资者 |
| --- | --- | --- | --- |
| 10% 以下 | 23.64 | 44.62 | 68.5 |
| 10%~19% | 21.65 | 35.54 | 31.5 |
| 20%~29% | 17.57 | 19.84 | 0 |
| 30%~39% | 15.86 | 0 | 0 |
| 40%~49% | 13.64 | 0 | 0 |
| 50% 以上 | 7.64 | 0 | 0 |

## 第五节 外资企业的定价原则

本部分考察外资企业进行产品定价的特征。调查结果显示,有 66.2% 的外商投资企业按照国际市场价格定价,26.4% 的企业按照母公司的要求对产品进行定价,只有 7.4% 的企业按照利润最大化的原则定价。如果将接受国际市场价格和按母公司要求定价看成被动定价,则可以认为只有 7.4% 的企业具有自主定价的能力。

根据西方经济学理论，在完全竞争的市场环境下，企业成为价格的接受者，即新进入的企业只能按照由供求形成的市场价格出售产品。被调查企业超过半数都是按照国际市场价格定价，这从侧面反映出中国外商投资企业都处在全球产业链的环节之上。对于由母公司定价的企业，往往体现了母公司的意志，母公司从整体利益出发指挥海外子公司产品的定价，商品的价格经常会偏离其实际价值，从这个角度出发，我们有理由认为按母公司要求定价的企业价格转移的可能性很大。

## 一 外资企业类型与其定价原则

表2-14给出在各类外资企业中，60%以上的企业都是按国际市场定价，且各类企业的比重相差不大，其中中方控股企业的比重最高（78.22%），外方控股企业的比重最低（61.86%）。各类企业进行自主定价的比重虽然很低，但差别明显，中外合作企业按利润最大化原则定价的比重最高为13.37%，其次是中方控股企业（7.53%）和外商独资企业（3.49%），没有1家接受调查的外方控股企业采取自主定价模式。

表2-14 外资企业类型与其定价原则

单位：%

| 定价原则 | 中方控股企业 | 外方控股企业 | 外商独资企业 | 中外合作企业 |
| --- | --- | --- | --- | --- |
| 按利润最大化原则定价 | 7.53 | 0 | 3.49 | 13.37 |
| 按国际市场价格定价 | 78.22 | 61.86 | 72.15 | 63.32 |
| 按母公司要求定价 | 14.25 | 38.14 | 24.36 | 23.31 |
| 合计 | 100 | 100 | 100 | 100 |

另外，分别有38.14%的外方控股企业、24.36%的外商独资企业、23.31%的中外合作企业、14.25%的中方控股企业是按母公司要求定价。据此判断，这也是各类企业转移价格的可能性由高到低的排列顺序，即外方控股的合资企业进行价格转移的可能性最高，中方控股企业进行价格转移的可能性最低。

## 二 外资来源地与其定价原则

与来自中国台湾地区、中国港澳地区的企业相比，来自美国、日本和欧盟的企业按母公司要求定价的比重更高，分别为56.67%、59.13%和76.68%，这说明来自发达国家/地区的企业更善于在公司内部安排生产分工和销售，因此更具有价格转移的可能性。

在按国际市场定价者中，来自中国台湾地区和中国港澳地区的企业比重最高，分别为66.2%和68.36%，而美国、日本和欧盟在华企业的比重相对低，分别为43.33%、40.87%和23.32%。按利润最大化原则定价的企业全部来自中国港澳地区和中国台湾地区，分别占整个接受调查的港澳台地区企业的13.53%和11.5%，见表2-15。

表2-15 外资来源地与其定价原则

单位：%

| 定价原则 | 美国 | 日本 | 中国台湾地区 | 中国港澳地区 | 欧盟 |
| --- | --- | --- | --- | --- | --- |
| 按利润最大化原则定价 | 0 | 0 | 11.5 | 13.53 | 0 |
| 按国际市场价格定价 | 43.33 | 40.87 | 66.2 | 68.36 | 23.32 |
| 按母公司要求定价 | 56.67 | 59.13 | 22.3 | 18.11 | 76.68 |
| 合计 | 100 | 100 | 100 | 100 | 100 |

### 三 外方投资者属性与其定价原则

样本企业中，属于大型跨国公司子公司的在华企业按母公司要求定价的比重最高，为32.08%，另外是中小企业和个人投资者在华企业，其按母公司要求定价的比重分别为21.43%和15.20%。这一汇总情况与我们对大型跨国公司投资战略的理解是一致的。而且，大型跨国公司比中小企业和个人投资者更具进行价格转移的能力。

表2-16 外方投资者属性与其定价原则

单位：%

| 定价原则 | 大型跨国公司 | 中小企业 | 个人投资者 |
| --- | --- | --- | --- |
| 按利润最大化原则定价 | 8.11 | 15.24 | 13.37 |
| 按国际市场价格定价 | 59.81 | 63.33 | 71.43 |
| 按母公司要求定价 | 32.08 | 21.43 | 15.2 |
| 合计 | 100 | 100 | 100 |

在按国际市场价格定价者中，个人投资者的在华企业按国际市场定价的比例最高，为71.43%，其次是中小企业和大型跨国公司的在华企业，分别为63.33%和59.81%。另外，定价自主性较大的企业集中于中小型在华企业，有15.24%的企业按利润最大化原则定价。

## 第六节 不同类型外资企业对华外资政策的响应

本部分检验中国的外资政策对外资企业的重要性程度和影响力是否存在结构性的差异。因子分析表明中国政策、政治和法律环境是影响外资企业行为的重要因素。这里进一步分析不同经济类型、不同投资动机、不同规模的外资企业对政策的关注和响应能力是否有区别。

### 一 不同经济类型的外资企业对华外资政策的响应

根据经济类型，外资企业可以分为合资、合作和外商独资三种形式。在华投资的合资与独资企业分别占调研样本总量的40.31%和51.94%，是最主要的两种方式，合作方式的外资企业只占样本总量的7.75%。合资企业由中外投资者共同出资建立，中外双方共同经营管理，共同分享利润，并共同承担风险。而外商独资除土地外，企业的资金和技术全部为外国投资者所私有，经营收入除按中国有关税收的规定纳税后，全部归投资者所有和支配，外商对公司的经营自负盈亏，自担风险。

相比较而言，采用合资方式可以避免一次性耗费大量资金，能较快地进入当地市场，获得当地经营的信息和知识，得到当地政策与各种经营资源的支持，提高规避政治风险和降低经营风险的能力。但是，合资方式在经营和管理中会遇到如经济利益的冲突、双方经营目标的不一致、商业文化中的不协调等诸多困难。采用外商独资方式，外商可以减少与合资方的利益冲突，有利于集中统一管理，但外商需要更多的资源投入，要面对目标市场政治或社会上的不确定性，并承担更多的投资风险。可见，不同经济类型的企业在法律形式、组织结构和风险特征上存在较大差异，因而所关注的区位因素以及东道国政策对其的影响力势必存在一定的区别。以独资方式在境外进行投资的跨国投资者在投资地点的选择上更关注当地的政策法律环境及其变化可能带来的投资风险。

根据 Bond 和 Samuelson（1986）的分析，在信息不对称较为明显的发展中国家里，政府所提供的经营初期给予减免税、财政补贴、低息贷款、企业劳动力培训补贴和政府信贷担保等优惠政策可以作为政府发出的一个信号，外资企业对政策的正确理解和运用可以减少其投资风险，增强投资信心。Doyle（1984）的研究表明税收优惠可以作为一个很好的信息工具用于识别东道国的生产率，具有较高生产率的国家即便没有税收优惠也能使得外商投资获益，吸引到外资，而劳动生产率较低的国家没有税收减免，外商投资的收益就没有保障，故而不会吸引到外资，外资优惠政策可以给前来投资的外商一种安全感。对于外商独资企业而言，由于其收益的独享性，外国投资者更能充分获得税收优惠所带来的实际好处。因此，相对于中外合作企业和中外合资企业而言，外商独资企业在进行投资决策时，政策的重要性程度更高。

由于企业的多项特征都有可能会影响到各因素的相对重要性程度，为了检验各种因素对外商投资决策的影响效应、效应的大小及效应的显著性，这里运用多变量的多元方差分析（MANOVA）。多元方差分析是研究两个及两个以上控制变量是否对多个反应变量产生显著影响的一种数理统计方法，从数学思想看，是将反应变量的变异分解成组间变异和组内变异，组间变异即组别因素的效应，组内变异即随机误差，然后用组间协方差矩阵与组内协方差矩阵对这两部分变异进行比较。因此，运用多元方差分析可以在控制其他特征作用的同时对每一项企业特征的作用进行分析，从而对不同特征的外资企业做出比较。不同经济类型外资企业进行投资决策时所受各因素影响的方差分析的结果见表 2-17。

表 2-17 经济类型的 MANOVA 分析结果

| 因素 | 独资 | | 合资 | | 合作 | |
|---|---|---|---|---|---|---|
| | 均值 | （排序） | 均值 | （排序） | 均值 | （排序） |
| 市场需求潜力 | 5.06*** | (5) | 7.21*** | (1) | 8.00*** | (1) |
| 劳动力素质 | 5.63* | (4) | 5.22** | (6) | 5.40** | (5) |
| 相关产业的集聚度 | 4.85 | (6) | 3.99 | (8) | 5.00 | (6) |
| 原材料价格和供应 | 7.15*** | (2) | 6.07** | (3) | 6.70*** | (3) |
| 产业已有的外资规模 | 4.71** | (7) | 6.06*** | (4) | 4.70*** | (8) |

续表

| 因素 | 独资 | | 合资 | | 合作 | |
| --- | --- | --- | --- | --- | --- | --- |
| | 均值 | （排序） | 均值 | （排序） | 均值 | （排序） |
| 劳动力成本 | 6.56*** | (3) | 5.42*** | (5) | 5.80** | (4) |
| 对外开放程度 | 3.96* | (8) | 4.48*** | (7) | 4.90 | (7) |
| 政策、政治和法律环境 | 7.29*** | (1) | 6.43*** | (2) | 6.90*** | (2) |

注：*、**、*** 分别表示对于不同类型的外资而言，各因素均值的差别在 0.10、0.05、0.01 的水平上显著，下同；未考虑在因子分析中已经被剔除的与中国有感情和血缘关系这一因素。

根据表 2-17，独资企业和合资企业以及合作企业相比，市场需求和政策这两个因素的相对重要性刚好相反。对于独资企业而言，政策的得分最高，是最重要的因素，市场需求仅排在第 5 位；而对于合资企业和合作企业而言，政策的重要性排序均在市场需求之后。而且独资企业和合资企业在政策、市场需求的重要性程度上的差别在统计上是非常显著的。这说明独资企业对政策更敏感，而合资企业和合作企业对市场因素更敏感。

## 二 不同投资动机外资企业对政策的响应

根据投资动机，外资企业可以分为出口导向型和市场导向型两种类型。市场导向型投资的运作模式是"市场－技术－资源"，指企业海外投资的主要动机是占领海外市场，依据市场需求进行研发提升技术，用技术换取资源。大部分发达国家之间的投资和发达国家对新兴市场的投资都属于这个类型；出口导向型投资的运作模式是"资源－技术－市场"，主要动机是获得东道国的人力资源和自然资源，利用这些资源生产产品从而返销到母国或出口到第三国。不同投资动机的投资者进行海外投资决策时对东道国的区位优势有不同的认知。钟炜、胡怡建（2007）的调查认为："在投资地点选择上，外商独资企业偏好那些开放时间长、经营风险低、具有相对丰富国际商业经验的地区，而中外合资企业则在空间分布上较为分散，已经逐渐扩展到内地一些传统的工业基地和市场规模较大的省份。"

Reuber et al.（1975）的实证研究发现政府的策略性税收优惠并不能改变外资企业选址决策，但会降低市场导向型外资企业的投资门槛，东道国税收优惠政策对特定类型 FDI 更具吸引力；Guisinger（1985）的研究认为，不同投资方式 FDI 对东道国税率优惠有不同的敏感度，与市场寻求型跨国公司相比，出口导向型跨国公司选址决策更易受东道国税收政策的影响；Easson（2004）认为，由于市场导向型投资倾向于长期投资，其关心的主要因素是市场规模和潜力，受经营成本和税收因素的影响较小；而出口导向型投资倾向于短期投资，其关心的主要因素是经营成本，因此对东道国的税收减免、出口退税、财政补贴、加速折旧等优惠政策有积极的响应；Wells（1986）对跨国公司投资行为的研究认为，出口导向型企业更看重成本结构中的税收成本差异，这类企业通常具有很高的流动性，为在可选择的地点之间比较税收的差异以利用更有利的税收制度，它们常常进行迁移。

不同投资动机外资企业进行投资决策所受各因素影响的方差分析的结果见表2-18。

表2-18 投资动机的MANOVA分析结果

| 因素 | 市场导向 | | 产业链导向 | | 出口导向 | |
| --- | --- | --- | --- | --- | --- | --- |
| | 均值 | （排序） | 均值 | （排序） | 均值 | （排序） |
| 市场需求潜力 | 8.20*** | (1) | 8.60*** | (1) | 6.00*** | (6) |
| 劳动力素质 | 8.05*** | (2) | 7.78*** | (4) | 7.40*** | (4) |
| 相关产业的集聚度 | 5.27** | (7) | 8.09*** | (3) | 5.00 | (8) |
| 原材料价格和供应 | 7.54** | (3) | 7.36*** | (6) | 8.70*** | (2) |
| 产业已有的外资规模 | 6.67*** | (6) | 8.51*** | (2) | 6.70*** | (5) |
| 劳动力成本 | 6.98*** | (4) | 7.64*** | (5) | 8.80*** | (1) |
| 对外开放程度 | 5.24 | (8) | 6.59 | (8) | 5.90 | (7) |
| 政策、政治和法律环境 | 6.80*** | (5) | 6.77*** | (7) | 7.90*** | (3) |

这里定义市场导向型外资企业的产品以内销为主，出口导向型外资企业的产品以出口为主，而产品以供应上下游本部企业为主的被视为产业链拓展型。根据表2-18，对于以市场为导向和产业链为导向即产品主要在中国国内市场销售的外资企业而言，市场需求因素非常重要，排在第1位，而出口导向的企业其仅仅排在第6位。而且，劳动力成本、原材料价格和供应的重要性程度对于两类企业而言也是存在显著区别的。显然，以出口为导向的企业主要是利用中国廉价的劳动力和原材料，生产产品出口到其他国家或地区，因而对这两个因素的重视程度很高。

此外，对于研究中重点关注的政策响应而言，这三类企业的差别在统计上并不显著，这主要因为中国已于 2008 年 1 月 1 日起实施新的所得税法，将内外资企业法定所得税率统一为 25%。但各级政府仍可以采取体制外手段向外商提供优惠，如改变外资企业投资名目成为高新技术产业以使其享受更多税收优惠、将地方政府留成部分返还等，因此，出口导向型企业的均值得分比市场导向和产业链导向的企业更高，这也在一定程度上说明了出口导向型企业对政策的重视程度更高。

### 三 不同投资规模企业对华政策的响应

外商投资企业的规模也会影响其在进行投资决策时对政策的重视程度。Coyne（1994）认为，规模小的外国投资者企业流动性较大，对税收优惠的敏感度比规模大的投资者更高。因为小公司不具备开展复杂的避税策略所需的财务和人力能力，税收在小公司的成本结构中占据更加重要的地位。而对于大型的跨国公司而言，其由于对投资地 GDP、就业以及政府财政收入贡献巨大，对政府具有较大的影响力，因而政府往往给予其各种优惠待遇，即使税收优惠减少，这些外资企业还能获得财政补贴和条件优越的土地使用政策等。不同规模外资企业进行投资决策所受各因素影响的方差分析的结果见表 2-19。

表 2-19 企业规模的 MANOVA 分析结果

| 因素 | 小 | | 中 | | 大 | |
| --- | --- | --- | --- | --- | --- | --- |
| | 均值 | （排序） | 均值 | （排序） | 均值 | （排序） |
| 市场需求潜力 | 7.94*** | (4) | 8.60*** | (1) | 8.55*** | (1) |
| 劳动力素质 | 6.54* | (6) | 7.84*** | (4) | 8.47*** | (2) |
| 相关产业的集聚度 | 4.31 | (8) | 8.09*** | (2) | 8.28*** | (3) |
| 原材料价格和供应 | 8.65*** | (3) | 7.56*** | (5) | 7.70*** | (5) |
| 产业已有的外资规模 | 6.62* | (7) | 6.51 | (8) | 7.13*** | (7) |
| 劳动力成本 | 8.71*** | (1) | 7.48*** | (6) | 7.30*** | (6) |
| 对外开放程度 | 7.89** | (5) | 6.59* | (7) | 6.53* | (8) |
| 政策、政治和法律环境 | 8.68*** | (2) | 7.97*** | (3) | 7.89*** | (4) |

注：企业规模分组是将被调查企业的资本金取中位数，然后以中位数 80 万美元为界将样本分成两组，即资本金小于 80 万美元的为规模小的企业，而资本金大于 80 万美元的为规模大的企业。

根据表2-19可以发现，小企业对华外资政策、政治和法律环境的重视仅次于对劳动力成本因素的重视，且均值差别不大；而对于规模较大的外资企业而言，最重要的是社会经济发展状况决定的市场因素，政策的重要性程度得分以及排序均低于小规模企业。因此，规模小的外资企业受政策的影响更大，而规模大的企业更看重市场因素，政策对其的影响力相对较小，这与前人的研究结论相一致。

## 第七节　FDI产业控制力的传统测度

传统的对FDI产业控制力的测度以王苏生等（2008）选取的外资市场控制率、外资股权控制率、外资技术控制率和主要企业受外资控制情况4个测度指标的计算方法最为典型，应用中国数据对这四个指标进行测度如下。

### 一　外资市场控制率

外资市场控制率是指一般外资企业产品或品牌在东道国市场上占主导地位的状况。一般用外资企业的销售收入/主营业务收入与全国工业企业的销售收入/主营业务收入之比来反映。

由表2-20可见，外资市场份额在30%以下的有5个行业，占行业总数的55.56%，30%以上的有4个行业，不到行业总数的一半。外资市场份额占到50%以上的只有电子信息产业和高新技术产业2个行业，外资市场份额分别为63.25%和71.32%。而在这2个行业外资企业的外销比例都很高，2014年，电子信息产业和高新技术产业外销比例分别为65.72%和54.76%，说明外资企业是加工贸易导向的，对国内市场影响不大。汽车业外资的外销比例很低，只有11.8%，可见这一行业外资企业的产品主要是供应国内市场的，并且对国内市场的占有率达到41.78%，是需要引起注意的。有色金属业对国内市场的占有率在30%以上，为外资进入的主要行业，外资的外销比例也非常低，只有10.56%。可见，总体上就行业市场占有率这一指标分析，外资并没有在相当多的行业中占据主导控制地位。

第二章　FDI产业投资的行为特征及影响因素调查　　43

表2-21　不同细分行业外资企业产品市场占有率（2014年）

单位：%

| 行业 | 外资企业产品市场占有率 |
| --- | --- |
| 农、林、牧、渔业 | 17.83 |
| 轻工业 | 18.65 |
| 建材业 | 24.27 |
| 有色金属业 | 35.66 |
| 汽车业 | 41.78 |
| 机械制造业 | 13.71 |
| 石化产业 | 20.41 |
| 电子信息产业 | 63.25 |
| 高新技术产业 | 71.32 |

资料来源：本表的行业市场占有率为作者课题组调研的行业外资企业平均市场占有率。

## 二　外资股权控制率

外资股权控制率是从股权角度反映外资对国内产业控制的程度。一般用"外商资本"和"中国港澳台资本"与"实收资本"之比计算。这里实收资本指企业实际收到的投资人投入的资本，按投资主体可分为国家资本、集体资本、法人资本、个人资本、港澳台资本和外商资本。

由表2-21可见，9个细分产业外资股权占比全部超过20%，而且高新技术产业的股权占比超过了50%。一般来说，单个企业外资股权份额超过20%即达到对企业的相对控制，超过50%即达到对企业的绝对控制。这表明外资对9个行业均达到相对控制程度，对高新技术产业达到了绝对控制程度。

表2-21　不同细分行业外资股权占比（2014年）

单位：%

| 行业 | 外资股权占比 |
| --- | --- |
| 农、林、牧、渔业 | 27.73 |
| 轻工业 | 22.95 |
| 建材业 | 37.87 |

续表

| 行业 | 外资股权占比 |
|---|---|
| 有色金属业 | 42.27 |
| 汽车业 | 36.55 |
| 机械制造业 | 48.41 |
| 石化产业 | 44.79 |
| 电子信息产业 | 45.12 |
| 高新技术产业 | 67.83 |

资料来源：根据《中国工业企业数据库》和《中国统计年鉴2015》相关数据整理计算得出。

## 三 外资技术控制率

外资技术控制率是从技术角度反映外资对国内产业控制情况。一般用外资企业拥有发明专利数占大中型企业发明专利总数的百分比计算，结果见表2-22。

表2-22 不同细分行业外资企业发明专利行业占比（2014年）

单位：%

| 行业 | 外资企业发明专利行业占比 |
|---|---|
| 农、林、牧、渔业 | 20.05 |
| 轻工业 | 24.28 |
| 建材业 | 24.27 |
| 有色金属业 | 21.78 |
| 汽车业 | 24.92 |
| 机械制造业 | 36.72 |
| 石化产业 | 24.61 |
| 电子信息产业 | 37.45 |
| 高新技术产业 | 39.88 |

资料来源：根据《中国科技统计年鉴2015》相关数据整理计算得出。

由表2-22可见，整体上外资技术控制率大体为20%~40%。技术控制率超过30%的行业有机械制造业、电子信息产业和高新技术产业。在这些战略性产业，我国的技术总体上还落后于资本流入母国，由于技术优势是跨国公司对外直接投资的所有权优势之一，为保证利润最大化，跨国公司会尽可能防止技术外溢，以便保持技术领先的优势。因此，如何摆脱对合资企业或独资子公司的技术依赖是弱化外资控制力的关键。

### 四 主要企业受外资控制情况

主要企业受外资控制情况反映行业中龙头企业（主要企业）外资企业的举足轻重的地位。用行业主要企业中外资企业总数与该行业主要企业总数之比表示。

由表 2-23 可见，在 9 个细分行业中外资企业在龙头企业中的占比全部在 20% 及以上，其中有色金属业、高新技术产业和电子信息产业的占比达到或超过 50%。

表 2-23 不同细分行业规模以上外资企业占比（2014 年）

单位：%

| 行业 | 行业前 10 大企业中外资企业占比 |
| --- | --- |
| 农、林、牧、渔业 | 40 |
| 轻工业 | 30 |
| 建材业 | 30 |
| 有色金属业 | 50 |
| 汽车业 | 20 |
| 机械制造业 | 40 |
| 石化产业 | 30 |
| 电子信息产业 | 60 |
| 高新技术产业 | 70 |

资料来源：根据《中国工业企业数据库》相关数据整理计算得出。

从上述外资市场控制率、外资技术控制率、外资股权控制率和主要企业受外资控制情况四个指标可以总结出外资控制程度最强的三个行业是高新技术产业、电子信息产业和有色金属产业。但这与我们的直觉似乎有些不符，现实中我们看到外资投资的关键性产业和行业，尽管股权控制率不高，却可以起到以小搏大、四两拨千斤和一剑封喉的重要作用。比如说种业，外资股权控制率还不到 10%，用转基因种子不仅能控制农业，能控制粮食战略，而且还能控制中国人民的健康和生命安全（何承高，2014），引起人们对农业产业安全的担忧。在汽车产业，外资汽车企业与中国建立了几十家合资生产企业，构成我国汽车生产的主要力量，虽然合资企业股比大多为中方控股，但在合资企业中，技术大多为外方控制。例如一汽大众公司，一汽占股权60%，但中方在生产什么车型、自产什么配件及OEM配套方面必须要经德方同意。跨国公司通过控制核心技术和关键零部件，沿着产业链不断巩固和扩大自己的垄断优势，不断扩大在华产业布局，中国市场成为其全球利润的最主要来源，而内资企业盈利能力不断下降，引发人们对汽车大国如何转为汽车强国的担忧。还有外资的斩首式并购将我国企业控制在产业链和价值链的低端[①]，导致利益的多重流失，同时提升其控制我国相应产业发展进程和发展方向的能力，对我国产业安全构成威胁。可见，仅仅从市场控制率、股权份额等表象指标研究外资控制力往往忽视了问题的实质，这种控制之名与控制之实不相符的现象引导我们思考对外资控制力的研究要改变视角。调研中我们发现不同经济类型的外资企业在组织结构、产业布局和风险特征上存在较大差异，跨国投资者出于管理和协调的考虑所关注的区位因素也存在较大差异，但其根本是获得产业掌控力，实现对产品定价权和产业链整合的控制。基于此，本书研究的出发点就是从更加具体的产业组织、产业结构和产业布局行为操控上来分析外资企业对产品定价权和产业链构建的控制效应，并就如何实施FDI产业全息动态监控提出针对性的建议。

## 第八节 本章小结

通过对样本企业调查结果的统计分析，可以得出FDI在华投资的主要动机是获得中国国内市场和进行产业链开拓。因此尽管目前外资企业在各产业的市场占有份额并不大，外资企业定价权状况的调研分析也表

---

[①] 例如，2005年10月美国凯雷投资集团以3.75亿美元的价格收购了中国最大的工程机械制造企业徐工85%的股权；2006年高盛收购了国内肉类加工龙头企业双汇，2008年又斥资2亿多美元收购了中国生猪养殖重点地区10余家专业养猪场；2008年国际饮料巨头可口可乐公司以总收购价179.2亿港元收购国内饮料行业的龙头企业汇源果汁集团。

明各产业均还是以竞争性市场为主，但外资通过兼并收购等市场手段加紧产业链拓展的步伐。有些学者关注的外资有可能通过大量控股、参股中国的生产加工企业，逐渐控制流通渠道，进而控制定价权，实现全产业链控制以获取利润最大化问题并非空穴来风。

市场需求潜力、劳动力素质、相关产业的集聚度是FDI投资决策最重要的3个参考因素。这些因素涉及外资企业的产品销售、要素投入、产业链可延伸性和获利程度。欧美企业多以市场占领导向型为主，在进行投资决策时，对中国国内产业和市场的发展非常重视，市场需求潜力因素占据首位。外资企业对产业链延伸和构建的要求比较高，所以对相关产业的集聚度的要求比较高，劳动力素质是科技创新型企业和研发企业的基本投入要素，其重要性程度也很高。

对外资企业在华市场占有率的结构性分析表明，中方控股企业的市场占有率普遍高于外方控股企业、独资企业和中外合作企业的市场占有率。与其他类型的企业相比，中外合作企业更倾向于利用国内资源和当地营销渠道。来自中国港澳台地区投资的企业市场占有率普遍低于来自美国和欧盟的在华企业的市场占有率；在华个人投资者和中小外资企业的市场占有率普遍低于大型跨国公司的市场占有率。

对外资企业在华定价原则的结构性分析表明，大部分外商投资企业按照国际市场价格定价，大约1/4的企业按照母公司的要求进行定价，只有7.4%的企业按照利润最大化的原则自主定价。虽然各类企业进行自主定价的比重很低，但中国港澳台地区的企业偏好按市场定价原则进行产品定价，而美国、日本和欧盟的在华企业偏好按母公司要求定价，这是由于美国、日本和欧盟的在华企业多属于大型跨国公司子公司，这一汇总情况与我们对大型跨国公司投资战略的理解是一致的，大型跨国公司比中小企业和个人投资者更具进行价格转移的能力。

对外资企业在华政策响应的结构性分析表明，相对于中外合作企业和中外合资企业而言，外商独资企业在进行投资决策时，政策的重要性程度更高。市场导向型投资企业倾向于长期投资，主要关心市场规模和潜力，受经营成本和政策环境因素的影响较小；而出口导向型投资企业倾向于短期投资，投资决策时不太在意东道国市场规模和潜力，主要关心经营成本；规模小的外国投资者对政策的敏感度比规模大的投资者更高。

　　因此可以认为，弱化外资控制力的着力点，一是要采取严格的监管政策解决外资企业的转移定价问题。应加强税收征管，建立完善的"比较定价"机制，完善预约定价协议制度，加强对跨国公司内部贸易的监管，以防止商品购销中的"高进低出"、高估投资设备价格、向母公司或关联企业支付巨额特许权使用费、抬高无形资产转让费，防止"资本弱化"支付巨额利息或费用，支付劳务费、管理费或者服务费，防止避税等转移定价行为的发生。二是鼓励企业自主创新，加大研发投入，增加拥有自主知识产权的数量，提高质量，尽快摆脱对外资核心技术的依附。三是注意分割产业链条上的外资投资契合。比如对外资制造加工企业，要避免其间接控制上游的研发、融资，以及下游的营销渠道和售后服务环节。

# 第三章 FDI产业控制机理研究

FDI产业控制是通过外资企业对产业组织、产业结构和产业布局三个方面的运作而获得的，进一步通过产品定价权实现对东道国产业的生存控制，通过产业链整合构建控制东道国产业发展的方向和进程。对定价权的分析表明进货量、信息搜寻成本和内外资销量之比是外资企业定价权控制的决定因素。对产业链功能的分析认为外资企业进行产业链整合与延伸的动力来自对利用协同效应、追求资源共享和分散风险的诉求，其采用的方式是改变产业组织、倾斜产业结构和调整产业布局。本章指出有效利用外资企业的溢出效应、竞争效应、示范效应、辐射效应和连锁效应等是提高内资企业竞争力、降低FDI产业控制的有效途径。

## 第一节 FDI产业控制的含义

"控制"在中华汉字字典中的解释是"掌握住对象不使其任意活动或超出范围，或使其按控制者的意愿活动"。管理学中的"控制"是监督各项活动，以保证它们按计划进行并纠正各种实质性偏差的过程。组织管理理论的代表人法约尔认为控制的目的就是要指出计划实施过程中的缺点和错误，以便加以纠正和防止重犯。控制涉及企业中的每件事、每个人、每个行动，通过核实所发生的每一件事是否符合所规定的计划、所发布的指示以及所确定的原则，确保计划的顺利实施。张正河在2005年中国农资连锁与市场营销高层论坛上提出控制的目的主要有两种："一种是保持系统原有的状态，如果发生偏差，就要让它恢复；另一种是引导系统状态，使之变化到一种新的预期状态。"借鉴上述定义可以给出"产业控制"的定义，其指对产业的产生、发展过程及发展目标的把握。

对"外资产业控制"的界定，是指外资企业控制着一国产业发展命脉，起着主导作用。这种主导作用，主要体现在控制力上，即能够控制产业发展的方向和进程。简单地说，外资产业控制是指本国产业受外国资本的控制程度。外资企业进入东道国无论是为了占领市场、获取稀缺资源还是进行边际产业转移，最终目的都是获取超额利润。实现这一目的的有效途径是对东道国进行产业控制，通过定价权控制获取超额利润，通过产业链延伸与构建控制产业发展的进程与方向。外资进行产业控制的手段可以有很多，比如设置进入壁垒、进行市场垄断、侵蚀东道国企业自主性、增强东道国企业的技术依附性等。

外资企业在国民经济支柱产业中是否已经或正在获得绝对或相对控制，这既表现在行业内部的外资的资本总量、产品市场占有率变动上，也反映在行业内外资企业的核心技术掌控、定价权变动上。国内学术界曾经针对中国外资产业控制的方式、特征及其背后原因和带来的危害问题展开过几次激烈的讨论，至今一些重大分歧仍悬而未决，总体上来看，争论主要集中在以下几个层面。一是外资产业控制的判别标准，这一标准是立足于股权份额比例的持续扩张，拥有核心技术、知名品牌等带来的实际控制权的提高，还是掌控大宗商品定价权。二是遏制外资产业控制的改革定位，是主要定位在关乎国计民生的国民经济关键部门还是布局在能够支撑国家宏观调控战略实现全社会福利增进的主要产业上。总结现有的研究文献，学界对于必须遏制外资对关系国计民生产业领域的控制这一重大战略已经达成共识。剩下的问题仅局限在对外资产业控制体现在哪里，其判别标准究竟是什么的问题上。在这一领域的研究颇多，主要可划分为激进论和驳斥论两类观点。持激进论观点的学者认为：外国资本在中国的股权份额、市场份额不仅仅只是一个数字和一堆货币，更是一种经济控制甚至产业垄断的能力。外资进入中国最根本还是为了达到自己进入全球市场的目的，外资进入中国市场，并不是要在整个产业和行业中占领中国市场，而是讲究在产业链的某个关键和主要产业中控制中国市场，使其为外资服务。因此，外资产业控制应是有限的、集中的、具有层次性的。当前关系国计民生的很多产业中的外资企业普遍作为龙头老大，掌控着资产配置，降低了市场竞争效率且不利于内资企业进行技术创新。持驳斥论观点的学者则与激进论恰好相反，他们认为：外资企业的进入对内资企业的发展是压力也是动力。外资通过并购、股权转让等方式激活本土企业，利用强大的科研能力、高附加值产品塑造企业品牌知名度、美誉度，成为行业佼佼者，生逢其时地解决了一些产业产能过剩问题，实现先进生产技术、管理经验、市场资源的提升与整合，机会与风险并存。要对外资项目进行有效风险评估，从本土产业发展考虑，投资选择标的要有利于产业竞争力提升，避免产业业务整合上缺乏协同效应；横向并购要有利于集中度提升，纵向并购要能获取显著的成本优势；避免产生投资陷阱，有利于内资企业有效应对外需市场低迷、国内要素成本快速上升等压力，突破发展中的瓶颈期。

激进论秉持外国资本与民争利的观点，驳斥论则认为不论是外资还是内资都有同等进入市场优胜劣汰的权利，因而也不存在"狼来了"或竞争性领域中外资企业占领和垄断的"卖国逻辑"，竞争性领域本应通过市场自发的价格机制进行调节，优胜劣汰。

从目前来看，持驳斥论观点的学者为数占多，他们一直试图宣扬其思想并给外资投资体制改革开出药方，一些观点已经得到了决策层的认同，这也是当前外资产业控制得到抑制的一个重要原因。作者尽管也更加倾向于支持驳斥论学者们的观点，但对外资产业控制的标准判别并不苟同于仅仅采用股权份额、市场占有率等表象指标。本书试图将激进论和驳斥论两种观点中的合理成分进行梳理和总结，在肯定外资产业控制对产业发展、效率提高有益作用的同时，客观、全面分析新形势下外资产业控制的风险挑战，基于产业经济学理论和实际调研资料正确分析认识外资产业控制风险的表现，建立产业控制的判别标准，为保证有效利用外资促进产业稳步健康发展奠定理论基石。

本书对于FDI产业控制的理解强调以下几点。第一，FDI产业控制不只是包括通常理解的股权控制。股权的控制只是表象，真正的控制是对其产业核心技术、标准、品牌、市场以及利润等多方面的组合性控制。第二，在开放条件下，FDI产业控制的衡量维度不仅仅局限于国内市场，而是FDI对相关产业世界范围内市场的控制程度。跨国公司在全球范围进行产业布局，其所有权优势和内部化优势使其在产业国际分工中可以位居价值链的高端，掌控产业链延伸的主动权，通过对产品标准、设计、研发、销售等高附加值环节的控制，决定着财富的流向和产业的发展进程和发展方向。第三，外资产业控制的形成，需要一定时间内的积累、一定空间上的集聚，不可能一蹴而就。因此，产业控制具有时间上的积累性和空间上的叠加性。

## 第二节 FDI产业控制机理

一国产业发展是一个系统工程，考察外资产业控制问题需要运用整体和系统的逻辑框架，因为任一方面或环节外资控制力的变化，都会使得整个产业受控程度发生变化。这里涉及的产业并不是通常意义上传统的三次产业划分下的产业，而是把包括供应商、生产商、销售商和消费者在内的全产业链系统作为研究对象，外资可以从不同层面影响和控制产业运营与发展。首先，外资进入改变了产业内上下游企业及同级企业之间的市场关系及竞争与合作行为，影响着生产要素组织的有效性和资源配置的合理性，它可以通过推动产业组织形态的创新和产业组织结构的调整，掌控产业融合催生新业态。其次，外资进入改变了各个产业部门之间以及内部的构成和相互关系，它可以通过控制技术进步、产业和产品创新的步伐，打破既有的产业结构均衡与协调并形成新的产业结构均衡与协调的进程。最后，外资的进入也改变了各部门、各要素、各链环在空间上的分布态势和地域上的组合，各种资源、各生产要素为迎合这种改变将在空间地域上发生流动、转移或重新组合。外资通过空间布局，建立核心示范产业区，改组产业的专业化分工，能动地改变资源配置和再配置过程。因此，系统地按照产业组织控制、产业结构控制和产业布局控制的逻辑框架考察外资的产业控制程度，有利于找出产业受控的关键环节，对指导相关部门制定科学的利用外资政策促进产业组织优化、加快产业结构升级、实现产业布局的合理化和产业健康发展具有重要意义。

本书依照产业经济学理论框架给出外资产业控制分析的逻辑框架：外资通过产业组织控制、产业结构控制和产业布局控制三个基本作用路径，一方面拥有了产品的定价权，控制财富的流向，实现对东道国产业的生存控制；另一方面，通过掌控产业链整合与构建，改变东道国产业发展进程和发展方向，实现对产业发展的控制，见图3-1。

FDI产业组织控制是对企业行为和市场构造的掌控。FDI产业结构控制是通过掌控各产业部门之间以及各产业部门内部的构成（具体表现在产值、就业人员、收入比例变动等），把握产业结构高度化及产业结构发展的重心，从而掌控一国经济发展水平和发展阶段、方向。控制产业结

## 第三章 FDI 产业控制机理研究

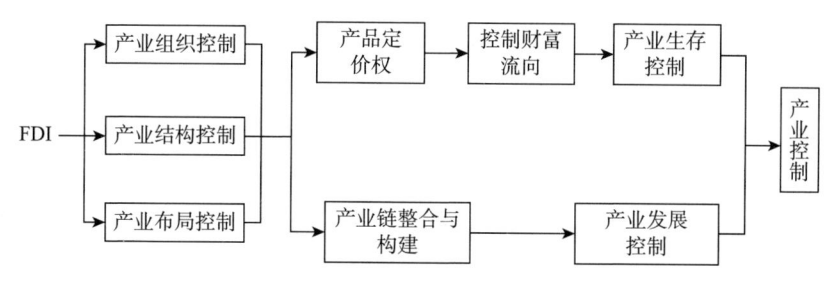

**图 3-1  FDI 产业控制机理**

构也包括控制产业结构的调整，即控制某个区域的产业结构实现由不合理向合理化和高级化转变。产业结构能否实现有效调整，并步入高级化，是产业布局控制需要解决的产业分工、合作和在竞争中处于有利地位的关键所在。控制产业布局在静态上看是指可以掌控某一产业的各部门、各要素、各链环在空间上的分布态势和地域上的组合。从动态上看，则表现为可以控制各种资源、各生产要素甚至各产业和各企业为选择最佳区位而形成的在空间地域上的流动、转移或重新组合的配置与再配置过程。外资对东道国产业组织、产业结构、产业布局的控制不是孤立进行的，三者是相互联系的。控制产业布局可以影响对产业结构水平的控制，也影响对产业结构发展趋势的控制。比如，外资为了最大化地利用东道国的资源，让其服务于全球战略，会有的放矢地在工业基础和人口素质较高的区域推动高附加值和高技术产业的发展；在资源富足的地区，推动资源开发型产业的发展；在交通便利的地区，推动出口贸易产业的发展。这就会造成各地区各部门经济发展的失衡状态。

## 第三节  FDI 产品定价权控制

外资企业的产品定价权就是外资企业在产品定价过程中具有的价格谈判力，这是能为自己争取权益的一种话语权。这里以外资销售商为例分析定价权的影响因素。假设产品的单位生产成本为 $c_1$，外资企业向上游供应商（产品生产商）支付的产品单价为 $p_1$，外商把产品推向市场的销售单价为 $p_2$，其在销售过程中花费的包装、运输、市场开拓等单位分摊费用为 $c_2$，假设某种特定产品的市场需求函数为 $D$。为了分析的方便，假设市场需求仅仅对产品的市场零售价格 $p_2$ 敏感，引入一个简化的需求

价格函数模型 $D = Ap_2^{-k}$，（$k > 1$，其中 $A$，$k$ 都是常数）。则中间利润定义为单位产品流通中产生的净利润 $TR$，表示为：

$$TR = (p_2 - c_2 - c_1) Ap_2^{-k} \qquad (3-1)$$

外商得到的中间利润份额 $FR$ 为：

$$FR = (p_2 - p_1 - c_2) Ap_2^{-k} \qquad (3-2)$$

生产商得到的中间利润份额 $GR$ 为：

$$GR = (p_1 - c_1) Ap_2^{-k} \qquad (3-3)$$

定义谈判力 $b$ 为外商得到的中间利润份额与中间利润总额之比，则：

$$b = \frac{FR}{TR} = \frac{p_2 - p_1 - c_2}{p_2 - c_1 - c_2} \quad b \in [0, 1] \qquad (3-4)$$

如果 $b = 0$，则 $p_2 = p_1 + c_2$，外商刚保本，$b < 0$，外商亏本，会放弃对产品的进货销售；当 $b = 1$，说明外商有着对产品价格的完全控制能力，生产商刚保本，此时市场上产品极度丰富；当然 $b > 1$ 也是可能出现的，生产商亏损，就可能放弃对相应产品的生产，所以本文假设 $0 \leq b \leq 1$。对（3-4）式的理解是：外商获得的利润比例越大，则说明外商的价格谈判能力（即定价权）越大。

由于外商和生产商之间的信息不对称，外商努力寻找在不同地域生产商出售的同质产品的价格信息，以找到性价比最高的商品。这种信息搜寻行为无疑会帮助外商做出比较理想的购买决策。假设产品的市场信息搜寻成本为 $C$，收购量为 $Q$，则产品单位分摊成本为 $c_0 = C/Q$，如此得到交易达成的约束条件：

$$(p_2 - c_1 - c_2) - C/Q \leq p_2 - p_1 - c_2 \qquad (3-5)$$

即要求 $p_1 \leq c_1 + C/Q$，否则外商会选择自己直接生产，取消和生产商的交易，确定性条件为：

$$p_1 = c_1 + C/Q \qquad (3-6)$$

把（3-6）式代入（3-4）式中得到外商谈判力的最大值：

$$b = 1 - \frac{C}{(p_2 - c_2 - c_1) Q} \qquad (3-7)$$

由 $D = AP^{-k}$，得 $p_2 = A'D^k$（$A'$ 为常数），在交易市场中买卖双方交易的数量是相等的，即 $D = \sum_{i=1}^{n} Q_i, (n \in N)$，设生产商供应给外资销售商的产品数量为 $Q_t$，则有 $D = \left( \sum_{i=1, i \neq t}^{n} Q_i + Q_t \right)$，$Q_i$ 为市场中第 $i$ 个销售商的进货量，同一产品其他的销售商的存在与外资销售商形成产品竞销关系，综合（3-7）式得：

$$b_t = 1 - \frac{C}{A' \left[ \left( \sum_{i=1, i \neq t}^{n} Q_i + Q_t \right)^k - c_1 - c_2 \right] Q_t} \tag{3-8}$$

令 $r = \dfrac{\sum_{i=1, i \neq t}^{n} Q_i}{Q_t}$，且 $c_0 = C/Q_t$，则有：

$$b_t = 1 - \frac{c_0}{A' Q_t^k (r+1)^k - c_1 - c_2} \tag{3-9}$$

从（3-9）式中知，外资销售商操控定价权提高价格谈判力可通过三个途径实现。

第一，扩大产品进货量。外资销售商的产品进货量 $Q_t$ 对定价权具有正效应。外资的销售市场越大，进货量越多，外资销售上的谈判力越强，两者具有正向关系。因此，外资通过产业组织整合、产业结构调整和产业布局控制，掌控市场集中度，扩大产品市场销量及产品进货规模，就能够提高自己的谈判力，相应地压制内资企业的定价权。

第二，降低信息的搜寻成本。信息的搜寻成本 $c_0$ 对定价权具有负效应。降低信息搜寻成本是外资提高定价权的有效途径。降低搜寻成本可以采取以下措施。①延伸产业链直接参与上游生产环节，获得供应商的成本产量信息。外资可以通过产业组织整合，建立母子或子子公司，延伸可控产业链条，降低搜寻成本并获取内部化优势。②加强对上、下游产业的服务。比如农业跨国公司为了降低搜寻成本做了很多工作，如给农民提供种子、指导农民种植技术、签订收购合同等。搜寻成本的差异使产品生产和销售发生根本分化，定价权不再由单一的生产成本决定。

第三，减少外资企业进货量。内资企业进货规模与外资企业进货规模之比 $r$ 对定价权具有正效应。内资企业的进货规模越大，在稳定的市场上外资企业所受竞争压力越大，讨价还价能力就越低，所以，内资企业进货规模是外资企业讨价还价能力的一个约束。可见，组建龙头企业以及大型国有企业的存在和壮大是制约外资企业控制定价权的有效途径。

## 第四节　FDI 产业链整合与延伸控制

现代企业是以产业链的形式相关联，外资对产业链的控制权决定了其在利润分配中的地位。迈克尔·波特认为企业与合作伙伴相互协调与共享产业链能为企业带来竞争优势。产业链上关联性的存在，使得企业在努力创造自身价值活动的同时也能够利用合作伙伴的价值创造活动来增加自身的价值。通过产业链的整合、延伸和构建，可以利用产业系统内部产业链与产业链之间以及各部分之间的协同效应，不断发现和创造新的价值。一般说来，相对产业链中关键环节的实力雄厚的外资企业，他们不仅可以利用专用性强的资产控制自己投资的企业，而且可以利用健全的市场销售网络通过产业链的整合与延伸将权利延伸到产业链中的其他企业。FDI 对产业链的操控主要表现在：一是进行产业链的整合，二是进行产业链的延伸。

### 一　FDI 进行产业链的整合

产业链整合指的是按照专业化分工实现企业、产业间的价值链接，提高企业或产业间的关联程度和功能协作化程度，形成企业之间原料（产品）互供、资源共享的一体化，使产业链整体创造价值远远超过各单独企业所创价值的综合，使传递通道更畅通。比如农业从育种、种植/养殖、加工、储运到营销实行产业链标准化生产，可以推动农作物的规范化种植，提高育种技术，促进农药化肥研制，可以带动农业、新型农业机械的发展和产业化，可以提升农业产业内在竞争力。FDI 通常通过以下途径进行产业链的构建或整合。

第一，通过产业组织调整整合产业链。外资企业通过产业组织调整，新建、合资或兼并收购内资企业，改变产业组织形态，或建立产业集群，通过联结点打通企业之间的价值壁垒，把各价值链衔接起来形成新的价值通道。当然，一个有效的产业链整合过程要遵循价值的发现和再创造。

## 第三章 FDI产业控制机理研究

假设将 $n$ 个价值分别为 $E_1$，$E_2$，$\cdots$，$E_n$ 的企业整合成一条产业链，在整合前，$E_1$，$E_2$，$\cdots$，$E_n$ 个企业的附加值分别为 $V_{10}$，$V_{20}$，$\cdots$，$V_{n0}$，这 $n$ 个企业的附加值总和为 $V_0$。在整合后，该产业链上的 $n$ 个企业的增加值分别为 $V_1$，$V_2$，$\cdots$，$V_n$，总增加值为 $V$，其增值链如图 3-2 所示。

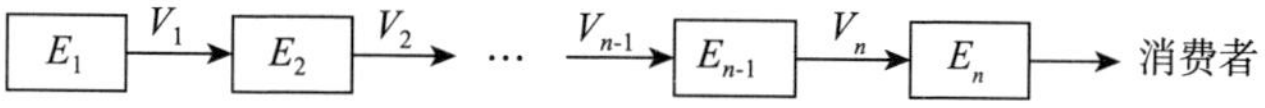

$$E_1 \xrightarrow{V_1} E_2 \xrightarrow{V_2} \cdots \xrightarrow{V_{n-1}} E_{n-1} \xrightarrow{V_n} E_n \longrightarrow 消费者$$

**图 3-2　产业链增值形态**

该产业链整合的经济效益 $EV = V - V_0$。

当 $EV = 0$ 时，说明整合后产业链的价值没有增加，没有产生经济效益；当 $EV > 0$ 时，说明整合后产业链的价值增加，产生了正经济效益，产业链中各企业之间产生了协同效应；当 $EV < 0$ 时，说明该产业链整合后产业链价值下降，产生了负经济效益，整合失败。

需要说明的是，即使 $EV > 0$，但构成各个主体企业的价值 $V_1$，$V_2$，$\cdots$，$V_n$ 并不一定全部具有正的增加值，有可能出现代表某一企业利益的某个值小于原先的值，也就是说，虽然整体链利益是增加，但可能出现某些个体利益的减少。

第二，利用产业结构倾斜整合产业链。外资企业特别是投向资本和技术密集型产业的外资企业是高新技术的掌控者，对东道国同行业的其他企业有正的外部性，总体上有助于东道国经济结构向具有更高的资源配置效率方向转化，促进技术进步与产业升级。但若是外资企业为利用当地资源（比如广阔的市场、廉价的劳动力、丰富的原材料）服务其全球战略，会有意加大对某一产业投资。外资与本土企业之间的竞争使得资本发生集聚和集中，会产生向心力，带来更多资源、技术、知识的外溢。外资企业通过相关产业的前后向关联效应实现用产业倾斜强化对上、下游企业的控制和整合。就是利用这种产业链整合，外资企业将我国的制造业紧紧卡在全球分工中的加工制造和加工贸易环节，但在核心技术、设计、软件、关键零部件、关键设备和模具、供应链管理、销售和品牌等环节上，只能依靠进口或被跨国公司所控制。

第三，利用产业布局控制产业链整合。FDI 产业布局分为三类：第一类是在一定区域内将产业链上各个环节的企业集中布局，称为集中型空间布局；第二类是产业链各个环节布局在不同的区域，产业链空间分布比较松散，称为分散型产业布局；第三类是利用某一地区要素的比较优势，采用集中型产业布局。这通常发生在大型跨国企业的投资实践中，通过空间布局，充分利用各地的资源、土地成本和劳动力等空间要素禀赋优势进行产业链整合，以实现全产业链利润最大化。

FDI 利用产业布局进行产业链整合是基于空间比较优势①和空间交易费用②的改变可以影响产业链的空间关联。在不考虑空间交易成本时，产业链的空间关联完全由空间比较优势决定。比如，产业链的生产环节会放置在生产成本最低的地方，销售环节会产生在消费需求最高、售价最高的地方。但空间交易费用的存在使得产业链的延伸演进过程要遵循空间交易成本不断减小而空间比较优势不断得到充分发挥的原则。

FDI 利用产业布局影响产业链整合的模式有以下几种。①采用集中型产业布局。这种产业布局强化了空间比较优势，但相对增加与市场之间的运输成本和信息费用，若空间比较优势的提高不足够弥补空间交易费用的增加，这种产业布局不利于产业链的延伸。若外资在原料和能源等生产要素富集地区集中布局生产企业，在消费业务地区集中布局营销渠道，这种空间集中带来的生产要素的成本优势足够补偿由于区域集中后带来的企业与市场空间交易费用的增加，有利于产业链的纵向延伸。②采用分散型产业布局。这种产业布局使得空间比较优势相对比较低，新企业的进入壁垒不高，出现很多具有相同或相近产品的企业，而相对较高的空间交易成本，促使它们利用同一上游或下游产业链，形成产业链横向延伸模式。这是一种不稳定的产业链延伸模式。众多从事相同或相近产品生产的企业强化了竞争，最终会出现行业性的兼并收购，或强强联合的合并。③采用集中型空间布局。这种布局模式大大降低了空间交易成本，较低的运输成本、信息成本和政策成本会提高要素转化率，而较高的要素转化率可以降低要素空间分布的成本，把对生产要素有不同需要的企业都吸引到这一地区，形成产业链侧向延伸模式。比较典型

---

① 空间比较优势包括空间要素禀赋优势和空间规模经济优势。低廉的劳动力、原材料、土地、能源价格等构成空间要素禀赋成本优势，空间规模经济优势主要来自因经济活动或企业在地理空间上集聚而形成的有利外部环境及相关投资的节省。

② 空间交易费用包括运输成本、贸易和政策壁垒以及由于空间距离的存在而产生的相互了解、沟通和配合协调的信息成本。

的产业链侧向延伸模式是工业园区的产业链布局模式。在工业园区有较好的交通和通信基础设施,在工业园区注册的企业可以享有政府比较多的优惠政策,所以要素的使用效率提高,不同产业的企业在工业园区能够同时得到较好发展。

## 二　FDI产业链延伸控制

延伸产业链是将一条既已存在的产业链尽可能地向上下游拓展延伸。产业链向上游延伸一般使得产业链进入基础产业环节和技术研发环节,向下游拓展则进入市场拓展环节。产业链中各产业互相依赖、互相作用而形成"关联效应",产业链环节越多则整体关联效应越大。参考杨妍(2006)给出的产业链延伸的价值增值效能,见图3-3。横轴表示产业链各增值阶段环节,纵轴表示价值,虚线代表产品价值线,实线代表产品成本线,实线与虚线之间面积的大小表明各环节增值能力的大小。在情形1下,销售发生在生产阶段结束时,价值的增值相对较小;在情形2下,产业链延长到储运阶段,产品进行异地销售,价值的增值增加;在情形3下,销售发生在产品加工完成时,价值的增值量增加更多;在情形4下,加工后包装再销售,价值的增值最大。产业链的价值增值量随着产业链的延伸呈现递增的趋势。若同时在各阶段进行中端和终端销售,产品的价值从长度和宽度上均能进行增值。

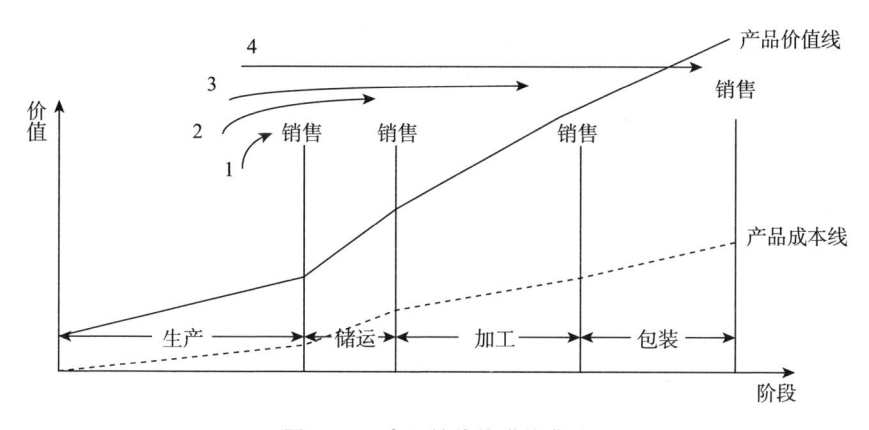

**图3-3　产业链价值增值曲线**

可见,产业链中某些环节的延伸与整合可以带动与其密切相关的产业发展。FDI进行产业链延伸控制的途径如下。

第一，通过产业组织调整影响产业链延伸。外资企业利用具有的所有权优势可以通过先发展产业链高端，经过一系列内部化操作，或利用企业间的竞争与合作调整原有的产业组织，再通过建立子公司逐步建立直接掌控资源的产业链低端的企业，从而完成整个控制链条。比如，外资通过绿地投资或直接收购东道国企业建立子公司，进入上游供应商环节，或通过其子公司与上游供应商签订契约，提供原料购买、技术指导和产品销售，供应商为外资企业提供初级产品。这样，跨国公司不仅可以控制供应商的利润，而且可能对供应商的生产经营提出其他一些附加条件，逐步深入实现对供应商资源的控制。

第二，通过贸易条件实现产业链延伸控制。外资企业一方面通过占领东道国的产品市场获取在东道国的利润，另一方面也将其在东道国的生产纳入其全球价值链，通过其强大的国际营销渠道来实现产品在国际贸易环节上的利润。外资企业为了获取国际贸易环节上的最大利润，会按照最有利的贸易结构改造东道国的产业结构，延伸产业链条。国际经济理论认为："只有在符合国际比较利益和东道国自身发展目标情况下的国际分工、国际贸易才能促进产业结构不断向高级化转化；在违反比较利益原则、忽视东道国自身利益的原则下进行国际贸易，虽然也会影响产业结构的变动，但并不能促进产业结构的优化，有时甚至会造成东道国产业结构的畸形发展。"（张春生，2007）利用贸易结构改变东道国产业结构的途径有三种：一是通过产品中间需求和最终端需求影响产业结构的供求关系，这在一定程度上改变东道国产业之间的投入产出关系；二是改变各产业要素供给的弹性，以及改变各产业的产品需求弹性，直接影响产业结构中开放部门的增长；三是利用贸易对地区经济发展和技术进步的影响，促进或抑制区域产业结构的改变。

第三，利用产业布局影响产业链延伸。首先外资企业可以凭借其资本优势和融资渠道进行产业布局调整，比如通过新建投资、兼并收购等构建新的市场关系，通过规模经济提高行业的平均必要资本规模，同时控制高质量或低成本投入的供应渠道，构筑进入壁垒。这样，其他企业（包括其他东道国企业和其他外资企业）的进入要承受较高的成本竞争压力和较大的破产概率。其次，跨国公司的研发能力强大，新技术不断涌现，产品也随之推陈出新，差异化壁垒随之出现。除非有新技术支撑，内资企业要进入差别化高的产业，其产品开发成本和市场开拓成本要远高于在位外资企业。最后，在位者对其产品品牌的培育会使消费者对此产品产生忠诚度，由此在位者拥有了先动优势，后进者必须从头开始逐步开发自身品牌。因此，在位外资企业很大程度上主导着企业间的竞争与合作，也主导着产业链的构建与延伸。

### 三 FDI 产业链重构控制权的测度

产业链重构控制权可以使得企业在生产的各个环节都充分地利用自己的资源，使其在研发、采购、生产、销售等各个环节中节约交易费用成本，实现整个产业链的上中下游一起竞争，因此将所有的中间环节淘汰，获得更大的经济效益。

产业链重构控制权可以用价值增值指数法（Value Added as a Portion of Sales，简称 VAS）（Adelman，1955）加以测度。VAS 价值增值指数法的理论基础是：当企业实施后向整合时会对上游企业产生需求，企业实施前向整合时会对下游厂商产生需求，若把企业内部的交易扩大到上下游企业之间，则 VAS 值就会增加。也就是说对于同一产品来说，纵向生产链越长，附加值就越高。表达式为：

$$VAS_i = \sum_{i=1}^{n}(v_{si} - v_{bi}) / \sum_{i=1}^{n} v_{si} \qquad (3-10)$$

$n$ 指企业的任意生产阶段，$VAS_i$ 指企业的纵向整合程度，$v_{si}$ 指企业的销售额，$v_{bi}$ 指企业的采购额。

VAS 的优点在于操作较简单，相关数据获取容易，但其局限性在于增加值指标会受到企业盈利能力和产业盈利能力的影响，因为此指标包含净利润因素。这样除了纵向一体化的实际水平外，其他来源的盈利能力的提高也会导致附加值的增长，影响指标的准确性。为了解决这个问题，Krickx（2000）在其对战略与绩效关系的研究中，在增加值和销售额中扣除企业的净利润，然后加上根据所有产业平均投资收益率计算出的正常利润加以调整。为避免主营业务利润率与销售额之间的高度自相关性，对利润进行纵向整合调整。利润调整后的附加价值 VAS 表达式为：

$$VAS = \frac{\text{增加值} - \text{净利润} + \text{净资产} \times \text{平均净收益率}}{\text{主营业务收入} - \text{净利润} + \text{净资产} \times \text{平均净收益率}} \times 100\% \qquad (3-11)$$

其中，增加值＝主营业务收入－主营业务成本，净资产＝总资产－总负债，净利润＝归属于上市公司股东的净利润，平均净收益率取所有上市公司历年来的平均净收益率。

VAS方法的合理性是，当企业前向整合时，兼并下游企业，而当后向整合时，兼并上游企业，企业内部交易替代了企业间的交易，则纵向整合度会相应的发生变化，所以可以测度出企业或产业纵向整合的变化程度。

## 第五节 本章小结

产业控制是指东道国产业受外国资本的控制程度。外资产业控制的目的是获得可持续的利润，外资进行产业控制的途径大多是设置进入壁垒，进行市场垄断、技术控制、品牌控制、定价权控制、产业链控制等，而实现上述诸多控制的具体手段本章认为有三种：FDI通过改变产业组织形态和产业组织结构影响生产要素组织的有效性和资源配置的合理性，掌控产业融合催生新业态；通过改变各个产业部门之间以及内部的构成和相互关系，打破既有的产业结构均衡与协调，控制技术进步以及产业和产品创新的步伐；通过改变生产要素在空间地域上的分布态势和组合改变资源配置和再配置过程，控制产业集聚和产业链优化。因此，FDI产业控制的实质是通过外资企业对产业组织、产业结构和产业布局三个方面的运作而获得控制权，其表现形式是通过控制产品定价权实现对东道国财富的控制或对东道国产业的生存控制，通过产业链整合构建控制东道国产业发展的方向和进程。对定价权的分析表明进货量、信息搜寻成本和内外资销量之比是外资企业定价权控制的决定因素。对产业链功能的分析认为外资企业进行产业链整合与延伸的动力来自对利用协同效应、追求资源共享和分散风险的诉求，其采用的方式是改变产业组织、倾斜产业结构和调整产业布局。本章指出有效利用外资企业的溢出效应、竞争效应、示范效应、辐射效应和连锁效应等是提高内资企业竞争力、降低FDI产业控制的有效途径。

# 第四章 FDI 产业组织控制研究

本章按照"结构—行为—绩效"理论框架分析 FDI 控制产业组织的机理,认为外资企业利用规模经济占优控制市场结构,利用技术研发占优控制市场的运行,利用品牌占优控制市场绩效。外资恶意控制产业组织将打破产业内企业间均衡有效的竞争格局,其结果是产业组织运行失去效率、产品生产低端化、资源浪费、企业运行效率低下,长期产业发展速度会降低。本章实证分析 FDI 对中国产业组织控制状况,结果表明样本期汽车业、有色金属业和机械制造业的 FDI 产业组织控制力较高,均大于 30%,提升幅度最大的是石化产业的 FDI 产业组织控制力,从 1999 年的 19.82%,到 2015 年增加到 32.53%,提升了 12.71 个百分点。

## 第一节 产业组织控制的含义

按照经典的产业组织理论中的定义,产业组织就是特定产业内企业与企业之间的市场关系,即由生产或提供同类或有密切替代关系产品和服务的同类企业共同构成的组织体。这种组织体包括两个层次。一是产业内企业与企业在竞争中自发形成的组织体,如卡特尔、托拉斯、康采恩、辛迪加及其他各种公开或非公开的企业之间的各种协议、网络等;二是不断发展的各种企业组织体,如多单位一体化的现代大企业、企业集团、企业系列等。不断的竞争、兼并收购、创新创业与发展引起产业内企业与企业之间的协调性提高,孕育出新的更高层次组织体,新组织体的出现,又促使企业组织体向更高层次的跃升,组织体优化的过程伴随其复杂性也进一步增强。

所谓产业组织控制,是指对提供同一或有密切替代关系的产品、服务的同类企业市场关系的控制。产业组织理论的集大成者贝恩在其 1959 年出版的《产业组织》(*Industrial Organization*)一书中提出:"产业组织是企业市场关系的总和,包括市场结构、市场行为和市场绩效三个方面。"据此可以认为,对产业组织的控制体现为对市场结构、市场行为和市场绩效的控制。对市场结构的控制会通过企业的市场行为影响控制市场绩效,而市场绩效控制也会反作用于市场行为控制,从而影响对市场结构的控制,甚至直接影响对市场结构的控制,但在这种作用和影响中,最重要和最能动的还是对企业市场行为的控制,因为市场行为是市场结构和市场绩效之间相互作用的桥梁。

## 第二节　FDI 控制产业组织运行的机理

产业组织有效运行的实质是协调规模经济和竞争活力之间的矛盾,有效进行资源配置,最终所要达到的状态就是有效竞争。善意的产业组织控制是要实现产业组织的有效运行。产业组织有效运行的标准就是通过改善产业内企业间关系,形成既有利于竞争,又有利于发挥规模经济优势的产业组织状况,从而有效组织生产要素,合理配置资源,提高经济效益。而恶意的产业组织控制是企业利用自身竞争优势,布局和控制产业市场结构,不断扩大经营规模,通过生产集中实现垄断,控制市场的运行和市场绩效,最终导致资源配置的低效和无效竞争。按照贝恩提出的"结构—行为—绩效"(Structure-Conduct-Performance,SCP)分析框架,FDI 产业组织控制蕴含于三个层面:外资利用规模经济占优控制市场结构,利用技术渠道占优控制市场行为,利用品牌市场占优控制市场绩效。具体见图 4-1。

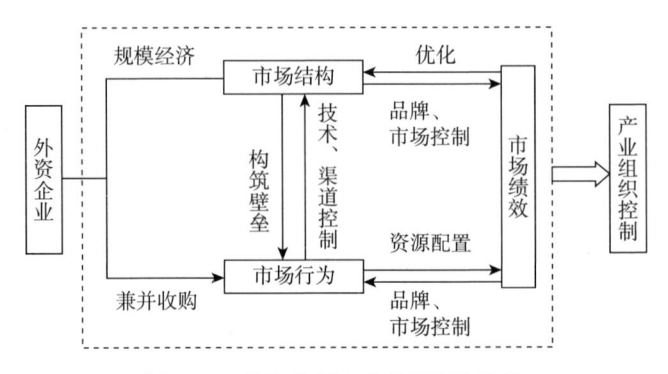

图 4-1　外资控制产业组织运作流程

## 一 控制市场结构

市场结构是指一个产业内部买方和卖方的数量及其规模分布、产品差别的程度和新企业进入该产业的难易程度的综合状态。FDI 控制市场结构表现为外资企业利用所有权优势和内部化优势在产业内通过与内资企业的竞争，不断扩大经济规模和提高效率，实现对产业内资源配置及配置效率的控制；通过控制生产要素不断由附加值低的劳动密集型产业向附加值高的资本技术密集型产业流动，提升在国际分工中的优势地位；通过缩小产品差异提高进入壁垒；通过兼并收购提高市场集中度，逐步形成垄断或者寡头的市场结构。

市场集中度常用生产或市场份额进行测度，即位于市场前几名的企业的生产量或销售量占整个市场供给量的比重。生产或市场被集中的份额越大，说明市场的垄断程度越高。描述 FDI 市场结构控制程度的指标可以用外资企业市场集中度占全产业市场集中度的比重。FDI 市场集中度的计算公式为：

$$FDI \ CR_n = \frac{\sum_{i=1}^{n} X_i^{FDI} / \sum_{i=1}^{F} X_i^{FDI}}{\sum_{i=1}^{n} X_i / \sum_{i=1}^{N} X_i} - 1 \qquad (4-1)$$

（4-1）式中：$CR_n$ 为行业内规模较大的前 $n$ 家企业的集中度；$X_i$ 为行业内第 $i$ 家企业的生产额或者销售额、资产额等；$X_i^{FDI}$ 为行业内第 $i$ 家外资企业的生产额或者销售额、资产额等；$N$ 为产业内全部企业数；$F$ 为产业内外资企业的个数；$n$ 为 $n$ 家企业数，通常 $n$ 取值为 4 或 8，即 $CR_n$ 为最大 4 家或者 8 家企业在总销售或总资产中的比重。根据贝恩的市场结构分类法，如果行业的集中度 $CR_4 \leq 30\%$ 或者 $CR_8 \leq 40\%$，即该行业属于竞争性行业；如果 $75\% \geq CR_4 > 30\%$ 或者 $85\% \geq CR_8 > 40\%$，则该行业为寡头性行业；$CR_4 > 75\%$ 或者 $CR_8 > 85\%$，则该行业为极高寡头垄断性行业。通过考察外资企业在产业的市场结构中是否处于主导可以判断 FDI 的市场结构控制程度。

FDI 市场结构控制体现了外资企业对产业发展方向和发展进程控制的主导权。在理论和逻辑上，来自发达国家的 FDI 将导致发展中国家市场集中度的提高，市场结构控制增强。但是，具体结果还取决于一系列因素。一是相比其他竞争者的投资规模，FDI 在东道国市场上的投资规模是否足够大，以及持续增长的能力是否足够强。若外资企业与当地主导企业规模相当，且具有持续发展壮大的能力，那么外资企业的进入就会提高内资市场结构控制。二是内资企业对外资企业进入的反应。若东道国的内资企业采用防御性的战略，任由更高效率和更强生产能力的外资企业收购，或者干脆退出这个行业，外资市场结构控制会提高；若内资企业采取积极的进攻战略，通过竞争的正溢出效应提高效率，扩大生产能力，大力开拓市场进行品牌广告宣传等，经过一段时间后，外资的竞争优势可能丧失，内资企业市场份额可能增加，FDI 市场结构控制会下降。三是其他外资企业的进入。外资企业进入时所带来的新产品在初期会形成垄断，但是若有更多的外资企业进入或贸易品进入，以及内资企业通过提高自身的技术开发能力以及通过模仿学习生产出水平相当的产品，则该外资企业的垄断地位将不能维持。因此，从长远的角度看，FDI 是否能提高东道国的市场结构控制是一个实证问题。

## 二 控制市场行为

市场行为是指企业在市场上为实现其目标而采取的适应市场要求不断调整其行为的行为，如定价行为、广告行为、兼并收购行为、研发行为。FDI 控制市场行为是指外资企业通过构筑进入壁垒、掠夺定价、垄断稀缺要素、加大广告与研发投入、技术锁定、树立品牌等策略行为，增加内资企业参与竞争的难度，压制内资企业活力，使其因缺乏核心竞争力而陷入规模不经济的困境。FDI 对市场行为的控制程度可以用资本进入壁垒、技术控制力、流通渠道控制力等指标表示。

（1）资本进入壁垒。在市场容量有限的情况下，一个或少数几个处于规模经济的在位厂商的供给就可以满足整个市场的需求，形成进入壁垒，新企业无法进入市场；在市场容量足够大的情况下，进入企业的进入规模也必须达到规模经济产出水平，否则将导致单位生产成本处于劣势；同时，在位企业在原材料采购上的优势，对稀缺资源的先入垄断占有，也使得潜在进入者处于成本劣势。这样，潜在进入者比在位企业获取资金的成本更高，要进入市场，必须拥有更大的资金实力（资本规模要求），这种增大的资本规模要求就构成较高进入壁垒，资金需求越大，进入壁垒就越高。因此,外资企业的固定资产投资规模,一定程度上可以反映它在本产业所构筑的资本进入壁垒。

$$外资企业平均固定资产投资占比 = \frac{产业平均外资企业固定资产投资}{产业平均企业固定资产投资} \times 100\%$$

(4－2)

外资企业固定资产投资规模越大,其设置的进入壁垒越高。

(2) 技术控制力。技术知识是企业核心竞争能力的重要组成部分。FDI 实现技术控制力的基本途径一是技术锁定,二是研发。樊增强 (2007) 指出:"技术锁定是指具有某项产品或服务技术垄断优势的外资企业,从该产品有关的基础理论、战略规划、研究开发、工艺设计、制造流程、品质控制、物流配送、营销网络、售后服务等全过程中精巧设计一些难以破解的障碍,以期获取技术垄断的最大收益。"研发是企业通过 R&D 费用投入,形成自己拥有的技术创新体系和知识积累,维护自身核心技术,并保持长期竞争优势的主要策略。成功的研发可以改变企业的市场经营条件,使企业拥有市场权利甚至获得垄断地位。

FDI 对东道国产业技术控制程度可以用外资企业拥有发明专利控制力、外资企业新产品产值控制力、外资企业研发费用控制力三个指标反映。

$$FDI 拥有发明专利控制力 = \frac{外资企业拥有发明专利数}{产业拥有发明专利总数} \times 100\% \quad (4－3)$$

$$FDI 新产品产值控制力 = \frac{外资企业新产品产值}{产业新产品产值总额} \times 100\% \quad (4－4)$$

$$FDI 研发费用控制力 = \frac{外资企业研发费用}{产业研发费用总额} \times 100\% \quad (4－5)$$

从技术成果的角度看,FDI 对东道国产业技术控制的程度可以用外资企业拥有发明专利数占比加以反映。从经济效益的角度看,FDI 对东道国产业技术控制的程度可以用外资企业新产品产值占比加以反映。从研究与发展角度看,FDI 对东道国产业技术控制的程度可以用外资企业研发费用控制力加以反映。

(3) 流通渠道控制力。流通渠道指的是将无数的企业和商品连为一体的网络渠道体系,是市场的经络。流通渠道的关键是采购和销售,采购和销售是最具有财富效应的商品渠道。建立起以工厂、研究机构、物流中心、零售店为有机组成部分和节点的自主渠道网络,是企业在市场上立于不败之地的根本。渠道控制是对渠道流量规模、流向路径以及渠道网络的密度及广度的控制,也牵扯到对渠道建设中的结构、层次及分布的主导。这种控制和主导的能力,凝聚在一起就是渠道控制权。王先庆(2014)认为:"渠道控制权本质上是各市场主体在渠道体系和决策中的主导性、话语权、影响力和控制力。它是一个国家、行业或企业在市场中能否打造形成自己的自主品牌并实现自主定价、自主创新、自主决策以及商品价值的核心力量。"构成渠道成员的市场主体包括供应商、生产商、批发商、零售商和消费者,谁拥有了渠道资源主导权,就可以控制商品流通,并使得其他渠道成员为实施自己的销售策略目标而效力。渠道控制权可以使得企业在采购、研发、生产、销售等各个环节都充分地利用自己的资源,节约交易费用成本,获得更大的经济效益。

FDI 流通渠道控制力可以用产业中代表性外资企业的子公司个数与代表性内资企业的子公司个数之比来表示。

$$FDI 流通渠道控制力 = \frac{代表性外资企业子公司个数}{代表性内资企业子公司个数 + 代表性外资企业子公司个数} \times 100\% \quad (4-6)$$

FDI 谋划及获取东道国流通渠道控制权最常用的方法是并购。首先,并购可以降低行业的进入壁垒,避免一次性大量的资金投入。通过并购市场上业已存在的企业进入市场,不会影响行业短期内的供求平衡,可以维持产业内部的竞争结构,稳定投资效益。其次,并购能够缩短建设周期,加快投资周转速度,以实现更快更好地盈利。最后,实施并购,外资企业可以减少和打压本土以及外来的竞争对手,提高市场占有率,增强其控制市场的能力。

### 三 控制市场绩效

市场绩效指企业在一定的市场结构下,通过一定的市场行为获得的某一产业市场运行的效率,表现为在价格、成本、产量、利润、产品质量、品种及技术进步等方面的最终经济成果。

外资企业市场绩效的优劣体现为其在产品价格、产量、成本利润、产品质量、品种及技术进步等方面是否具有好的表现。因此用外资企业主营业务收入和利润占比可以测度外资企业对市场绩效的控制能力。

$$FDI 市场控制力 = \frac{外资企业主营业务收入}{全产业主营业务收入} \times 100\% \qquad (4-7)$$

$$FDI 利润控制力 = \frac{外资企业利润}{全产业利润} \times 100\% \qquad (4-8)$$

外资企业实现市场占领和绩效增长的核心是品牌优势。品牌作为一种消费象征是企业对消费者的质量承诺，是企业的形象、实力和技术能力等多方面内容的象征。消费者对产品认可的依据是良好的品牌信誉，品牌是增加消费者信心的一个法宝。尤其是对于技术含量高、非专业消费者难以判断出质量及功能的产品，作为企业无形资产的品牌对企业提高市场份额显得更加重要。对品牌实施控制，就可以引导消费者行为，提高市场占有率，控制市场绩效。因此，为了控制市场绩效，外资企业常常一方面塑造自主品牌、进行自主品牌营销、提升自主品牌价值，另一方面买断本土品牌使用权，挤压甚至消灭本土品牌，以减少竞争对手。

综合以上分析，从市场结构角度看，外资企业进入可能会对产业的市场集中度产生影响，外资企业主导地位的确立，对产业内资源配置及配置效率的控制，会逐步形成垄断或寡头的市场结构。从市场行为角度看，外资企业丰富的生产管理经验和先进的技术，有助于其获取垄断优势，先行的外资企业往往采取策略行为以阻止新企业进入。外资对研发成果的保护和技术外溢效应的锁定会加剧内外资企业之间的核心竞争力差距。作为外商直接投资主要方式的跨国并购，助推形成某一行业的垄断，导致行业失去有效竞争的状态，势必遏制内资企业的发展。从市场绩效角度看，外资企业利用品牌优势、技术优势，打压内资品牌，排挤内资流通渠道的行为，会降低内资企业的利润，制约内资企业的发展。FDI 对市场结构、市场行为和市场绩效的控制是相辅相成、互相促进的。外资企业一旦控制了市场结构，掌控了企业之间的垄断竞争关系，就可以控制市场运行的行为，从而控制产业运行的绩效。反过来，对产业市场运行绩效的控制会反哺市场运行的控制，牢固对市场结构的控制。

## 第三节 FDI 控制中国产业组织状况

截至 2015 年 12 月，中国规模以上内资工业企业有 353962 家，创造的产值规模为 612397.19 亿元，外资工业企业有 19575 家，产值规模为 55302.76 亿元。整体上，中国各产业中大部分企业规模小而散，且技术及管理水平落后，企业生产成本较高。成熟的外资企业凭借其专业化分工、高效管理经验及技术优势容易达到规模经济的状态。规模经济性使得外资企业拥有较低的成本，这对内资企业的生存形成了压力，提高了产业的进入壁垒。下面的分析数据为 1999 年至本书研究结束时最新可得数据。

1. 关于 FDI 市场结构控制

以各产业的前 8 位内资、外资企业的销售收入为计算指标，计算的农业、轻工业、建材业、有色金属业、汽车业、机械制造业、石化产业、电子信息产业和高新技术产业的 FDI 市场集中度见图 4-2。

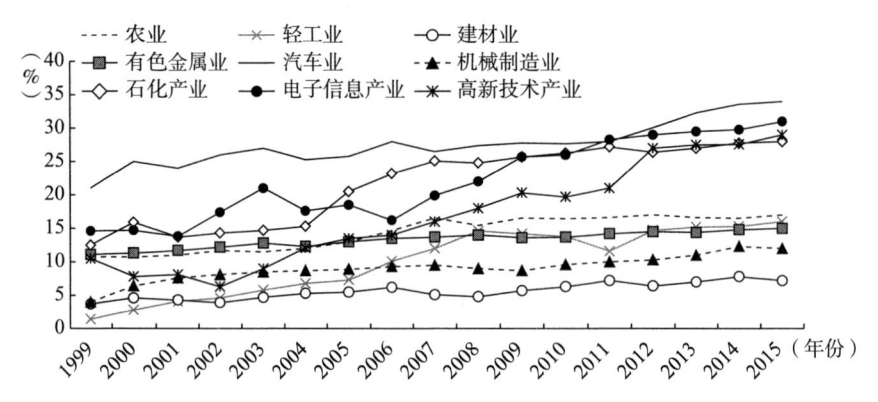

图 4-2 1999~2015 年各产业 FDI 市场集中度

注：农业包括农、林、牧、渔业；轻工业包括皮革、羊毛、羽绒及其制造业，家具制造业，造纸及纸制品业，塑料制造业，工艺品及其他制造业。

资料来源：根据 Wind 数据库、《中国统计年鉴》、《中国工业年鉴》相应年份数据整理、计算得到。

从图 4-2 可以看出，汽车业的 FDI 市场集中度最高，在 2015 年达到 34%。各产业 $FDI\ CR_8$ 具有明显的增长特性，但均低于 40%，说明 FDI 市场集中度较低，均属于竞争型市场结构。农业、轻工业、建材业、有色金属业和机械制造业的 FDI 市场集中度增长较缓慢，而汽车业、电子信息产业、石化产业和高新技术产业的 FDI 市场集中度增长较快，说明这些产业的 FDI 市场组织控制力提升较快，这些产业资本的功能及盈利模式优势得到较好发挥。但随着其占有市场份额的提升，将不可避免地挤占内资企业的市场,在一定程度上限制内资企业的发展。

对于外资企业在中国各产业中的地位,需要仔细分析市场份额前8位厂商的企业性质。以农业为例:2015年,中国农业产业营业收入前8位企业排名分别为新希望、双汇发展、海大集团、大北农集团、正邦科技、通威股份、中粮屯河、东凌粮油,其中双汇发展、海大集团为外商投资企业。即在前4位厂商中有内资企业2家,前8位厂商中有4家内资企业,在数目上内资、外资企业各占半壁江山,但是在营业收入、利润和经营效率上外资企业则远高于内资企业。与双汇集团2015年超过449亿元的营业收入、56.6亿元的利润相比,我国内资企业排在第1位的新希望尽管营业收入很高,为782亿元,但利润较低,只有45.4亿元,经营效率显然较低。可见,相比内资企业,外资企业存在明显的效率优势,更能以较低的成本和价格优势去开拓市场,在产业内进行有效竞争。

2. 关于进入壁垒

由图4-3可以清晰地看到,整体上产业进入壁垒呈下降的趋势,尤其轻工业、农业、机械制造业、有色金属业和建材业的资金进入壁垒下降趋势明显,说明这些行业内资企业的固定资产投资和总资产值不断增加,缩减了与外资企业资本密集度的差距。电子信息产业和高新技术产业的进入壁垒变化不大。而汽车业和石化产业的产业壁垒呈上升趋势,说明汽车业和石化产业的内资企业资本密集度的提高速度远低于外资企业的资本密集度的提高速度,内资、外资企业资本密集度差距有逐年增大的趋势。资金壁垒的提高加大了小企业进入汽车业和石化产业市场的难度,同时,也加剧了市场上内资企业的生存压力。

3. 关于技术控制力

较高的科技投入是实现快速的技术更新与升级的保证,外资企业通过R&D经费的高投入获取创造和拥有了高技术水平科研成果。企业界普遍认为,若R&D投入占销售额比例低于2%,企业将难以生存。世界500强企业的研发投入一般都为5%~20%。图4-4、图4-5和图4-6分别给出了各产业的FDI研发费用控制力、FDI拥有发明专利控制力和FDI新产品产值控制力情况。

由图4-4可以看出,中国外资企业的研发控制程度较高,特别是

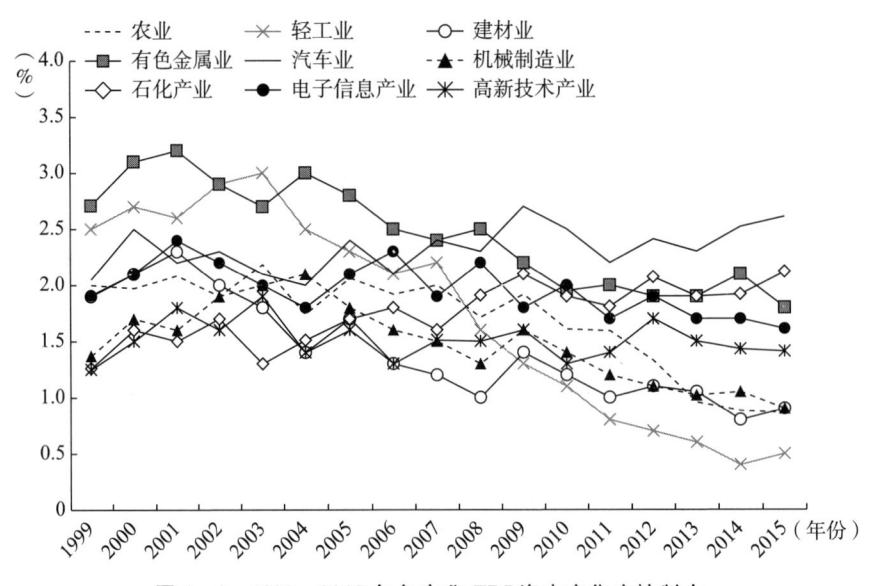

**图 4-3　1999~2015 年各产业 FDI 资本密集度控制力**

资料来源：根据 Wind 数据库、《中国统计年鉴》相应年份数据整理、计算得到。

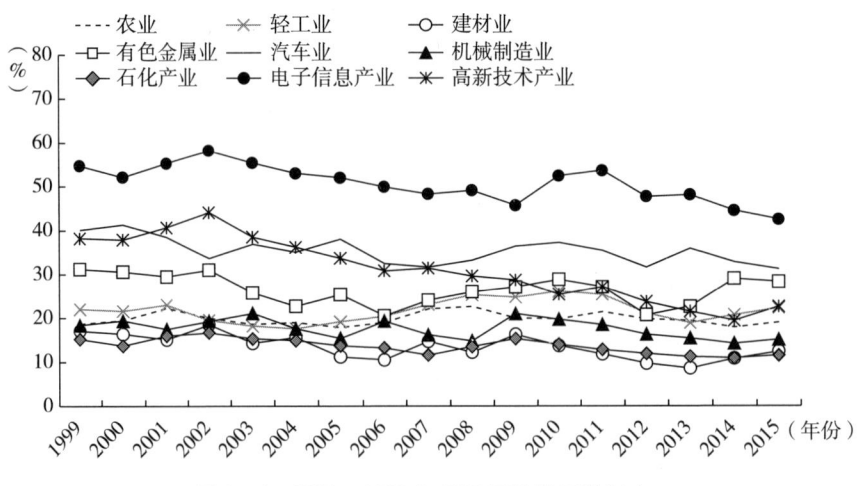

**图 4-4　1999~2015 年 FDI 研发费用控制力**

资料来源：根据 Wind 数据库、《中国科技统计年鉴》相应年份数据整理、计算得到。

电子信息产业，其投入的研发经费大约占到全产业研发经费投入的50%。但整体上 FDI 研发费用控制力呈下降趋势。特别是电子信息产业和高新技术产业的 FDI 研发费用控制力下降较快，说明这两个产业内资企业研发费用的投入相对外资企业有更快的增长，2015 年中国电子信息产业和高新技术产业研发费用投入分别达到379.8亿元和613.1亿元,比2012年分别增长27.2%和16.2%。特别是党的十八大以来,中国研发投入明显加大,2015年全国研发经费投入总量为1.4万亿元,已成为仅次于美国的世界第二大研发经费投入国家,内资企业的原始创新能力不断提升。

研发费用投入的目的是提升原始创新能力,取得丰硕的科技成果。但伴随FDI研发费用下降的趋势,FDI拥有发明专利控制力却总体呈上升趋势,见图4-5。

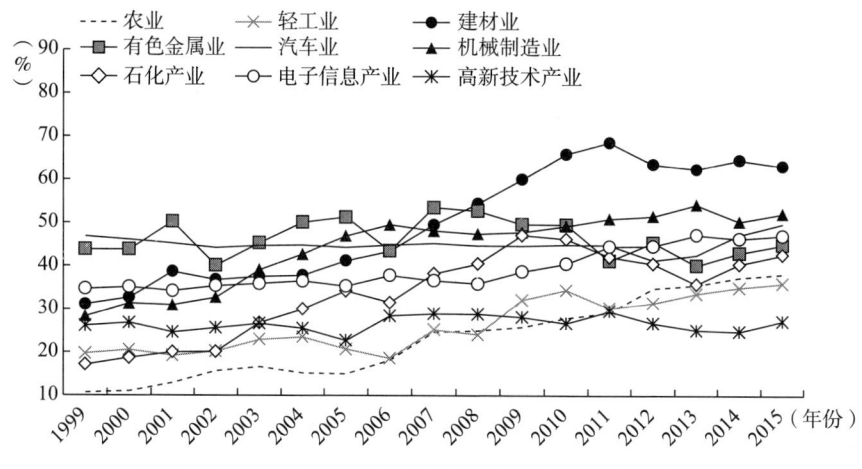

**图4-5 1999~2015年各产业FDI拥有发明专利控制力**

资料来源:根据Wind数据库、《中国科技统计年鉴》相应年份数据整理、计算得到。

由图4-5可见,大部分产业FDI发明专利控制力在样本期均有上升,特别是建材业、石化产业、农业和轻工业上升趋势显著,说明在这些产业外资企业与内资企业发明专利的差距在拉大。专利的控制不仅使得企业在自身技术上保持优势,更可以将其作为遏制其他企业发展的最大筹码。但很多内资企业还没有成为研发的主体,缺乏研究开发能力和持续发展能力。内资企业申请的专利大多为实用型,有创新性和技术突破的专利占比较低,有效发明专利占比较低。据2016年3月9日中国国家统计局发布的"十八大以来中国科技创新状况",截至2015年底,中国有效专利为547.8万件,而有效发明专利则只有147.2万件。尽管外资企业在中国设立研发机构,刺激了中国企业研发费用的投入,一定程度上弥补了中国研发费用的资金缺口,培养了中国的技术人才。但是,外资企业的众多先进技术专利对本就处于技术劣势的内资企业影响颇深，其对于技术的控制一定程度上导致内资企业失去自己的研发动力，进而失去自主创新的能力。外资企业的先进技术水平以及大量研发经费投入更主要是为了自己实现利润最大化，长此以往将使得内资企业丧失技术主导权。

先进的技术转化为产品才能够获利，外资企业在技术上的优势决定了企业在新产品产值上一直高于内资企业，见图4-6。

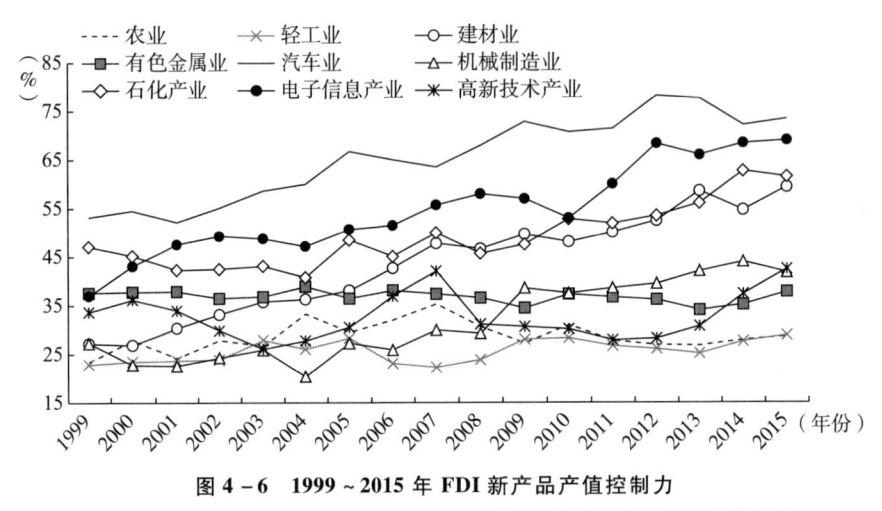

**图4-6 1999~2015年FDI新产品产值控制力**

资料来源：根据Wind数据库、《中国科技统计年鉴》相应年份数据整理、计算得到。

由图4-6可见，汽车业、电子信息产业、石化产业和建材业是外资企业新产品产值控制力较高且提升较快的产业。内资企业与外资企业在新产品产值的差距，不仅反映了内资企业在技术方面的劣势，同时也反映了内资企业将技术转化为产品的能力较差。更多的技术专利仅仅存在于高校和科研机构，与企业缺乏密切联系，导致技术转化为产品的效率较低，这样不仅影响了企业利润，而且降低了国家经费对于创新的投入效率。另外，外资企业利用技术创新带来的成本优势和便利条件，进一步拉大了与内资企业的差距并且控制关键领域的核心技术，这特别表现在内资企业实力较弱的关键元器件领域。外资企业技术控制力的增强会进一步奠定其市场垄断的地位，对于中国产业组织的安全运行造成威胁。

4. 关于流通渠道控制权

外资企业通过控制物流、销售环节获取商品流通渠道主导权，拥有控制整个商品的供应链条、决定利润分配比例的能力。图4-7给出用代表性内资、外资企业拥有子公司数量估算的各产业FDI流通渠道控制力在1999~2015年的变化情况。

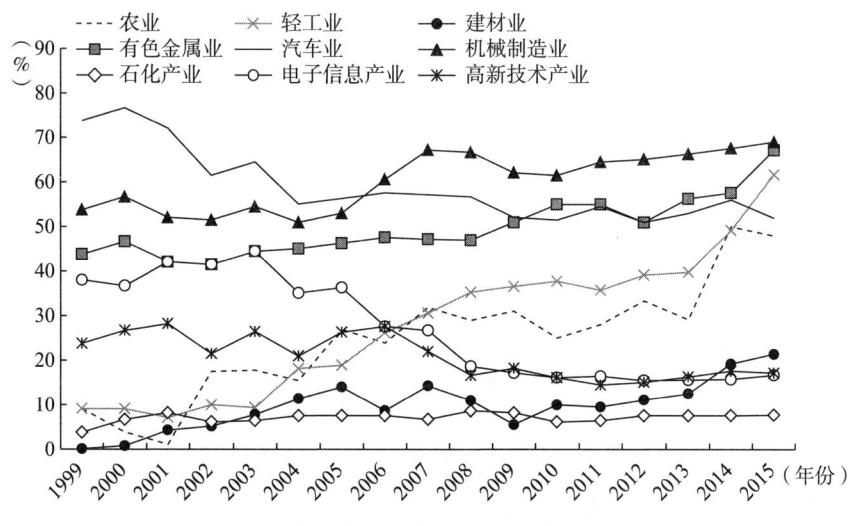

**图4-7 1999~2015年各产业FDI流通渠道控制力**

注：流通渠道控制力的计算公式为代表性外资企业的子公司个数/（代表性内资企业的子公司个数+代表性外资企业的子公司个数）。对于每一产业选择的代表性外资/内资企业分别是：农业，双汇集团/新希望；轻工业，裕利智能/宝硕股份；建材业，山水集团/中建集团；有色金属业，山东宏桥/中国铝业；汽车业，中升大连/上汽集团；机械制造业，厦门中骏/徐工集团；石化产业，新奥燃气/中石油；电子信息产业，英利能源/华为；高新技术产业，创智科技/协鑫能源。

资料来源：根据Wind数据库、《中国企业年鉴》相应年份数据整理、计算得到。

由图4-7可见，农业和轻工业FDI流通渠道控制力在样本期有快速的上升，说明外资企业在中国的渠道网络布局战略成效斐然。以隶属世界四大粮商之一ADM和新加坡郭氏兄弟共同参股的丰益国际为例，它在中国建立的物流、经销网络中，经销商数目已超过2000家，遍布全国400多个城市。在连云港，丰益国际不仅拥有众多粮油企业，且工厂大都临港而建，修建的铁路专用线直通码头，能够做到全天候作业不间断发货。它在泰州永安港与当地港务集团公司合资建设了2个4万吨的杂货码头泊位，设计年吞吐量为130万吨。通过与国内关键节点港口的合作，丰益国际打通了一条从东三省到安徽、江苏、浙江、江西等南方省份的粮食物流链条。

相对于其余产业外资渠道控制力的缓慢上升，电子信息产业与高新技术产业的 FDI 流通渠道控制力呈现了一个明显的下降趋势，说明这两个产业内资企业的渠道建设是相当成功的。这在很大程度上源于近年来以计算机、电子产品、通信产业为主的电子信息产业和以 IT 制造业、（新）能源为主的高新技术产业异常活跃的并购浪潮。据 Wind 数据显示，2015 年，中国计算机领域上市公司的并购数量占全部并购的 9%，电子领域的并购占 8%，通信领域占 3%（见图 4-8），因此，中国电子信息行业的并购约占据中国全部并购的 20%。

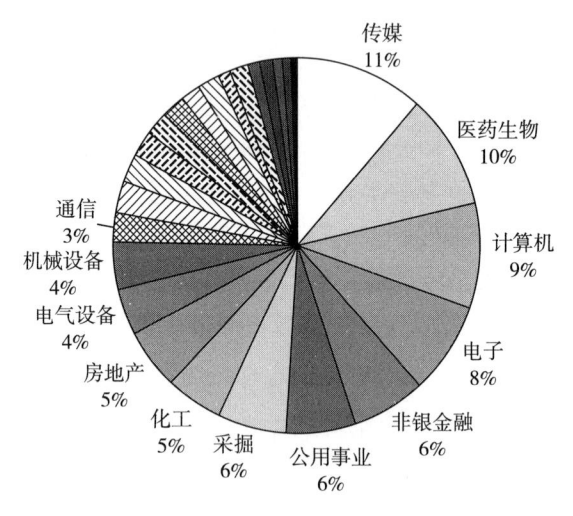

**图 4-8　分行业并购数量占上市公司并购数量比重**

资料来源：Wind 数据库。

主导电子信息及高新技术领域并购的都是中国的龙头企业，例如，2013 年，百度并购 91 无线（19 亿美元）、清华紫光并购展讯（18 亿美元）。2014 年，联想并购 IBM 服务器和摩托罗拉手机，以 BAT 为代表的龙头企业并购不断加剧。百度并购 IOS 应用下载渠道服务商苹果园、团购网站糯米网；阿里巴巴并购中信 21 世纪、地图导航高德，投资在线学习网站 VIPABC、电商服饰茵曼、美国奢侈品网站 1stdibs；腾讯并购商贸物流园华南城、电子地图服务商科菱航睿，投资同程网、滴滴打车、大众点评、安卓刷机工具刷机大师；联想并购 IBM X86 服务器、谷歌摩托罗拉手机，投资跨平台 3D 游戏引擎成都聚乐游戏。

目前，意识到渠道建设重要性的内资企业正大踏步地建设自己的渠道控制权。IT 制造业、（新）能源是中国企业并购的重点行业。2014 年上半年，IT 制造业并购数量达 72 例，并购金额高达 322 亿美元，包括光伏产业的能源与新能源行业，并购金额为 130 亿美元，在所有并购领域中活跃度排名第 1。

这些龙头企业的并购布局是从建立渠道网络的战略高度出发的。IT 巨头们通过积极并购囊括技术、市场、人才等优势要素，积极进军新兴领域，意在掌握全产业链的控制权。以腾讯在游戏领域的并购为例，腾讯不仅依托游戏运营商的地位对游戏进行自主研发，而且在游戏技术底层、游戏开发、游戏运营、游戏渠道、游戏辅助等各个产业链环节选择并购标的。除此之外，腾讯在移动互联网领域和电子商务领域也都进行了全方位的产业链布局，不断培育产业链上下游。不论是对投资创业型企业的并购培育，还是对上市公司的并购入股，腾讯始终以建立"全面开放的互联网生态圈"为并购目标。

5. 关于绩效控制力

外资企业对产业的绩效控制表现在相比内资企业其在经营绩效方面的业绩。由表 4-1 可以看到，外资企业的平均规模高于内资企业且差距不断扩大，外资企业的生产能力和生产效率也远远高于内资企业，企业的产量直接决定了企业的盈利能力，外资绩效对整个产业的绩效具有显著的贡献份额，即控制力。

表 4-1　1999~2015 年规模以上工业企业内资、外资企业数目及产值对比

| 年份 | 内资企业数（家） | 内资企业产值（亿元） | 外资企业数（家） | 外资企业产值（亿元） | 企业数目比 | 产值比 |
| --- | --- | --- | --- | --- | --- | --- |
| 1999 | 135196 | 53752.83 | 13104 | 6925.26 | 0.0969 | 0.1288 |
| 2000 | 134440 | 62209.12 | 14407 | 7163.88 | 0.1072 | 0.1152 |
| 2001 | 139833 | 68228.11 | 11219 | 8023.89 | 0.0802 | 0.1176 |
| 2002 | 147091 | 78317.20 | 14276 | 9705.37 | 0.0971 | 0.1239 |
| 2003 | 157641 | 97913.42 | 16319 | 10352.81 | 0.1035 | 0.1057 |
| 2004 | 175438 | 135726.99 | 15331 | 19971.15 | 0.0874 | 0.1471 |
| 2005 | 215367 | 171759.27 | 14456 | 26325.89 | 0.0671 | 0.1533 |
| 2006 | 241089 | 216512.45 | 16555 | 33424.73 | 0.0687 | 0.1544 |

续表

| 年份 | 内资企业数（家） | 内资企业产值（亿元） | 外资企业数（家） | 外资企业产值（亿元） | 企业数目比 | 产值比 |
|---|---|---|---|---|---|---|
| 2007 | 269312 | 277548.00 | 18971 | 42601.00 | 0.0704 | 0.1535 |
| 2008 | 348266 | 357490.72 | 24028 | 49119.60 | 0.0690 | 0.1374 |
| 2009 | 358988 | 395624.80 | 23552 | 49046.36 | 0.0656 | 0.1240 |
| 2010 | 378827 | 508673.42 | 23027 | 60596.33 | 0.0608 | 0.1191 |
| 2011 | 268393 | 625851.59 | 18052 | 68938.33 | 0.0673 | 0.1102 |
| 2012 | 286861 | 654377.66 | 17986 | 69935.56 | 0.0627 | 0.1069 |
| 2013 | 295144 | 653490.73 | 18109 | 64903.91 | 0.0614 | 0.0993 |
| 2014 | 322716 | 637401.04 | 17711 | 58810.28 | 0.0549 | 0.0923 |
| 2015 | 353962 | 612397.19 | 19575 | 55302.76 | 0.0553 | 0.0903 |

资料来源：据 Wind 数据库整理、计算得到。

分行业中外商直接投资企业主营业务收入占比和利润占比可以很好地衡量各行业外资企业对市场绩效的控制状况，见图 4-9 和图 4-10。其中主营业务收入占比体现了外资企业的市场份额，利润占比则体现了外资企业获利的结果和其规模经济效应。

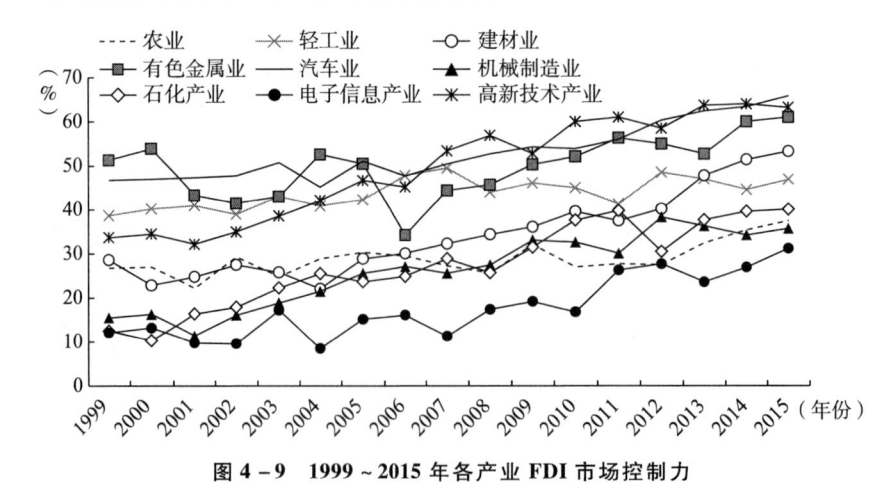

**图 4-9　1999~2015 年各产业 FDI 市场控制力**

资料来源：根据 Wind 数据库、《中国工业年鉴》相应年份数据整理、计算得到。

所有产业的 FDI 市场控制力在样本期都呈现上升趋势，FDI 市场控制力较高的有汽车业、高新技术产业和有色金属业，这些产业近年来的 FDI 市场控制力都在 50% 以上。

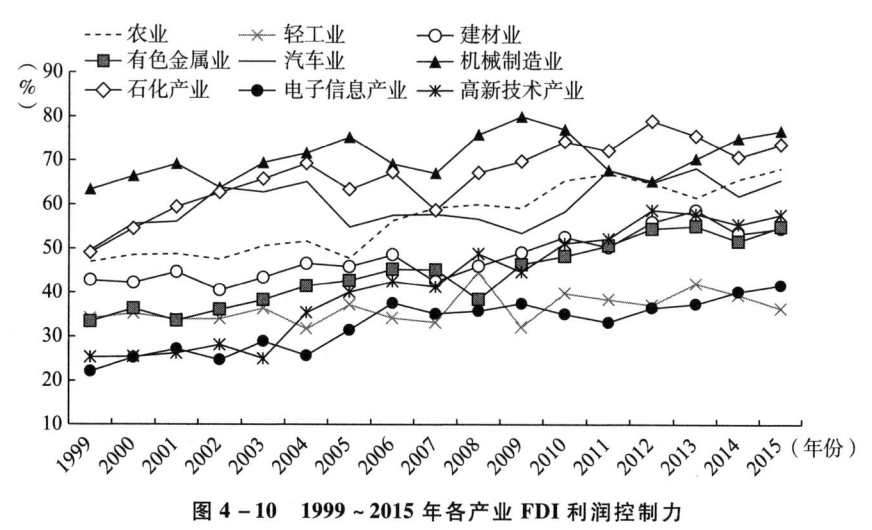

**图 4-10　1999~2015 年各产业 FDI 利润控制力**

资料来源：根据 Wind 数据库、《中国工业年鉴》相应年份数据整理、计算得到。

由图 4-9 和图 4-10 不难看出，机械制造业、石化产业和汽车业大部分年份外资企业利润占比在 60% 左右，虽然在 2008 年经济危机过后，外资企业利润占比有所降低，但是，最低也有 57% 左右。这一数据也反映了成熟的外资企业凭借其专业化分工、技术优势及管理经验使得企业处于规模经济的状态，而内资企业则处于竞争的劣势。FDI 利润控制力较高的产业有汽车业、石化产业和机械制造业，利润控制力上升较快的产业是农业和高新技术产业，其他产业外资企业利润控制力具有稳步提高的特征。

外资企业在中国辉煌绩效的取得很大程度上归功于其品牌战略。比如益海嘉里，为了进入特定的细分市场，益海嘉里设计了"1+16"品牌方阵，各品牌的定位清晰：口福以为家乐福等大型卖场进行贴牌生产为主，金龙鱼引导中高端产品线，而胡姬花则在部分地区以花生油稳坐高端市场；另外，还有分布于全国 6 大地区的万黛兰、嘉龙、祥龙、巧厨、宝鹭等 12 个区域品牌，统计下来益海嘉里的食用油总共有 16 种品牌，其累计市场占有率达到 36%。

表 4-2 是在华外资企业在各产业的产业组织控制的变化情况。从静态看，1999~2015 年汽车业平均 FDI 产业组织控制力是 44.10%，排在第一位，其次是有色金属业（33.06%）和机械制造业（32.98%），其

余产业的平均 FDI 产业组织控制力均小于 30%。从动态看，除了汽车业的 FDI 产业组织控制力基本变化不大，样本期只提升了 0.12 个百分点外，其余产业均有较大的提高。提升幅度最大的是石化产业的 FDI 产业组织控制力，从 1999 年的 19.82%，到 2015 年增加到 32.53%，提升了 12.71 个百分点。机械制造业、建材业、农业和轻工业的 FDI 产业组织控制力也有较大的变化，分别提升了 11.41 个百分点、11.14 个百分点、10.88 个百分点和 10.50 个百分点，而高新技术产业、电子信息产业和有色金属业分别提升了 8.54 个百分点、7.71 个百分点和 5.76 个百分点，表现出 FDI 对其产业组织的控制力具有稳步加强的趋势。

汽车业较高的 FDI 产业组织控制力（>40%）说明产业内缺乏有效竞争的市场结构和企业组织结构，外资企业占据一定的主导地位，内资企业存在生存压力，在市场中处于一定的被动地位，产业组织处于非安全的运行态势下。

表 4-2　各产业 FDI 产业组织控制状况汇总

单位：%

| 年份 | 农业 | 轻工业 | 建材业 | 有色金属业 | 汽车业 | 机械制造业 | 石化产业 | 电子信息产业 | 高新技术产业 |
|---|---|---|---|---|---|---|---|---|---|
| 1999 | 18.55 | 17.72 | 17.63 | 30.61 | 44.16 | 26.51 | 19.82 | 24.38 | 24.06 |
| 2000 | 18.81 | 18.47 | 17.05 | 32.93 | 46.08 | 27.62 | 20.82 | 25.27 | 24.62 |
| 2001 | 18.08 | 19.26 | 18.13 | 31.44 | 44.71 | 26.61 | 22.18 | 26.55 | 24.47 |
| 2002 | 20.94 | 18.83 | 18.87 | 30.22 | 44.29 | 27.21 | 22.75 | 27.28 | 24.01 |
| 2003 | 20.47 | 20.14 | 19.56 | 31.15 | 45.91 | 29.93 | 24.46 | 29.21 | 24.01 |
| 2004 | 22.16 | 20.19 | 20.27 | 33.27 | 43.46 | 29.46 | 25.61 | 25.67 | 25.18 |
| 2005 | 22.82 | 21.46 | 20.75 | 33.56 | 43.68 | 32.41 | 26.65 | 27.72 | 26.94 |
| 2006 | 24.46 | 22.16 | 20.83 | 30.64 | 44.41 | 32.81 | 26.82 | 27.37 | 28.33 |
| 2007 | 26.13 | 24.05 | 22.88 | 33.48 | 44.34 | 33.52 | 27.60 | 26.95 | 29.57 |
| 2008 | 25.01 | 25.46 | 22.52 | 32.86 | 44.32 | 34.61 | 28.49 | 27.38 | 28.93 |
| 2009 | 25.48 | 25.39 | 24.86 | 34.33 | 41.77 | 37.86 | 30.91 | 27.10 | 28.13 |
| 2010 | 25.29 | 25.96 | 25.73 | 35.83 | 43.35 | 37.32 | 32.41 | 27.12 | 28.83 |
| 2011 | 26.15 | 24.81 | 24.70 | 34.15 | 44.26 | 35.95 | 31.78 | 29.25 | 29.32 |
| 2012 | 25.69 | 25.10 | 26.059 | 33.65 | 42.74 | 36.55 | 31.42 | 29.77 | 29.96 |

续表

| 年份 | 农业 | 轻工业 | 建材业 | 有色金属业 | 汽车业 | 机械制造业 | 石化产业 | 电子信息产业 | 高新技术产业 |
|---|---|---|---|---|---|---|---|---|---|
| 2013 | 25.31 | 25.13 | 27.23 | 33.4 | 44.29 | 37.09 | 31.61 | 29.14 | 30.53 |
| 2014 | 28.70 | 26.49 | 27.89 | 34.17 | 43.69 | 37.34 | 32.71 | 30.94 | 30.96 |
| 2015 | 29.43 | 28.22 | 28.77 | 36.37 | 44.28 | 37.92 | 32.53 | 32.09 | 32.60 |

注：FDI 产业组织控制力为各产业的 FDI 市场结构控制力、市场行为控制力和市场绩效控制力的加权平均；FDI 技术控制力为外资研发费用控制力、发明专利控制力和新产品产值控制力的加权平均，为简单计，权重均取 1。

进一步分析影响各产业 FDI 产业组织控制力的原因，表 4-3 给出了 FDI 对产业组织不同方面的控制对产业组织整体控制的贡献度。

表 4-3 FDI 在产业组织各方面的控制对产业组织控制的平均贡献度

单位：%

| 项目 | 农业 | 轻工业 | 建材业 | 有色金属业 | 汽车业 | 机械制造业 | 石化产业 | 电子信息产业 | 高新技术产业 |
|---|---|---|---|---|---|---|---|---|---|
| 产业集中度 | 7.39 | 5.19 | 3.65 | 5.04 | 7.89 | 3.52 | 11.72 | 12.31 | 7.62 |
| 进入壁垒 | 0.83 | 1.06 | 0.95 | 0.82 | 0.53 | 0.58 | 0.56 | 0.92 | 0.66 |
| 研发费用控制 | 10.39 | 12.02 | 8.93 | 10.02 | 9.96 | 6.93 | 7.45 | 25.74 | 14.18 |
| 拥有发明专利控制 | 7.56 | 8.74 | 15.19 | 15.02 | 12.72 | 18.03 | 17.27 | 8.56 | 12.13 |
| 新产品产值控制 | 14.95 | 14.23 | 17.23 | 13.96 | 21.8 | 12.19 | 20.54 | 18.47 | 14.86 |
| 流通渠道控制 | 12.58 | 14.33 | 6.18 | 18.82 | 17.19 | 23.43 | 3.86 | 14.73 | 9.49 |
| 市场控制 | 16.95 | 24.25 | 16.61 | 17.28 | 13.31 | 5.83 | 3.59 | 7.82 | 25.47 |
| 利润控制 | 29.35 | 20.18 | 31.26 | 19.04 | 16.6 | 29.49 | 35.01 | 11.45 | 15.59 |

由表 4-3 可见，对于农业，FDI 产业组织控制的主要原因是外资企业对利润的控制、对市场的控制、对新产品产值的控制和对流通渠道的控制，平均贡献度分别达到 29.35%、16.95%、14.95% 和 12.58%。

对于轻工业，FDI 产业组织控制的主要原因是外资企业对市场的控制、对利润的控制、对流通渠道的控制、对新产品产值的控制和对研发费用的控制，平均贡献度分别达到 24.25%、20.18%、14.33%、14.23% 和 12.02%。

对于建材业，FDI 产业组织控制的主要原因是外资企业对利润的控制、对新产品产值的控制、对市场的控制和对拥有发明专利的控制，平均贡献度分别达到 31.26%、17.23%、16.61% 和 15.19%。

对于有色金属业，FDI 产业组织控制的主要原因是外资企业对利润的控制、对流通渠道的控制、对市场的控制、对拥有发明专利的控制和对新产品产值的控制，平均贡献度分别为 19.04%、18.82%、17.28%、15.02% 和 13.96%。

对于汽车业，FDI 产业组织控制的主要原因是外资企业对新产品产值的控制、对流通渠道的控制、对利润的控制和对拥有发明专利的控制，平均贡献度分别达到 21.80%、17.19%、16.60% 和 12.72%。

对于机械制造业，FDI 产业组织控制的主要原因是外资企业对利润的控制、对流通渠道的控制、对拥有发明专利的控制和对新产品产值的控制，平均贡献度分别达到 29.49%、23.43%、18.03% 和 12.19%。

对于石化产业，FDI 产业组织控制的主要原因是外资企业对利润的控制、对新产品产值的控制、对拥有发明专利的控制和对产业集中度的控制，平均贡献度分别达到 35.01%、20.54%、17.27% 和 11.72%。

对于电子信息产业，FDI 产业组织控制的主要原因是外资企业对研发费用的控制、对新产品产值的控制、对流通渠道的控制和对产业集中度的控制，平均贡献度分别达到 25.74%、18.47%、14.73% 和 12.31%。

对于高新技术产业，FDI 产业组织控制的主要原因是外资企业对市场的控制、对利润的控制、对新产品产值的控制、对研发费用的控制和对拥有发明专利的控制，平均贡献度分别达到 25.47%、15.59%、14.86%、14.18% 和 12.13%。

## 第四节 本章小结

产业组织包括市场结构、市场行为和市场绩效三个方面，FDI 控制产业组织相应蕴含于三个方面：FDI 利用规模经济占优控制市场结构，FDI 市场结构控制体现了 FDI 对产业发展方向和发展进程控制的主导权，可用 FDI 市场/生产集中度衡量；FDI 利用技术研发占优控制市场的运行，FDI 市场行为控制体现了 FDI 对内资企业参与市场竞争的阻碍，FDI 对市场行为的控制程度可以用进入壁垒、技术控制力、流通渠道控制力等指标衡量；FDI利用品牌占优控制市场绩效，品牌优势是外资企业实现市场占领和绩效增长的核心，FDI对市场绩效的控制程度可以用市场份额控制力衡量。FDI恶意控制产业组织将打破产业内企业间均衡有效的竞争格局，其结果是产业组织运行失去效率、产品生产低端化、资源浪费、企业运行效率低下，长期产业发展速度会降低。本书实证分析FDI对中国产业组织控制状况，结果表明样本期汽车业、有色金属业和机械制造业的FDI产业组织控制力较高，均大于30%，提升幅度最大的是石化产业的FDI产业组织控制力，从1999年的19.82%，到2015年增加到32.53%，提升了12.71个百分点。进一步对FDI产业组织控制力的影响原因分析表明对农业、轻工业等劳动密集型产业而言，FDI对产品利润控制和市场份额的控制对产业组织控制的贡献度最大；对有色金属业和制造业这类资本密集型产业而言，产品利润控制和流通渠道控制对FDI产业组织控制的贡献度最大；对于高新技术产业、电子信息产业和石化产业这类技术密集型产业而言，新产品产值控制、市场份额控制、产品利润控制对FDI产业组织控制的贡献度占主导地位。

# 第五章 FDI产业结构控制研究

本章从产业结构合理化和高级化两个层面阐述了FDI控制东道国产业结构的机理，应用外资倾斜度、技术引进效应、产业关联效应、贸易条件效应等指标分析了FDI对产业结构控制的作用方向和度量方法。本章分析认为外资企业对产业结构的恶意控制将造成产品生产低端化、资源浪费，内资企业缺乏成本压力和技术创新的危机感致使其运行效率低下，长期产业发展速度会降低。对中国FDI产业结构控制状况的实证结果表明FDI对中国产业结构控制力普遍不高，相对较高的产业是机械制造业、汽车业和石化产业，分别为17.54%、16.42%和15.15%，FDI对中国产业结构的控制主要是通过对技术进步的控制体现的，贡献度为90%以上。

## 第一节 产业结构控制的含义

按照《产业经济学》的定义，产业结构是指各产业的构成及各产业之间的联系和比例关系。在不同的经济发展阶段、发展时点社会分工变化产生不同的产业部门，这些不同的产业部门发展速度不同，其在经济总量中的占比也各异。考察产业结构有两个维度，一是产业结构的合理化，二是产业结构的高级化。产业结构合理化是指遵循再生产过程比例性需求，通过产业与产业之间的协调和关联水平的提高，使各产业发展与整个国民经济发展相适应。产业结构高级化指的是通过技术进步产业结构整体素质和效率向更高层次不断演进的趋势和过程。无论是产业结构的合理化还是高级化，都要遵循产业结构演化规律，产业结构向更高层次转化意味着产业发展更好地满足社会不断增长的需求。合理化与高级化两者的关系是互为条件、相互依存的，产业结构合理化是基础，高级化是目标，没有合理化，产业结构的高级化就失去了赖以生存的条件，没有高级化这一目标，合理化也就失去了存在的意义。

与产业结构的定义相呼应，产业结构控制可定义为对各产业的构成及各产业之间的联系和比例关系的掌控，包括产业结构合理化掌控和产业结构高级化掌控，即数量比例关系控制和结构质量控制两个方面。量的关系控制是对部门间均衡发展的控制，通过控制产业间比例关系的协调性，及对市场需求的适应性，控制产业结构系统的资源转换效率和产出能力。质的关系控制是产业结构高级化的控制，体现为对由社会生产的技术基础更新而引起产业结构发生质的变化的控制。

## 第二节 FDI 控制产业结构的机理

钱纳里、赛尔昆（1989）指出："在结构转变过程中，部门之间的增长并不平衡。但是，部门的相互依赖形成了一些约束，如果违反这些约束，就可能阻碍增长。"FDI 控制产业结构的实质在于控制东道国产业结构转变进而对其经济发展的进程施加约束。产业结构转变即推动产业结构向合理化和高级化方向发展，产业结构转变的目的是实现产业结构与资源供给结构、技术结构、需求结构的相适应。因此，要衡量外资对一国产业结构的控制，就必须从对产业结构高级化和产业结构合理化两个方面的控制入手，见图 5 - 1。

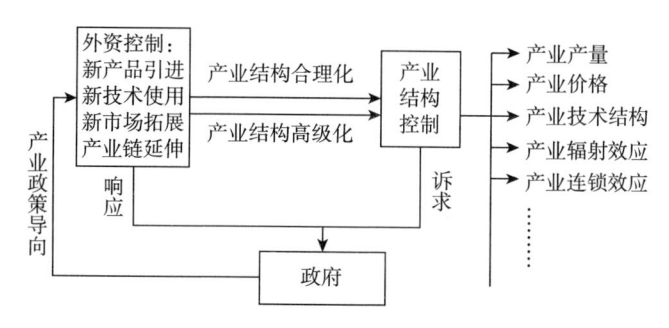

图 5 - 1 外资控制产业结构逻辑框架

FDI 对东道国产业结构的影响表现为以下方面。首先，FDI 进入给相关产业带来了资本、技术、经营管理和人力资本的总体转移，提高了产业的生产效率。外资企业的技术水平、国际化战略直接影响着东道国资源的配置，改变着资源的使用方式和效率。外资企业转移的先进技术可以减轻工人的体力劳动，工人通过不断学习可以提高技术水平，技术转移和技术溢出使得东道国整体劳动生产率得以提高，加之产业的辐射效应使得产业结构得以提升。其次,外资企业间接地通过产业的前向和后向联系和竞争刺激影响内资企业行为,推动产业结构演进。从前向关联的角度看,外资企业要求下游的零部件及半成品再加工企业达到技术标准,与此同时,为了更有效地提高生产率和降低成本,需要配套发展与产品生产相应的金融、市场营销服务,促进服务业的发展,引起前向关联效应;从后向关联的角度看,具有较高生产能力的外资企业会增加对上游原材料和零部件的需求,带动生产原材料和零部件的低端产业的发展,产业的这种连锁效应带动产业结构调整。再次,外资企业常常利用东道国的区位优势,投资劳动密集、技术含量低的出口产业,这类外资企业将通过贸易条件影响东道国产业结构。最后,FDI 对东道国产业结构的影响,还源于东道国给外资企业的优惠政策。东道国按照本国发展战略对进入不同产业的外资企业提供有差别的优惠政策,这会加速产业结构的改变。因为有差别的优惠政策带来进入成本的差异,FDI 会选择进入优惠程度较大的产业,从而可提高该产业在产业结构中的地位。同时,如果优惠程度较高,FDI 对内资的替代程度将提高,产业内的新老技术对比将发生变化,产业技术结构随之提高,因而该产业在得以扩张的同时,通过产业链对其他产业产生的辐射和连锁效应相应增强,所有这些影响都会导致产业结构的变化。

## 一 FDI 控制产业结构合理化

FDI 控制产业结构合理化,是指外资企业通过在产业之间投入增加速率上的差别,即产业倾斜配置直接引起产业结构的变动,实现产业不平衡增长。FDI 产业倾斜配置既包含市场机制调节条件下所发生的自发性倾斜,也包含产业结构调整中所发生的自觉性倾斜,即外资企业有意识的控制倾斜。当某一产业的 FDI 投入增加率快于平均增加率时,就可以说 FDI 配置是向该产业倾斜的。倾斜的后果是 FDI 配置结构的变动,若其他条件不变,FDI 倾斜引起的资源投入结构的变动必然导致产出结构的变动。因此,FDI 倾斜的基本功能是改变产业间的比例关系。各产业的 FDI 倾斜度反差越大,产业增长就越不平衡,从而产业结构变动就越快,过度的不平衡增长会导致经济发展失衡、降低总量增长。具体见图 5-2。

采用李昌宇在《资源倾斜配置研究》中对资源配置倾斜度的测度方

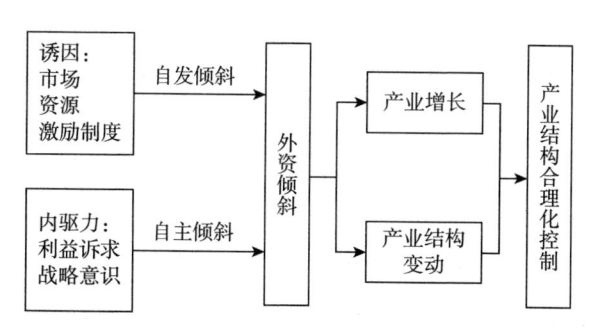

**图 5-2　FDI 倾斜控制产业结构合理化逻辑框架**

法，FDI 控制产业结构合理化的测度：FDI 倾斜投资于某一产业导致该产业超前发展，必然会导致相应产业在产值和收入上的不平衡增长。FDI 控制产业结构合理化的测度应包括投资倾斜和由此造成的产业超前发展这两个因素的共同效应。

第一步，FDI 倾斜度测算：设有某一产业 $FDI$ 投入量，当年为 $FDI_t$，上一年为 $FDI_{t-1}$，那么该产业当年的 $FDI$ 实际增量为：$\Delta FDI = FDI_t - FDI_{t-1}$，若设 $FDI$ 流入的实际增加速度为 $FDI'$，则上式可表示为：$\Delta FDI_1 = FDI_{t-1}(FDI'-1)$，此式说明，在上一年的流入量 $FDI_{t-1}$ 为既定已知量的条件下，该产业当年 FDI 的实际增量是由 FDI 流入增加的实际速度所决定的。

现在假定该产业的 $FDI$ 流入增量不是由该产业的 $FDI$ 流入增加速度 $FDI'$ 来决定，而是由包括各个产业在内的资源投入总和的增加速度，即 FDI 流入增加的加权平均速度 $\overline{FDI'}$ 来决定，那么，此时该产业的 FDI 流入增量 $\Delta FDI_2$ 可表示为：$\Delta FDI_2 = FDI_{t-1}(\overline{FDI'}-1)$（平均增量）。

另外倾斜量 $\Delta s$ 为实际增量与平均增量的差额，有：$\Delta s = \Delta FDI_1 - \Delta FDI_2$。$\Delta s = 0$，表示没有发生倾斜，$\Delta s > 0$，表示发生了倾斜，$\Delta s < 0$，表示该产业的 FDI 实际增加量低于平均水平，可称之为负倾斜。$\Delta s$ 只能表示倾斜的数量大小，要说明倾斜的程度的高低，定义变量 $s$：$s = \dfrac{\Delta s}{FDI_{t-1}}$，此式表明，所谓倾斜度，就是倾斜量除以基期量的商。它表示与基期量比较的相对倾斜量的大小。将上式变形并简化处理后得：

$$s = \frac{FDI'}{\overline{FDI'}} - 1 \qquad (5-1)$$

此式的经济含义是，倾斜度等于个别产业 FDI 流入增加的实际速度与产业总体 FDI 流入增加的加权平均速度之比值，再减去同步性变动因素1。

第二步，超前度计算模型。当 FDI 向某一产业倾斜，使该产业的倾斜度较高时，其正常结果应该是该产业超前发展。这里所谓的超前，是指该产业的产出增长速度超过产业总产值的平均增长速度。因此，超前发展的产业在不平衡增长的格局中居于优先地位，超前程度越高就意味着其优先增长的地位越突出。各产业的产值增长率和各产业的产值总和增长率（即加权平均增长率）的离差，称之为超前度。由此，我们可以定义超前度：

$$e_i = q'_i - \overline{Q}' \qquad (5-2)$$

即某一产业的超前度等于这一产业的增长速度 $q'_i$ 与总产出增长的加权平均速度 $\overline{Q}'$ 的离差。

第三步，计算 FDI 产业结构合理化控制力：

$$\text{FDI 产业结构合理化控制力} = \text{FDI 倾斜度} \times \text{产业超前度} \qquad (5-3)$$

## 二　FDI 控制产业结构高级化

FDI 对产业结构高级化的控制是通过影响传统产业的改造、新兴产业的兴起和落后产业的淘汰三个方面的进程来表现的。传统产业是相对于新兴产业来说的，指在新兴产业形成之前就已存在的物质生产部门，以农业为例来说，如粮食、畜牧业、林业、园艺特产业、农产品加工业等为传统产业；新兴产业则是指伴随着技术革新，由于现代种业、生物质产业、农产品物流产业、农业信息产业、生态渔业等新技术的开发而发展起来的一系列新兴产业部门，如都市农业、休闲农业、旅游农业、创意农业等新兴业态。从理论上讲，FDI 对东道国产业结构高级化的影响途径包括以下几点。①技术渠道：FDI 的先进技术及其"溢出效应"促进东道国产业结构升级；②产业关联渠道：FDI 通过关联效应及其对上下游产业的影响，间接引起产业结构的变化；③贸易条件渠道：FDI 改变东道国贸易条件引起需求结构的变化反作用于产业结构的升级，见图 5-3。

（1）技术渠道：技术渠道是通过 FDI 高技术的渗透机理来促进产业结构高级化的，它渗透到劳动资料、劳动对象、劳动力等生产力要素中

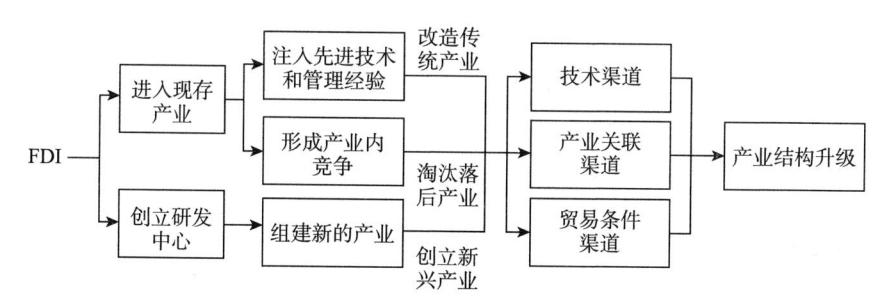

```
FDI ──┬── 进入现存产业 ──┬── 注入先进技术和管理经验 ── 改造传统产业 ──┬── 技术渠道 ─────┐
      │                  └── 形成产业内竞争 ────── 淘汰落后产业 ──┼── 产业关联渠道 ──┼── 产业结构升级
      └── 创立研发中心 ──── 组建新的产业 ──────── 创立新兴产业 ──┴── 贸易条件渠道 ──┘
```

**图 5-3　FDI 控制东道国产业结构高级化逻辑框架**

发生作用，提高生产要素的质量，优化其配置方式和配合比例。某一产业对技术的吸收和融合能力越强，这个产业受技术进步的影响越大，产业发展速度的变化及其与其他产业间关系的变革导致产业结构突变，实现产业结构的优化升级。因此，技术进步既是产业发展的支撑，也是产业结构调整的重要手段。因此，外资企业控制了技术，就控制了产业结构调整的基础、手段和方向。其内在调整机理涉及以下方面。第一，FDI 进入某一产业一方面可加剧该产业的竞争并改变竞争格局，另一方面还会改变该产业和其他产业的相对关系。FDI 通过控制具有竞争优势的技术转移的速度，可以控制东道国产业结构得以提升的速度。第二，外资企业控制技术投入可以控制生产要素的流向、流量和流动格局的变化，改变产业间的产值比例、投资比例、就业比例。技术进步提高了劳动生产率，根据生产要素流动性规律，在价格机制作用下生产要素总是从低生产率部门流出，向高生产率部门流入。因此，技术高的产业吸引生产要素的流入，生产扩大，就业增加，从而该产业的产值、投资、就业增长速度就超过技术低的产业，引起整个产业结构变动。第三，外资的技术控制会受制于东道国"干中学"效应。根据 Kenneth J. Arrow "干中学"模型，"人们在生产产品的过程中，不可避免地会思索改进生产过程的方式，熟能生巧"。因此，当东道国产业的"干中学"效应显著时，在生产、研发、管理等过程中获取的知识积累会有效提高原有产业发展及劳动生产率，也激发和催生了新产业的建立和正常运转必要的技术支持，将从反向抵抗和瓦解外资对产业结构的控制。另外，对承担低附加值的价值链环节和增值活动的一些中小企业，外资企业常常会通过技术转让、提供培训、信息共享和资金支持等方式来帮助其供应商或潜在的供应商建立生产能力和提高产品质量,这也强化了内资企业的竞争力,削弱 FDI 在产业中具有的绝对控制权。FDI 通过技术渠道实施产业结构控制的测度可以表达为:

$$FDI\text{ 对行业技术进步的控制力} = \frac{\text{行业中外资企业劳动生产率增长率}}{\text{全行业劳动生产率增长率}} - 1 \quad (5-4)$$

(2) 产业关联渠道:FDI 影响产业结构高级化的另一个途径是通过产业关联效应。产业关联效应是指一个产业的生产、产值、技术等方面的变化会对其他产业部门产生直接和间接的影响,可以分为前向关联效应和后向关联效应。前向关联效应,即 FDI 投入产业的活动能通过削减下游产业的投入成本而促进下游产业的发展。后向关联效应,即 FDI 进入产业的发展会对各种要素产生新的投入要求,从而刺激上游投入品产业的发展。可见,通过产业的前向关联效应和后向关联效应引起的相关上游和下游产业供求关系变化,既增加其对下游产业的供给,又增加其对上游产业的需求,这些上游、下游产业供需关系的变化,进一步通过产业链的作用,扩散到其他产业,从而引起产业结构的整体变动。

FDI 通过产业关联效应进行产业结构控制的测度可以推导如下。

产业关联度是对某一产业由于其自身的发展而引起的其他相关产业发展的作用效果的度量。若假定 FDI 投资一产业与其余 $n$ 个产业之间的关联度为 $R_1, R_2, \cdots, R_n$,当外资对该产业投资增加 $\Delta FDI$ 时,由该产业所引起的连带投资所产生的产业关联效应为:

$$W = \Delta FDI + \Delta FDI \times R_1 + \Delta FDI \times (R_1 \times R_2) + \cdots + \Delta FDI \times (R_1 \times R_2 \times \cdots \times R_n)$$

若假定每个产业的关联度相同,即 $R = R_1 = R_2 = \cdots = R_n$,则可将上式化简为:

$$W = \Delta FDI (1 + R + R^2 + \cdots + R^n)$$

当 n 较大时,$W \approx \Delta FDI \times \dfrac{1}{1-R}, \ 0 < R < 1$   (5-5)

(5-5) 式中,$\dfrac{1}{1-R}$ 为 FDI 投资产业的产业关联系数,产业关联度 $R$ 越大,产业关联系数 $\dfrac{1}{1-R}$ 也越大,产业关联效应 $W$ 也越大。根据这一关系可以得出如下结论:当外资在某产业投资增加时,在产业关联度既定不变的情况下,投资增加得越多,该产业与其他相关产业关联效应越大,那么对相关产业的产业关联效应也就越大。因此,FDI 增长越多,对相关产业的影响越大,进而对东道国产业结构的影响也就越大。

(3) 贸易条件渠道:当随着 FDI 流入,东道国生产扩张进而产出增加后,若其产业结构依然保持对劳动密集型产品的出口供给和对资本密集型产品的进口需求,则相对于资本密集型产品价格的不断上升,劳动密集型产品的价格将不断下滑,这将使得东道国的贸易条件发生恶化。若东道国成功改变其产业结构,使得出口产品中资本密集型产品比重上升,东道国的贸易条件将得以改善。贸易条件的变化引发的贸易逆差(顺差)将直接削弱(增强)东道国产业竞争力。

外资企业逐步深入参与到东道国产品贸易中,意味着东道国产品的进口和出口对投资国的依赖程度大大增强,当东道国贸易高度依赖出口投资国时,该国受投资国市场需求的影响会不断加深,当东道国产品高度依赖进口投资国时,外资企业可以凭借本身较强的外向性,通过控制东道国产品进口、出口增长的进程和结构,一方面控制财富的流向,另一方面通过制造贸易逆差直接削弱东道国产业竞争优势。随着世界经济一体化趋势的加强,各国的产业结构都不可避免地参与到国际产业分工中,FDI 进入东道国后,会利用所有权优势积极获取内部化优势和区位优势,利用当地的资源以及掌握的先进技术,并通过其强大的国际营销渠道来实现国际贸易环节上的利润。从总体上讲,一国产业结构决定其贸易结构,而贸易结构又能反过来促进或阻止产业结构的合理化与高级化,只有在符合国际比较利益和东道国自身发展目标情况下的国际分工、国际贸易才能促进产业结构不断向高级化转化;在违反比较利益原则、忽视东道国自身利益的原则下进行国际贸易,虽然也会影响产业结构的变动,但并不能促进产业结构的优化,有时甚至会造成东道国产业结构的畸形发展。FDI 对东道国贸易条件的控制可以用对贸易额的控制力与对贸易结构的控制力两个指标表达。

$$FDI 贸易额控制力 = 行业中外资企业贸易额/全行业贸易额 \quad (5-6)$$

FDI 对贸易结构控制力 =

$$行业中外资企业高技术产品出口量/全行业高技术产品出口量 \quad (5-7)$$

## 第三节 FDI控制中国产业结构的实证分析

### 一 FDI在华产业分布特征

表5-1和表5-2给出中国主要产业FDI流入的变动情况。20世纪90年代以来，中国FDI呈快速增长趋势，合同项目数和实际利用外商直接投资额分别从1999年的16918个和403.19亿美元增长到2015年的26575个和1262.67亿美元，年均分别增长3.36%和12.54%。从FDI在产业结构投向来看，电子信息产业、高新技术产业、汽车业、机械制造业、农业利用FDI的协议项目数和协议金额所占比重较大且上升较快，2015年，汽车业实际利用外商直接投资金额比1999年增加45.46亿美元，年均增长36.23%。高新技术产业FDI的重点主要集中在引进制药、医疗保健和电子与电气设备制造上。同时，从表5-1和表5-2可以看出，高新技术产业FDI项目数和实际金额也不断上升。

表5-1 各行业FDI流入的变动情况

单位：个，亿美元

| 年份 | 农业 | | 轻工业 | | 建材业 | | 有色金属业 | | 汽车业 | |
|---|---|---|---|---|---|---|---|---|---|---|
| | 项目数 | 实际金额 | 项目数 | 实际金额 | 项目数 | 实际金额 | 项目数 | 实际金额 | 项目数 | 实际金额 |
| 1999 | 762 | 7.10 | 4825 | 9.65 | 247 | 9.20 | 16 | 0.64 | 169 | 7.38 |
| 2000 | 821 | 6.76 | 7852 | 8.58 | 233 | 9.07 | 26 | 1.66 | 213 | 10.91 |
| 2001 | 887 | 8.99 | 9232 | 11.69 | 256 | 8.07 | 69 | 5.70 | 329 | 10.18 |
| 2002 | 975 | 10.28 | 12716 | 9.33 | 329 | 7.09 | 26 | 1.46 | 578 | 12.30 |
| 2003 | 1116 | 10.01 | 12207 | 11.16 | 396 | 6.12 | 45 | 4.81 | 865 | 20.03 |
| 2004 | 1130 | 11.14 | 15700 | 7.42 | 411 | 7.72 | 59 | 3.87 | 1134 | 33.53 |
| 2005 | 1058 | 7.18 | 14602 | 10.39 | 457 | 4.90 | 75 | 6.40 | 1015 | 34.05 |
| 2006 | 951 | 5.99 | 14664 | 17.89 | 352 | 6.88 | 67 | 5.32 | 951 | 21.41 |
| 2007 | 1048 | 9.24 | 16338 | 26.77 | 308 | 4.34 | 123 | 14.40 | 910 | 33.25 |
| 2008 | 917 | 11.91 | 5854 | 44.33 | 262 | 10.93 | 157 | 14.72 | 827 | 31.27 |
| 2009 | 896 | 14.29 | 5100 | 53.90 | 220 | 6.92 | 149 | 14.64 | 872 | 26.55 |

续表

| 年份 | 农业 | | 轻工业 | | 建材业 | | 有色金属业 | | 汽车业 | |
|---|---|---|---|---|---|---|---|---|---|---|
| | 项目数 | 实际金额 | 项目数 | 实际金额 | 项目数 | 实际金额 | 项目数 | 实际金额 | 项目数 | 实际金额 |
| 2010 | 929 | 19.12 | 6786 | 65.96 | 276 | 14.61 | 157 | 16.72 | 731 | 34.26 |
| 2011 | 865 | 20.09 | 7259 | 84.25 | 215 | 9.17 | 126 | 17.2 | 567 | 41.56 |
| 2012 | 882 | 20.62 | 5029 | 94.62 | 209 | 11.82 | 139 | 15.48 | 743 | 47.91 |
| 2013 | 757 | 18.00 | 2349 | 115.11 | 180 | 12.20 | 133 | 13.92 | 525 | 50.23 |
| 2014 | 719 | 15.22 | 2978 | 94.63 | 230 | 12.39 | 131 | 12.76 | 590 | 43.26 |
| 2015 | 609 | 15.34 | 2156 | 120.23 | 176 | 15.59 | 129 | 17.56 | 632 | 52.84 |

资料来源：Wind 数据库、《中国汽车工业年鉴》。

表 5-2　各行业 FDI 流入的变动情况

单位：个，亿美元

| 年份 | 机械制造业 | | 石化产业 | | 电子信息产业 | | 高新技术产业 | |
|---|---|---|---|---|---|---|---|---|
| | 项目数 | 实际金额 | 项目数 | 实际金额 | 项目数 | 实际金额 | 项目数 | 实际金额 |
| 1999 | 7033 | 145 | 130 | 5.58 | 887 | 5.21 | 342 | 0.36 |
| 2000 | 7901 | 204 | 162 | 5.85 | 975 | 6.77 | 397 | 0.76 |
| 2001 | 9476 | 252 | 149 | 8.11 | 1098 | 6.95 | 452 | 1.09 |
| 2002 | 11610 | 312 | 164 | 5.81 | 1167 | 7.52 | 512 | 1.65 |
| 2003 | 16164 | 296 | 211 | 3.36 | 1324 | 8.65 | 589 | 2.18 |
| 2004 | 13493 | 349 | 279 | 5.38 | 1622 | 9.16 | 629 | 2.96 |
| 2005 | 13236 | 334 | 252 | 3.55 | 1493 | 10.15 | 926 | 3.43 |
| 2006 | 9108 | 316 | 208 | 4.61 | 1378 | 10.70 | 1035 | 5.04 |
| 2007 | 1822 | 205 | 234 | 4.89 | 1392 | 14.85 | 1716 | 9.17 |
| 2008 | 4730 | 154 | 149 | 5.73 | 1286 | 27.75 | 1839 | 15.06 |
| 2009 | 3646 | 109 | 99 | 5.01 | 1081 | 22.47 | 1066 | 16.74 |
| 2010 | 3373 | 126 | 92 | 6.84 | 1046 | 24.87 | 1299 | 19.67 |
| 2011 | 3162 | 123 | 87 | 6.13 | 993 | 26.99 | 1357 | 24.58 |
| 2012 | 3059 | 91 | 53 | 7.70 | 926 | 33.58 | 1287 | 30.96 |
| 2013 | 3497 | 151 | 47 | 3.65 | 796 | 28.81 | 1241 | 27.50 |
| 2014 | 1479 | 159 | 35 | 5.62 | 981 | 27.55 | 1611 | 32.55 |

续表

| 年份 | 机械制造业 | | 石化产业 | | 电子信息产业 | | 高新技术产业 | |
| --- | --- | --- | --- | --- | --- | --- | --- | --- |
| | 项目数 | 实际金额 | 项目数 | 实际金额 | 项目数 | 实际金额 | 项目数 | 实际金额 |
| 2015 | 1590 | 105 | 34 | 2.43 | 1311 | 38.36 | 1970 | 45.29 |

资料来源：Wind 数据库。

从 FDI 投资的产业分布的变化看，FDI 在对中国的直接投资初期以轻工业、机械制造业等劳动密集型产业为主，2000 年中期开始向汽车业、电子信息产业和高新技术产业转移，随着产业结构的提升，近年来 FDI 对中国的直接投资开始将重点逐步转移到高新技术产业和有色金属业领域，且有不断上升的趋势。

表 5-3 和表 5-4 列出了农业、轻工业、建材业、有色金属业、汽车业、机械制造业、石化产业、电子信息产业及高新技术产业 9 个细分产业产值、比重的变化趋势。中国产业结构的变化表现为各产业产值及比重都稳步上升的同时，农业所占比重却有所下降。2015 年与 1999 年相比，农业所占比重由 15.72% 下降到 13.75%。机械制造业所占比重上升最快，从 1999 年的 12.18% 上升到 2015 年的 29.51%，上升了 17.33 个百分点。建材业、有色金属业和高新技术产业所占比重上升也较快，分别从 1999 年的 11.11%、7.13% 和 8.97% 上升到 2015 年的 25.64%、21.49% 和 23.30%，所占比重分别上升了 14.53 个百分点、14.36 个百分点和 14.33 个百分点。农业在 GDP 中所占比重下降一方面反映出农业基础设施薄弱，抗自然灾害能力低；另一方面也说明农业的劳动生产率比较低，农业的竞争力不高。机械制造业、建材业、有色金属业和高新技术业所占比重大幅度上升，一方面反映了这些产业综合生产能力的快速提高，能把更多的资源配置在这些产业产品的生产上；另一方面反映了这些产业产品需求的快速增长。中国拥有全球最大规模的中等收入群体，以肉类和蛋白质为主的中等收入饮食结构的变化导致对大宗农产品需求结构的变化；家庭汽车大量增加，对石油、天然气的需求增加也很快；城镇化建设和房地产开发建设对钢铁、铜和其他工业金属的需求将继续增加；随着人们生活水平的提高，对医疗卫生、高端医疗电子等产品的需求也快速增长。产业结构正逐步从适应维持温饱的消费需求结构

向适应小康型的消费结构转化,从不合理向相对合理演化。

表5-3 各行业产值及占GDP比重的变动情况

单位:千亿元,%

| 年份 | 农业 | | 轻工业 | | 建材业 | | 有色金属业 | | 汽车业 | |
|---|---|---|---|---|---|---|---|---|---|---|
| | 产值 | 占比 | 产值 | 占比 | 产值 | 占比 | 产值 | 占比 | 产值 | 占比 |
| 1999 | 14.24 | 15.72 | 13.67 | 15.09 | 10.06 | 11.11 | 6.46 | 7.13 | 2.98 | 3.29 |
| 2000 | 14.10 | 14.06 | 14.30 | 14.26 | 11.15 | 11.12 | 7.66 | 7.64 | 3.46 | 3.45 |
| 2001 | 13.87 | 12.51 | 16.09 | 14.52 | 12.49 | 11.27 | 8.11 | 7.31 | 4.29 | 3.87 |
| 2002 | 14.46 | 11.88 | 17.89 | 14.70 | 15.36 | 12.62 | 9.45 | 7.76 | 6.05 | 4.96 |
| 2003 | 14.93 | 10.86 | 20.49 | 14.91 | 18.53 | 13.48 | 10.93 | 7.95 | 8.08 | 5.88 |
| 2004 | 18.16 | 11.22 | 28.69 | 17.73 | 23.08 | 14.26 | 12.38 | 7.65 | 9.23 | 5.70 |
| 2005 | 20.32 | 10.85 | 45.35 | 24.21 | 29.02 | 15.49 | 17.43 | 9.30 | 9.96 | 5.32 |
| 2006 | 24.80 | 11.30 | 46.08 | 21.00 | 34.55 | 15.74 | 29.91 | 13.63 | 13.54 | 6.17 |
| 2007 | 32.42 | 11.99 | 56.84 | 21.03 | 41.56 | 15.38 | 35.96 | 13.31 | 15.52 | 5.74 |
| 2008 | 42.37 | 13.26 | 71.59 | 22.41 | 51.04 | 15.97 | 46.87 | 14.67 | 18.52 | 5.79 |
| 2009 | 49.57 | 14.20 | 87.89 | 25.18 | 62.03 | 17.77 | 63.18 | 18.10 | 23.01 | 6.59 |
| 2010 | 61.27 | 14.83 | 97.72 | 23.66 | 76.81 | 18.59 | 80.71 | 19.54 | 29.55 | 7.15 |
| 2011 | 76.81 | 15.69 | 12.21 | 24.96 | 96.03 | 19.62 | 79.28 | 16.20 | 32.32 | 6.61 |
| 2012 | 81.98 | 15.17 | 14.24 | 26.36 | 116.46 | 21.55 | 100.08 | 18.52 | 34.87 | 6.45 |
| 2013 | 86.94 | 14.60 | 15.61 | 26.22 | 137.22 | 23.05 | 123.32 | 20.72 | 38.53 | 6.47 |
| 2014 | 91.49 | 14.21 | 17.79 | 27.62 | 160.36 | 24.90 | 137.66 | 21.38 | 41.57 | 6.46 |
| 2015 | 94.77 | 13.75 | 18.25 | 26.48 | 176.71 | 25.64 | 148.10 | 21.49 | 57.64 | 8.36 |

资料来源:Wind数据库、《中国汽车工业年鉴》。

表5-4 各行业产值及占GDP比重的变动情况

单位:千亿元,%

| 年份 | 机械制造业 | | 石化产业 | | 电子信息产业 | | 高新技术产业 | |
|---|---|---|---|---|---|---|---|---|
| | 产值 | 占比 | 产值 | 占比 | 产值 | 占比 | 产值 | 占比 |
| 1999 | 11.04 | 12.18 | 6.08 | 6.71 | 4.56 | 5.03 | 8.13 | 8.97 |
| 2000 | 12.34 | 12.31 | 6.96 | 6.94 | 5.59 | 5.57 | 9.86 | 9.83 |
| 2001 | 13.35 | 12.05 | 7.63 | 6.88 | 6.54 | 5.89 | 10.58 | 9.54 |
| 2002 | 15.44 | 12.68 | 10.18 | 8.36 | 8.42 | 6.92 | 12.48 | 10.25 |

续表

| 年份 | 机械制造业 | | 石化产业 | | 电子信息产业 | | 高新技术产业 | |
| --- | --- | --- | --- | --- | --- | --- | --- | --- |
| | 产值 | 占比 | 产值 | 占比 | 产值 | 占比 | 产值 | 占比 |
| 2003 | 17.81 | 12.96 | 10.89 | 7.92 | 9.93 | 7.22 | 13.99 | 10.18 |
| 2004 | 21.57 | 13.33 | 12.01 | 7.42 | 12.38 | 7.65 | 15.89 | 9.82 |
| 2005 | 28.67 | 15.31 | 15.48 | 8.26 | 17.47 | 9.33 | 21.77 | 11.62 |
| 2006 | 42.67 | 19.45 | 23.12 | 10.53 | 25.00 | 11.39 | 35.27 | 16.07 |
| 2007 | 46.31 | 17.14 | 28.36 | 10.49 | 29.77 | 11.02 | 42.82 | 15.85 |
| 2008 | 60.24 | 18.85 | 35.60 | 11.14 | 36.62 | 11.46 | 55.09 | 17.24 |
| 2009 | 80.17 | 22.97 | 44.65 | 12.79 | 43.53 | 12.47 | 73.66 | 21.10 |
| 2010 | 103.03 | 24.95 | 56.58 | 13.69 | 48.88 | 11.84 | 92.55 | 22.41 |
| 2011 | 119.63 | 24.45 | 58.40 | 11.93 | 49.65 | 10.15 | 92.56 | 18.92 |
| 2012 | 155.49 | 28.77 | 77.16 | 14.28 | 61.37 | 11.36 | 116.78 | 21.61 |
| 2013 | 181.82 | 30.55 | 97.71 | 16.42 | 71.43 | 11.99 | 144.94 | 24.35 |
| 2014 | 192.34 | 29.87 | 106.96 | 16.61 | 75.58 | 11.74 | 159.86 | 24.82 |
| 2015 | 203.36 | 29.51 | 107.63 | 15.62 | 86.54 | 12.56 | 160.58 | 23.30 |

资料来源：Wind 数据库。

## 二 FDI 控制产业结构合理化的实际测算

首先，测算 FDI 流入倾斜度，依据公式（5-1）测度的各产业 FDI 倾斜度结果见表 5-5。

表 5-5 中国各产业 FDI 倾斜度

单位：%

| 年份 | 农业 | 轻工业 | 建材业 | 有色金属业 | 汽车业 | 机械制造业 | 石化产业 | 电子信息产业 | 高新技术产业 |
| --- | --- | --- | --- | --- | --- | --- | --- | --- | --- |
| 1999 | - | - | - | - | - | - | - | - | - |
| 2000 | -1.73 | -8.23 | -1.94 | -46.13 | 46.91 | 13.73 | 4.28 | 3.42 | 8.23 |
| 2001 | 11.57 | 14.31 | -23.37 | -11.29 | -19.56 | 2.99 | 19.38 | 1.23 | 6.71 |
| 2002 | 17.47 | -18.01 | -10.95 | -1.59 | 22.46 | 20.68 | -27.38 | -4.26 | 12.34 |
| 2003 | -6.22 | 15.20 | -18.89 | 13.32 | 53.01 | -5.68 | -45.65 | -7.31 | 4.38 |
| 2004 | -0.51 | -40.72 | 4.73 | -20.81 | 38.98 | -3.30 | 32.94 | 6.34 | 22.34 |

续表

| 年份 | 农业 | 轻工业 | 建材业 | 有色金属业 | 汽车业 | 机械制造业 | 石化产业 | 电子信息产业 | 高新技术产业 |
|---|---|---|---|---|---|---|---|---|---|
| 2005 | -36.48 | 38.36 | -34.83 | 18.45 | 4.25 | 1.32 | -32.25 | 13.76 | 18.96 |
| 2006 | -31.53 | 41.31 | 22.21 | -14.28 | -45.27 | -17.83 | 13.03 | -8.24 | 27.89 |
| 2007 | 2.45 | -0.62 | -58.52 | 108.99 | 2.10 | -32.96 | -30.26 | -8.75 | 19.61 |
| 2008 | -20.91 | 1.61 | 59.83 | 18.88 | -40.31 | -22.51 | -25.63 | 18.59 | 4.23 |
| 2009 | 11.35 | 12.84 | -39.41 | 69.81 | -18.75 | -10.30 | -16.33 | -22.51 | 6.36 |
| 2010 | 8.67 | -0.60 | 69.13 | -54.85 | 3.37 | -15.06 | 9.37 | -11.33 | -5.86 |
| 2011 | -0.002 | 21.56 | -40.27 | -4.05 | 15.42 | -0.03 | -14.72 | 3.25 | 18.89 |
| 2012 | -14.79 | -6.76 | 5.83 | 37.31 | -5.35 | -22.99 | 3.13 | 2.15 | 3.41 |
| 2013 | 1.66 | 41.67 | 21.77 | -63.94 | 23.69 | 9.99 | -44.07 | 1.22 | 4.79 |
| 2014 | -26.56 | -28.60 | -11.07 | 90.71 | -24.59 | -23.23 | 34.81 | -16.27 | 3.63 |
| 2015 | -17.57 | 3.75 | 9.48 | 20.00 | 6.28 | -13.85 | -62.37 | 21.15 | 21.06 |

注：表中数据正值为正倾斜程度，负值为投资不足即负倾斜程度。
资料来源：Wind 数据库、《中国统计年鉴》。

由表 5-5 可见，总体来看，2000 年以来 FDI 向汽车业、高新技术产业、机械制造业和轻工业倾斜的特征突出。2015 年，外商投资于制造业的项目数占总体的 69.67%，合同利用外资占 71.49%。在制造业中，FDI 主要分布在加工业，对原料工业的投资相对较少；对轻加工业的投资比重较高，对重加工业的投资比重较低；对资源性行业和垄断性行业的投资比重很小。近年来，FDI 对资金和技术密集型行业的投资逐渐加快。目前外资企业主要集中在食品加工业、化学原料及化学制品制造业、非金属矿物制品业、普通机械制造业、专用设备制造业、交通运输设备制造业、电子及通信设备制造业等。FDI 投入较少的部门有：石油和天然气开采业、石油加工及炼焦业、黑色金属冶炼及压延加工业、煤炭采选业、烟草加工业、自来水生产和供应业、电力蒸汽热水的生产和供应业等。

其次，计算中国各产业发展的超前度。依据公式（5-2）计算的各产业发展的超前度见表 5-6，各产业发展的超前度与 FDI 倾斜度并不完全一致。

表 5-6 显示电子信息产业、建材业和有色金属业的超前发展程度较高。

表 5-6 中国各产业发展超前度

单位：%

| 年份 | 农业 | 轻工业 | 建材业 | 有色金属业 | 汽车业 | 机械制造业 | 石化产业 | 电子信息产业 | 高新技术产业 |
|---|---|---|---|---|---|---|---|---|---|
| 1999 | — | — | — | — | — | — | — | — | — |
| 2000 | -11.59 | -5.99 | 0.19 | 8.02 | 5.19 | 1.19 | 3.74 | 11.97 | 10.73 |
| 2001 | -10.46 | 3.68 | 3.23 | -3.03 | 15.32 | -0.59 | 0.85 | 8.19 | -1.55 |
| 2002 | -13.78 | -6.84 | 4.88 | -1.41 | 22.75 | -2.43 | 15.35 | 10.73 | -0.07 |
| 2003 | -11.20 | 0.07 | 6.16 | 1.16 | 19.15 | 0.93 | -7.43 | 3.49 | -2.31 |
| 2004 | -0.48 | 17.85 | 2.44 | -8.80 | -7.90 | -1.06 | -11.92 | 2.53 | -8.60 |
| 2005 | -22.07 | 24.08 | -8.23 | 6.75 | -26.04 | -1.01 | -5.00 | 7.23 | 3.06 |
| 2006 | -11.78 | -32.19 | -14.75 | 37.82 | 2.12 | 15.01 | 15.52 | 9.25 | 28.24 |
| 2007 | 10.87 | 3.48 | 0.41 | 0.36 | -5.26 | -11.33 | 2.81 | -0.78 | 1.54 |
| 2008 | 3.86 | -0.85 | -3.98 | 3.51 | -7.47 | 3.25 | -1.29 | -3.83 | 1.84 |
| 2009 | -9.28 | -3.49 | -4.72 | 8.53 | -1.99 | 6.83 | -0.83 | -7.38 | 7.44 |
| 2010 | 0.98 | -11.45 | 1.18 | 5.11 | 5.81 | 5.88 | 4.10 | -10.32 | 3.01 |
| 2011 | 13.04 | 12.65 | 12.71 | -14.07 | -2.93 | 3.79 | -9.10 | -10.76 | -12.31 |
| 2012 | -15.25 | -5.34 | -0.71 | 4.24 | -14.09 | 7.97 | 10.12 | 1.62 | 4.18 |
| 2013 | -11.02 | -7.49 | 0.75 | 6.15 | -6.59 | -0.14 | 9.57 | -0.67 | 7.04 |
| 2014 | -4.94 | 3.78 | 6.68 | 1.44 | -2.28 | -4.39 | -0.72 | -4.36 | 0.11 |
| 2015 | -2.89 | -3.89 | 3.71 | 1.11 | 2.16 | -0.75 | -5.84 | 8.01 | -6.03 |

注：表中数据正值为相对行业平均水平超前发展的程度，负值为相对行业平均水平滞后发展的程度。

资料来源：Wind 数据库、《中国统计年鉴》。

最后，依据公式（5-3）计算 FDI 对中国产业结构合理化的控制力，见表 5-7。

表 5-7 FDI 对中国产业结构合理化控制力的计算结果

单位：%

| 年份 | 农业 | 轻工业 | 建材业 | 有色金属业 | 汽车业 | 机械制造业 | 石化产业 | 电子信息产业 | 高新技术产业 |
|---|---|---|---|---|---|---|---|---|---|
| 1999 | — | — | — | — | — | — | — | — | — |
| 2000 | 0.20 | 0.49 | -0.00 | -3.69 | 2.43 | 0.16 | 0.16 | 0.41 | 0.88 |

续表

| 年份 | 农业 | 轻工业 | 建材业 | 有色金属业 | 汽车业 | 机械制造业 | 石化产业 | 电子信息产业 | 高新技术产业 |
|---|---|---|---|---|---|---|---|---|---|
| 2001 | -1.21 | 0.52 | -0.75 | 0.34 | -2.99 | -0.02 | 0.16 | 0.10 | -0.10 |
| 2002 | -2.41 | 1.23 | -0.53 | 0.02 | 5.11 | -0.50 | -4.20 | -0.45 | -0.01 |
| 2003 | 0.69 | 0.01 | -1.16 | 0.15 | 10.15 | -0.05 | 3.39 | -0.25 | -0.10 |
| 2004 | 0.00 | -7.26 | 0.12 | 1.83 | -3.08 | 0.03 | -3.92 | 0.16 | -1.92 |
| 2005 | 8.05 | 9.23 | 2.86 | 1.24 | -1.11 | -0.01 | 1.61 | 0.99 | 0.58 |
| 2006 | 3.71 | -13.29 | -3.27 | -5.40 | -0.95 | -2.67 | 2.02 | -0.76 | 7.87 |
| 2007 | 0.26 | -0.02 | -0.24 | 0.39 | -0.11 | 3.73 | -0.85 | 0.06 | 0.30 |
| 2008 | -0.81 | -0.01 | -2.38 | 0.66 | 3.01 | -0.73 | 0.33 | -0.71 | 0.07 |
| 2009 | -1.05 | -0.44 | 1.86 | 5.95 | 0.37 | -0.70 | 0.13 | 1.66 | 0.47 |
| 2010 | 0.08 | 0.06 | 0.81 | -2.81 | 0.19 | -0.88 | 0.38 | 1.17 | -0.17 |
| 2011 | -0.00 | 2.72 | -5.12 | 0.56 | -0.45 | -0.00 | 1.33 | -0.35 | -2.32 |
| 2012 | 2.25 | 0.36 | -0.05 | 1.58 | 0.75 | -1.83 | 0.31 | 0.03 | 0.14 |
| 2013 | -0.18 | -3.12 | 0.16 | -3.93 | -1.56 | -0.01 | -4.21 | -0.01 | 0.33 |
| 2014 | 1.31 | -1.08 | -0.74 | 1.31 | 0.56 | 1.02 | -0.25 | 0.71 | 0.00 |
| 2015 | 0.51 | -0.14 | 0.35 | 0.22 | 0.14 | 0.10 | 3.64 | 1.69 | -1.26 |

注：表中数据正值为FDI对产业结构合理化控制的程度，负值为FDI对产业结构合理化不具有控制性的程度。

资料来源：Wind数据库、《中国统计年鉴》。

## 三 FDI控制产业高级化的实际测算

（1）FDI技术进步控制力。依据公式（5-4）所做的FDI对中国行业技术进步控制力的测算结果见表5-8。

表5-8 FDI对中国行业技术进步的控制力

单位：%

| 年份 | 农业 | 轻工业 | 建材业 | 有色金属业 | 汽车业 | 机械制造业 | 石化产业 | 电子信息产业 | 高新技术产业 |
|---|---|---|---|---|---|---|---|---|---|
| 1999 | 39.51 | 34.55 | 45.18 | 50.98 | 87.50 | 56.89 | 56.89 | 24.71 | 40.41 |
| 2000 | 36.25 | 33.40 | 47.66 | 52.02 | 90.60 | 56.25 | 56.25 | 23.43 | 39.53 |
| 2001 | 34.87 | 33.41 | 39.74 | 54.69 | 89.54 | 65.34 | 55.34 | 23.58 | 40.86 |

续表

| 年份 | 农业 | 轻工业 | 建材业 | 有色金属业 | 汽车业 | 机械制造业 | 石化产业 | 电子信息产业 | 高新技术产业 |
|---|---|---|---|---|---|---|---|---|---|
| 2002 | 38.44 | 33.40 | 41.28 | 56.35 | 86.56 | 41.84 | 51.84 | 22.97 | 42.97 |
| 2003 | 36.69 | 33.39 | 46.72 | 56.87 | 73.96 | 86.69 | 52.86 | 24.24 | 32.81 |
| 2004 | 38.42 | 33.44 | 50.37 | 56.95 | 65.69 | 91.98 | 51.98 | 25.64 | 40.26 |
| 2005 | 39.74 | 33.45 | 44.11 | 54.06 | 58.40 | 89.74 | 58.97 | 25.99 | 46.71 |
| 2006 | 32.75 | 33.33 | 64.86 | 57.87 | 63.57 | 72.75 | 53.72 | 26.17 | 35.62 |
| 2007 | 38.01 | 33.27 | 53.46 | 56.67 | 53.36 | 78.38 | 58.38 | 27.07 | 33.86 |
| 2008 | 37.79 | 32.83 | 54.25 | 64.34 | 50.74 | 66.57 | 66.57 | 28.12 | 34.11 |
| 2009 | 37.13 | 32.52 | 49.68 | 61.78 | 53.31 | 84.87 | 64.87 | 29.43 | 30.32 |
| 2010 | 32.06 | 32.09 | 49.49 | 51.73 | 43.21 | 68.22 | 68.22 | 28.04 | 33.79 |
| 2011 | 35.74 | 32.33 | 56.78 | 58.22 | 48.22 | 59.65 | 59.65 | 29.78 | 36.48 |
| 2012 | 35.54 | 32.18 | 57.78 | 58.71 | 58.71 | 61.65 | 61.65 | 22.29 | 39.16 |
| 2013 | 35.59 | 32.10 | 40.26 | 55.38 | 57.55 | 62.55 | 62.59 | 22.83 | 32.48 |
| 2014 | 34.04 | 32.01 | 69.56 | 49.68 | 44.29 | 49.04 | 49.04 | 22.34 | 34.37 |
| 2015 | 37.01 | 31.75 | 73.21 | 47.37 | 50.27 | 52.87 | 52.87 | 22.74 | 37.25 |

资料来源：作者据 Wind 数据库、《中国统计年鉴》相应各期数据计算。

由表5-8可见，汽车业、电子信息产业和高新技术产业的 FDI 技术进步控制力呈减弱趋势，说明这些领域我国自主研发技术已经得到有效提升，与外资企业的技术差距在缩小。一方面 FDI 技术溢出效应明显，对内资企业的技术进步有明显的促进作用，另一方面不断加大的科研投入、中国龙头企业的并购战略以及"干中学"效果显著，促进了内资企业技术的提升。但建材业 FDI 技术进步控制力呈现明显的上升趋势，主要原因有以下几点。一是该领域外商以独资方式进入的项目逐渐增加，合资企业的数量越来越少，在建材业，2015年独资项目比合资项目多70%，实际利用外资占总额的比重超过50%。对于独资企业，外商比较愿意直接转移其最新的技术成果，但技术被严格地控制在公司内部，即使在公司工作的中方科研人员也很少被允许接触最核心的技术，技术溢出效用大大降低。二是该领域内资企业以中小企业为主，技术吸收能力有限。外资企业的技术转移通常只转让部分先进技术，并不转让开发技术,在内资企业消化吸收能力不足的情况下,创新是有限的。三是产业辐射效应不强。中小型内资企业在技术水平、管理水平、规模和人员素质方面与外资企业之间均存在较大差距。当外资企业以其优质产品迅速占领市场的同时,内资企业在生产设备、产品性能、多样化等方面与外资企业的需求存在较大差异,使企业很难成为外资企业的配套厂家。即使对合资企业,由于中方母公司技术落后,研究开发能力薄弱,很难对合资企业的技术开发形成有效的人员和技术支持。这种中方对外方技术的高度依赖状况进一步弱化了内资企业的技术研发能力,加大了内外资企业之间的技术差距。四是内资企业与外资企业工资水平的差距使高层次的人才单向流向外资企业,这也不利于缩小内外资企业之间的技术差距。

(2) FDI产业关联控制。FDI对产业关联效应控制的测算比较复杂,这里以农业产业为例加以说明。从前向关联的角度来看,处于产业链中游的种植业、养殖业或林业生产能力的提高,会增加对农林产品加工业和流通业的需求,这会带动下游产业的发展,引起后向关联效应。从后向关联的角度来看,为了符合某些农产品需求的要求,要对上游的农药、种子、化肥和饲料等进行研发,与此同时,为了更有效地提高生产率和降低成本,需要把与上游产品生产相应的市场营销服务配套发展起来,这样也会促进农业服务业的发展。中国农业外资企业主要分布在产业链中游,约占44.26%,上游约占29.51%,下游占26.23%,即外资产业链分布主要集中在中游和上游,较为典型的如种子企业孟山都和杜邦先锋,粮油加工企业如 ADM、邦吉、嘉吉和路易达孚,肉类加工企业如 Tyson 等。

一个产业要生产产品既要消耗别的产业提供的产品,本身的产品也要被别的产业所消耗,从而构成产业与产业之间的相互消耗关系。直接消耗系数揭示产业之间相互直接提供产品的依赖关系。直接消耗系数是指某产业生产1单位产品所直接消耗其他产业产品的数量。表5-9给出了以2005年、2012年两年投入产出表为基础计算的直接消耗系数排在前10位的农业对其他产业的依赖。

表5-9显示,2012年中国农业直接消耗较大的行业是:化学肥料制造业,农业本身,批发和零售贸易业,化学农药制造业,电力、热力的

表 5-9  2005 年、2012 年中国农业对其他产业的直接消耗系数

| 产业名称 | 直接消耗系数（2005 年） | 产业名称 | 直接消耗系数（2012 年） |
|---|---|---|---|
| 化学肥料制造业 | 0.0911 | 化学肥料制造业 | 0.0942 |
| 农业 | 0.0836 | 农业 | 0.0706 |
| 商业 | 0.0163 | 批发和零售贸易业 | 0.0174 |
| 化学农药制造业 | 0.0158 | 电力、热力的生产和供应业 | 0.0166 |
| 电力生产和供应业 | 0.0155 | 金融业 | 0.0142 |
| 农、林、牧、渔服务业 | 0.0107 | 化学农药制造业 | 0.0126 |
| 粮油及饲料加工业 | 0.0098 | 农、林、牧、渔服务业 | 0.0116 |
| 石油加工业 | 0.0095 | 塑料制品业 | 0.0109 |
| 农、林、牧、渔、水利机械制造业 | 0.0084 | 石油及核燃料加工业 | 0.0101 |
| 塑料制品业 | 0.0066 | 农、林、牧、渔专用机械制造业 | 0.0079 |

注：直接消耗系数计算公式为 $a_{ij} = \dfrac{x_{ij}}{X_{ij}}$，其中 $a_{ij}$ 为直接消耗系数，$x_{ij}$ 为第 $j$ 产业或部门生产经营中直接消耗的第 $i$ 产业产品的服务价值量，$X_{ij}$ 为第 $j$ 产业或部门的总投入。

资料来源：根据 2005 年和 2012 年中国投入产出表计算。

生产和供应业，农、林、牧、渔服务业以及塑料制品业。中国农业直接消耗最大的是化学肥料制造业。中国农业每生产 1 万元的农产品，2005 年要消耗 911.31 元的化肥，2012 年要消耗 942.92 元的化肥，说明农业对化学肥料制造业的依赖程度增大，这也说明农业对化学肥料制造业的直接拉动作用增大。2005 年农业对商业的直接消耗系数为 0.0163，在 123 个产业中排第 3 位；2012 年农业对批发和零售贸易业的直接消耗系数为 0.0174，在 122 个产业中也排第 3 位。这说明农业生产资料流通环节中贸易业的附加值偏高，需要加强农业生产资料流通市场管理，降低流通费用，以切实减轻农民负担。与 2005 年相比，2012 年金融业对农业的支持力度有所加大，农业对金融业的直接消耗系数由 0.004042 增加到 0.0142，实际金额由 698208 万元增加到 2000151 万元。农业产业化是中国农业和农村经济发展的基本趋向。在农业产业化的发展过程中，资金供需矛盾是制约农业产业化发展的关键。金融业对农业的支持力度有所加大应该是一个好现象。

调查显示，外资企业在中国主要投资种业和粮油及饲料加工业，而

与农业和粮油及饲料加工业依存度较高的产业是种植和养殖业,因此,通过前向与后向的互相关联效应,外资对农业加工业技术的更新和生产能力提高进行投资,也促进了种植业的发展和种业的研发,加快了与加工业发展依存度较高的现代农业的发展,由此推进了中国农业产业结构的升级。以公式(5-5)计算出FDI农业产业关联控制力见表5-10。

表5-10 FDI农业产业关联控制力

| 年份 | 农业FDI增加额标准化值 | 产业关联系数 | FDI产业关联控制力 |
| --- | --- | --- | --- |
| 1997 | 0.4528 | 1.0905 | 0.4938 |
| 2002 | 1.4301 | 1.0913 | 1.5606 |
| 2007 | 1.5475 | 1.0928 | 1.6233 |
| 2010 | 1.6261 | 1.0937 | 1.7785 |
| 2012 | 1.7339 | 1.0948 | 1.8983 |

注:农业FDI增加额标准化值 =(农业FDI - 样本期农业FDI均值)/FDI方差,FDI产业关联控制力 = FDI增加额标准化值 × $\frac{1}{1-产业关联系数}$。

资料来源:农业FDI数据来自《中国统计年鉴》相应各期,农业产业关联系数为作者据1997年、2002年、2007年、2012年投入产出表计算。

依照上述同样的方法计算的其他产业FDI产业关联控制力见表5-11。

表5-11 中国各行业FDI产业关联控制力

| 年份 | 农业 | 轻工业 | 建材业 | 有色金属业 | 汽车业 | 机械制造业 | 石化产业 | 电子信息产业 | 高新技术产业 |
| --- | --- | --- | --- | --- | --- | --- | --- | --- | --- |
| 1997 | 0.4938 | 0.6905 | 0.6251 | 0.4458 | 0.8493 | 0.5292 | 0.7349 | 0.6674 | 0.5764 |
| 2002 | 1.5606 | 1.0963 | 0.8483 | 1.4301 | 1.5606 | 0.9119 | 1.1657 | 0.9081 | 0.9167 |
| 2007 | 1.6233 | 1.3097 | 0.9163 | 1.5537 | 1.7785 | 1.1035 | 1.6807 | 1.3155 | 1.3788 |
| 2010 | 1.7785 | 1.4698 | 1.1922 | 1.6261 | 1.8983 | 1.7262 | 1.8553 | 1.6827 | 1.4299 |
| 2012 | 1.8983 | 1.5099 | 1.5417 | 1.7339 | 1.9672 | 1.8465 | 1.9837 | 1.7965 | 1.5445 |

注:各产业关联系数为作者据1997年、2002年、2007年、2012年投入产出表计算。FDI增加额标准化值 =(FDI - 样本期FDI均值)/FDI方差,FDI产业关联控制力 = FDI增加额标准化值 × $\frac{1}{1-产业关联系数}$。

资料来源:Wind数据库、《中国统计年鉴》相应各期。

（3）FDI贸易条件控制。FDI对贸易条件的控制表现在：一是促进中国加工品出口增长，推动中国贸易比较优势从资源、劳动密集型产品向技术、资本密集型产品转化，逐步弱化在资本技术密集型产品上的比较劣势；二是改变产品出口结构，改变中国产品出口主要集中于具有资源禀赋和比较优势结构特征的当地特产，向深加工、精加工、具有高附加值的产品加工品的出口转变，提升竞争优势。

这里以农业为例给出FDI贸易条件控制力的计算过程。首先计算FDI对中国农产品贸易额控制力和贸易结构控制力，依照公式（5-6）和公式（5-7）计算，结果见表5-12。

表5-12　FDI农业贸易额和贸易结构控制力测算结果

单位：百万美元，%

| 年份 | 农产品出口额 总出口额 | 其中：加工品出口额 | 农产品进口额 | 农产品贸易额（出口+进口） | 外商农产品出口额 总出口额 | 其中：加工品出口额 | 外商农产品进口额 | 外商农产品贸易额（出口+进口） | 贸易额控制力 | 贸易结构控制力 |
|---|---|---|---|---|---|---|---|---|---|---|
| 1999 | 53171.11 | 4704 | 36803.02 | 89974.13 | 4200 | 1518.36 | 10827 | 15027 | 16.70 | 32.28 |
| 2002 | 19832.86 | 5075 | 45306.89 | 65139.75 | 4150 | 1774.48 | 9924 | 14074 | 21.61 | 34.96 |
| 2005 | 19116.15 | 4745 | 60066.54 | 79182.69 | 4220 | 2426.33 | 8332 | 12552 | 15.85 | 51.13 |
| 2007 | 21701.06 | 4813 | 50219.04 | 71920.10 | 5400 | 1664.50 | 8216 | 13616 | 18.93 | 34.58 |
| 2010 | 28857.74 | 5917 | 71619.77 | 100477.51 | 6010 | 3687.30 | 11237 | 17247 | 17.16 | 62.32 |
| 2011 | 34145.3 | 6639 | 96943.87 | 131089.17 | 7000 | 3056.96 | 11813 | 18813 | 14.35 | 46.05 |
| 2012 | 39136.5 | 7498 | 103212.10 | 142348.57 | 7990 | 2950.37 | 12411 | 20401 | 14.33 | 39.35 |
| 2013 | 43110.94 | 8531 | 107590.67 | 150701.77 | 9500 | 2838.48 | 18898 | 28398 | 18.84 | 33.27 |
| 2014 | 46705.33 | 9628 | 105184.90 | 151890.24 | 4200 | 2937.23 | 28126 | 32326 | 21.28 | 30.51 |
| 2015 | 46012.68 | 9534 | 76088.80 | 122101.50 | 4530 | 2867.54 | 32651 | 37181 | 30.45 | 30.08 |

注：农产品加工品是指以农产品为原料加工成的产品，包括蔬菜水果加工品、谷物加工品、畜产品加工品、水产品加工品和林产品加工品等。

资料来源：作者据《中国海关统计年鉴》各年统计数据汇总计算得出。

其次，计算FDI贸易条件控制力。将FDI贸易额控制力与贸易结构控制力加权可求得贸易条件控制力，同样的方法可以计算出其他行业的

FDI贸易条件控制力，表5-13给出全部9个行业贸易条件控制力的计算结果。

表5-13 各行业FDI贸易条件控制力

单位：%

| 年份 | 农业 | 轻工业 | 建材业 | 有色金属业 | 汽车业 | 机械制造业 | 石化产业 | 电子信息产业 | 高新技术产业 |
|---|---|---|---|---|---|---|---|---|---|
| 1999 | 5.39 | 25.05 | 52.51 | 66.09 | 86.21 | 57.56 | 46.12 | 46.21 | 56.62 |
| 2000 | 7.55 | 26.34 | 53.22 | 66.09 | 85.83 | 55.56 | 46.23 | 42.34 | 63.51 |
| 2001 | 8.10 | 27.71 | 54.11 | 66.24 | 83.89 | 57.52 | 46.73 | 45.13 | 61.47 |
| 2002 | 6.54 | 25.63 | 54.83 | 62.42 | 86.81 | 60.50 | 50.16 | 45.46 | 56.85 |
| 2003 | 9.69 | 28.83 | 55.77 | 64.25 | 85.75 | 57.55 | 49.57 | 38.67 | 59.11 |
| 2004 | 6.60 | 27.13 | 56.15 | 67.13 | 74.78 | 51.53 | 42.18 | 43.22 | 52.37 |
| 2005 | 9.63 | 32.63 | 66.38 | 76.04 | 76.81 | 57.51 | 51.13 | 58.61 | 59.94 |
| 2006 | 8.26 | 33.55 | 64.59 | 76.00 | 75.75 | 57.47 | 52.34 | 57.22 | 56.68 |
| 2007 | 9.49 | 31.97 | 71.63 | 75.49 | 76.71 | 48.53 | 45.07 | 42.95 | 50.47 |
| 2008 | 10.15 | 31.69 | 71.56 | 76.26 | 76.44 | 48.73 | 53.37 | 57.78 | 71.94 |
| 2009 | 11.31 | 31.32 | 71.23 | 76.45 | 76.67 | 48.70 | 51.11 | 47.35 | 66.72 |
| 2010 | 12.14 | 32.98 | 69.22 | 77.51 | 66.69 | 55.68 | 48.58 | 37.36 | 57.29 |
| 2011 | 18.08 | 32.66 | 69.56 | 76.86 | 65.65 | 64.70 | 43.76 | 32.71 | 55.37 |
| 2012 | 16.75 | 33.19 | 64.17 | 75.78 | 65.75 | 62.63 | 47.78 | 34.16 | 53.36 |
| 2013 | 19.74 | 35.32 | 64.82 | 66.83 | 65.76 | 63.61 | 51.52 | 33.57 | 51.75 |
| 2014 | 26.26 | 36.45 | 65.57 | 66.51 | 65.66 | 61.62 | 55.45 | 30.76 | 47.39 |
| 2015 | 25.93 | 40.11 | 67.44 | 66.62 | 65.72 | 61.68 | 54.38 | 27.92 | 41.52 |

资料来源：Wind数据库、《中国统计年鉴》。

由表5-13可知，汽车业、建材业、有色金属业和机械制造业的FDI贸易条件控制力较高，大多数年份都在60%以上。这主要是因为FDI将产业链的终端设在中国，中国所具有的广阔的市场、廉价的熟练劳动力和丰富的资源的比较优势，使其成为劳动密集型产业转移的理想地点，也是通常所说的将中国作为全球制造业的工厂。

将上述产业结构合理化控制与产业结构高级化控制的各项指标进行标准化后加权可得到FDI对中国产业结构控制力的测度结果，见表5-14。

表 5-14   FDI 中国产业结构控制力汇总

单位：%

| 年份 | 农业 | 轻工业 | 建材业 | 有色金属业 | 汽车业 | 机械制造业 | 石化产业 | 电子信息产业 | 高新技术产业 |
|---|---|---|---|---|---|---|---|---|---|
| 1999 | — | — | — | — | — | — | — | — | — |
| 2000 | 9.29 | 8.74 | 12.28 | 13.28 | 23.67 | 14.37 | 14.40 | 8.17 | 13.58 |
| 2001 | 8.91 | 8.76 | 10.27 | 14.03 | 22.82 | 16.59 | 14.17 | 8.23 | 14.01 |
| 2002 | 10.06 | 9.04 | 10.66 | 14.60 | 23.51 | 10.81 | 13.37 | 8.11 | 14.81 |
| 2003 | 9.81 | 8.72 | 12.05 | 14.77 | 21.60 | 22.03 | 14.47 | 8.51 | 11.43 |
| 2004 | 10.06 | 8.75 | 12.98 | 15.23 | 17.01 | 23.36 | 13.39 | 8.99 | 13.89 |
| 2005 | 12.42 | 13.30 | 12.17 | 14.34 | 15.16 | 22.79 | 15.56 | 7.11 | 12.19 |
| 2006 | 9.59 | 8.73 | 16.59 | 14.97 | 16.47 | 18.53 | 14.35 | 6.91 | 11.24 |
| 2007 | 10.04 | 8.75 | 13.75 | 14.80 | 13.96 | 20.93 | 15.12 | 7.21 | 9.01 |
| 2008 | 9.95 | 8.65 | 13.98 | 16.80 | 14.06 | 17.10 | 17.27 | 7.50 | 9.06 |
| 2009 | 9.76 | 8.56 | 13.33 | 17.48 | 14.03 | 21.66 | 16.79 | 8.22 | 8.21 |
| 2010 | 8.55 | 8.52 | 13.07 | 13.51 | 11.49 | 17.65 | 17.73 | 7.81 | 8.94 |
| 2011 | 9.45 | 9.23 | 14.67 | 15.26 | 12.69 | 15.52 | 15.81 | 7.94 | 9.61 |
| 2012 | 9.98 | 8.60 | 15.02 | 15.65 | 15.54 | 16.03 | 16.10 | 6.11 | 10.34 |
| 2013 | 9.43 | 8.51 | 10.65 | 14.43 | 15.07 | 16.25 | 16.27 | 6.24 | 8.71 |
| 2014 | 9.37 | 8.49 | 17.96 | 13.33 | 11.86 | 13.13 | 12.89 | 6.28 | 9.09 |
| 2015 | 9.93 | 8.42 | 18.96 | 12.48 | 13.74 | 13.87 | 14.75 | 6.62 | 9.80 |

注：FDI 产业结构控制力为产业合理化控制力、技术进步控制力、产业关联控制力、贸易额控制力和贸易结构控制力的加权平均，为简单计，权重均取 1，其中 FDI 产业关联控制力由各年数据 2012~2015 年用 2012 年，2010~2011 年用 2010 年，2007~2009 年均用 2007 年，2002~2006 年用 2002 年，1999~2001 年用 1997 年投入产出表的产业关联系数计算得到。

可见，从总体上 FDI 产业结构控制力普遍比较低，且进入 2010 年有不断下降的趋势。样本期 FDI 产业结构控制力最高的是机械制造业，为 17.54%，其次是汽车业和石化产业，分别为 16.42% 和 15.15%，样本期汽车业的 FDI 产业结构控制力变化幅度最大，下降了 9.93 个百分点。进一步对 FDI 在产业结构合理化、技术进步、产业关联和贸易条件方面的控制情况进行分析，可得到它们对产业结构控制力的贡献率，见表 5-15。

表 5-15 FDI 在产业结构各方面的控制对产业结构控制力的平均贡献度

单位：%

| | 农业 | 轻工业 | 建材业 | 有色金属业 | 汽车业 | 机械制造业 | 石化产业 | 电子信息产业 | 高新技术产业 |
|---|---|---|---|---|---|---|---|---|---|
| 合理化控制 | 2.72 | 2.54 | 0.71 | 1.52 | 2.34 | 0.45 | 1.38 | 1.59 | 1.69 |
| 技术进步控制 | 92.59 | 91.24 | 96.06 | 94.95 | 94.01 | 96.94 | 95.33 | 92.24 | 93.87 |
| 产业关联控制 | 3.96 | 3.43 | 1.92 | 2.43 | 2.52 | 1.76 | 2.47 | 4.64 | 3.01 |
| 贸易条件控制 | 0.72 | 2.77 | 1.30 | 1.09 | 1.12 | 0.84 | 0.81 | 1.52 | 1.42 |

由表 5-15 可知，FDI 对中国产业结构的控制主要是通过对技术进步的控制体现的，贡献度为 90% 以上。这样可以给出 FDI 产业结构普遍比较低的一个解释，尽管 FDI 提供了先进的技术，且相对集中于技术密集型产业和深加工行业，其中尤以电子及通信设备制造业、交通运输设备制造业更为突出，对我国技术密集型产业的发展也起了一定的促进作用，但带来国际竞争力的关键技术还不多，而外资只是将在国外已经失去比较优势的技术转移到中国，对中国产业结构的高级化的促进作用有限。

FDI 合理化控制的贡献度很低（各行业均小于 3%），说明 FDI 的结构性倾斜对中国产业结构的合理化促进作用极其有限。从统计资料看，FDI 的结构性倾斜对轻工业的影响明显大于对石化产业、装备制造业等重工业的影响，对轻工业的倾斜助长了消费品工业的过度扩张，阻碍了产业结构合理化的推进。

同样的道理可以分析出 FDI 对改善中国贸易条件的作用极其有限，这可能是因为来自发达国家的投资是以开拓中国本地市场为目的，对贸易条件的优化作用有限，而占中国 FDI 近 60% 来自中国港澳台地区的投资，多是利用中国的比较成本优势，集中投资纺织服装、电子元件和轻工业，高技术含量出口比例低，近年来随着劳动力成本的提高，这类投资有所下降，但前几年对轻工业倾斜的存量依然比较大。

## 第四节 本章小结

FDI 产业结构控制是指 FDI 对各产业的构成及各产业之间的联系和比例关系的掌控，包括产业结构合理化掌控和产业结构高级化掌控。FDI

控制产业结构的实质在于控制东道国产业结构转变进而对其经济发展的进程施加约束。本章从产业结构合理化和高级化两个层面阐述了FDI控制东道国产业结构的机理。FDI产业结构合理化控制，表现为外资企业通过在产业之间投入增加速率上的差别，即产业倾斜配置直接引起产业结构的变动，实现产业不平衡增长，可以用外资倾斜度与产业超前度乘积的值衡量。FDI对东道国产业结构高级化的控制反映为技术引进对产业结构升级的影响、通过产业关联影响上下游产业间接影响产业结构以及通过改变东道国贸易条件引起需求结构变化反作用于产业结构升级，相应地，可以用FDI技术进步控制力、产业关联控制力、贸易额控制力及贸易结构控制力四个指标加以衡量。本章分析认为外资企业对产业结构的恶意控制将造成产品生产低端化、资源浪费，内资企业缺乏成本压力和技术创新的危机感致使其运行效率低下，长期产业发展速度将会变缓。对中国FDI产业结构控制状况的实证结果表明FDI对中国产业结构控制力普遍不高，相对较高的产业是机械制造业、汽车业和石化产业，分别为17.54%、16.42%和15.15%，FDI对中国产业结构的控制主要是通过对技术进步的控制体现的，贡献度为90%以上，产业关联控制力和产业结构合理化控制力对农业、汽车业和轻工业的FDI产业结构控制相对较显著，但贡献率也不足5%。

# 第六章 FDI 产业布局控制研究

本章探讨产业布局的主要模式，分析 FDI 改变东道国产业布局的作用机理，认为外资企业的进入改变了当地的交通运输条件和物流网络，改变了市场盈利空间，进而改变了产业布局。FDI 通过提升所在地的区位条件，可以对区域经济发展产生极化作用，FDI 的技术转移和技术溢出可以产生极核扩散效应。FDI 对东道国产业布局的恶意控制将改变所在地的区位条件，抑制区域增长极的极化作用以及极核扩散效应，阻碍产业集中度的提高，以及产业集群效应的实现。对中国 FDI 产业布局控制的实证分析表明样本期石化产业和汽车业表现出相对较强的 FDI 产业布局控制特性，FDI 产业布局控制力分别为 11.92% 和 9.69%，其余各产业的 FDI 产业布局控制力均小于 10%。

## 第一节 关于产业布局

按照百度百科的定义，"产业布局是指产业在一国或一地区范围内的空间分布和组合的经济现象。产业布局在静态上看是指形成产业的各部门、各要素、各链环在空间上的分布态势和地域上的组合。在动态上，产业布局则表现为各种资源、各生产要素甚至各产业和各企业为选择最佳区位而形成的在空间地域上的流动、转移或重新组合的配置与再配置过程"。区域经济学认为产业及其结构是动态变化的，产业在空间区域上的集中与分散具有一定规律，这种规律通过产业布局的模式表现出来。综合已有的研究，产业布局的模式基本有三种。

1. 增长极布局模式

法国经济学家弗郎索瓦·佩鲁（Francois Perroux）在 1950 年首次提出了增长极概念，是指围绕推进性的主导工业部门而组织的有活力的高度联合的一组产业，它不仅能迅速增长，而且能通过乘数效应推动其他部门的增长。主导产业和创新产业在某些特定区域或城市集聚，优先发展，成为

"增长中心"，逐渐向其他部门或地区传导、扩散，辐射周边地区发展。根据增长极理论，在产业布局中，应充分根据地区特点选取适合其发展的产业种类，然后通过各种措施将这种类别的生产嵌入该地区并形成集聚经济，产生增长极，带动周边经济的发展。当然，必须根据当地的条件和特点选择增长极产业，要充分发挥当地的资源优势，不能一味地求新求先进，否则可能造成经济增长与所属地区资源相脱离，无法带动周边经济的发展。同时，在主增长极发展的过程中，可以根据实际情况，建立地区性次级增长极，以使该地区的产业增长极形成体系，达到规模效应。

2. 点轴布局模式

点轴式布局是增长极布局的延伸。从产业发展的空间过程来看，一个优势品种确定在某一区域进行生产、加工之后，点轴布局中的产业"点"就形成了。随着区域经济的发展，这种"点"（不仅仅指生产点，还有市场销售点、产品储运点等）会逐渐增多，在这种情况下由于生产要素需要流动，就需要建立连接这些"点"的各种"管道"，这些"管道"包括交通、动力、水利等供应线，称之为"轴"，从而形成点轴式布局。随着经济的发展，区域中的点会越来越多，但要使这些点能够互动形成带动经济的规模，必须对轴线进行建设，比如修建公路、铁路，加强城市内和城市间的物流能力建设等，刺激沿线地区的经济发展。

3. 网状布局模式

网络布局是点轴式布局的延伸。随着区域经济的进一步发展，点与点之间的经济联系构成轴线，轴线经纬交织而形成网络（域面）。一个现代化的经济区域，其空间结构必须同时具备三大要素：一是"节点"，即各级各类城镇；二是"域面"，即节点的吸引范围；三是"网络"，即商品、资金、技术、信息、劳动力等各种生产要素的流动网（陈仲常，2005）。不难理解，当点轴式布局中的"点"和"轴"发展到越来越多的时候，就编织成"网络"式产业布局。在这个"网络"中，各个"点"和"轴"都由先进生产要素流动网联系着，原来的"点"、"线"和"面"开始形成一个有机整体，从而使整个网络中的生产要素充分流动，这是一种更加完善的经济区域开发模式，它是产业经济开始走向成熟的标志。网络模式作为一个有机整体，使整个区域向一体化方向发展。通常，产业布局演变一般遵循由一个或者多个增长极向轴线和经济网络演变的规律。

作为产业结构在空间地域上的一个投影,产业布局必须依据地域的具体条件而定,同一时期不同地域和同一地域不同发展阶段的具体情况各不相同,采取的产业布局模式也应该不同。产业网状布局构成要素的核心是产品市场,外围是生产者(厂商、农民)和消费者,沟通联系和中介是上下游企业和科研单位,三个实体要素构成了产业独特的空间布局。见图6-1。

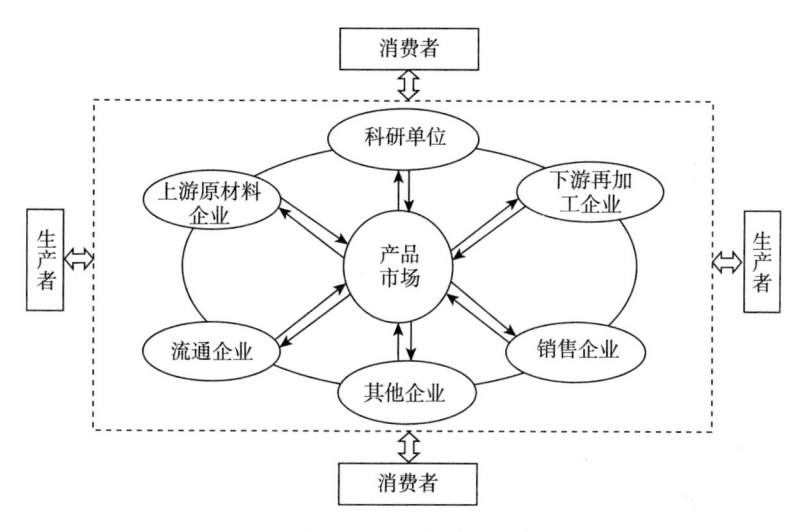

**图6-1 产业的网状布局**

FDI产业布局控制可以定义为对东道国产业在一国或一地区范围内的空间分布和组合的控制。一般产业均具有营利性、专业化生产、企业化管理、社会化服务、自我循环与发展等内涵和特点,对产业空间布局控制意味着对资源运动的方向性的控制。合理的产业布局,需要将产业的产前、产中、产后环节有机地结合起来,形成研、产、销一体化经营产业链,使各环节参与主体真正形成风险共担、利益均沾、同兴衰、共命运的利益共同体。FDI控制的产业布局如果只是将东道国的产业作为其世界产业链的一环,服务于其全球战略,有可能不顾产品生产区域化的特点违反产业布局中的适度规模原则,长期将影响东道国的资源环境条件。

## 第二节 FDI控制产业布局的机理

由于受资源分布和环境的影响,企业选址从事产品生产经营会受到一定局限，从而形成一定的产业布局。但是 FDI 可以通过极化作用和扩散作用影响控制某些社会因素和技术因素来改变原有的产业布局。

## 一　FDI 通过改变所在地的区位条件影响产业布局

市场区位因素是企业最终确定布局地点的重要依据。企业作为一个投资主体在进行投资决策时也是要依据"成本/费用－收益/效益"原则，要考虑生产要素和市场的地理分布、运输成本和投资环境等诸因素。现代区位理论认为企业区位选择通常依据三个标准：成本最低、市场份额最大和集聚效益。如图 6-2 所示。

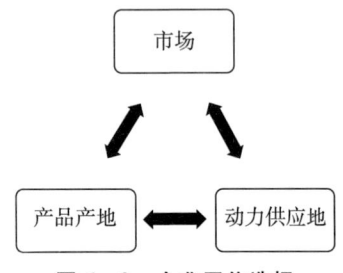

图 6-2　企业区位选择

FDI 可以提升当地的区位条件，产生极化作用。①提升当地成本优势：FDI 直接促进了当地的资本形成，扩大了当地固定资产投资，通过 FDI 控股、购并等推动有形资产之间的重组，利用国外品牌、销售渠道等推动无形资产和有形资产重组，由此产生规模经济和范围经济效应带来成本优势。②提高劳动力素质：外资企业不仅提供就业机会，吸引劳动力迁移到此地，而且可以培养和提高劳动力的技能，改变劳动力的技能结构，提高知识溢出效应。③提供纵向或横向的合作机会：FDI 投资形成市场供给，带动下游企业发展，同时，外资企业的进入，产生原材料投入需求，也带动上游企业的发展，带动配套企业发展，提供创造、发展一些配套产业部门和企业的机会。国际经验认为，通常一家跨国公司进入，需要 60% 的配套商跟进。具体地，FDI 可以从以下方面改变产业布局。

1. 所具辐射效应吸引企业空间集聚

由于外资企业具有明显的成本优势，在同一个地域内与其临近的处于生产链的某个环节的企业，可以借助其辐射效应降低交通费用、库存、交易等成本费用的发生，生成规模经济，促使设备、劳动力的配置更科学合理，提高生产效率。企业的空间集聚可以利用地理接近性，节省物质和信息流费用、机构搜索市场信息的时间和费用等，还可减少基于分散布局的额外投资。而且，企业的空间集聚，可集中扩大广告宣传的宽度、广度和力度，减少宣传费用，利用群体效应形成"区位品牌"。企业在一定区域内集聚，能够更好地发现相互之间的比较优势，从而形成纵向与横向的协作，促进规模经济发展和产业结构升级，提高资源的利用效率。企业在一定区域内的相互临近，或者同时处于生产链的某一个环节而分工不同，可以降低运输成本、库存成本、交易成本；共同的交易市场与采购中心能够降低原材料成本与销售成本；集群企业的临近使得信息的搜寻与获得更加迅速，从而降低了信息成本；由于企业的集聚带来劳动力的集聚，从而减少了劳动力的搜寻成本。同时由于地理上的相互临近内生的信誉机制，减少了风险并增加了服务；最重要的是由于知识的外溢效应，核心技术与知识扩散速度加快，有利于产品的创新等。

2. 增加要素流动促进产业集群发展

外资企业的生产经营增加了产品市场的供给和要素市场的需求，提高了产品和要素市场的规模，产品市场规模越大，结构越完善，品种越齐全，各种要素资源的流动性就越高。产品产量和要素资源数量的扩张增大市场存量与相对规模，产品质量的提高和对要素需求品质的改变提高了要素资源的配置和使用效率。这样，企业的要素投入成本、经营风险可大大降低。一方面受益外资企业及其附属产业，另一方面吸引其他产业的加入，有利于各企业的合作与协调，促进企业集中、产业集聚和集群的形成与发展。产业集聚区是一种创新网络，通过集群中企业间的相互联系、正式与非正式的交流沟通，构成一种集体学习，刺激了企业内部创新。特别是隐含经验类知识的交流，激发并应用了新思想、新方法，使产业融合，不断创新出新产业和产品，吸引新客户和其他生产者。当产业集聚发展到一定程度时，不断获取的新知识和追寻的新创新成为推动产业集聚发展壮大的关键要素。因而，从理论上说，一个区域创新水平越高，产品的供给能力也会越强，会进一步促进产业集聚。

3. 扩大规模经济形成区域产业中心

企业为获得规模经济会向某个地区集聚，逐渐发展并形成大量生产性企业的地理集中，企业的品牌效应、专业化优势会促进并提高整个行业服务效率和质量，降低单位服务产品的长期平均成本，实现规模基础上的收益递增。一个经济体的经济规模越大，其核心功能越强，主要表现为：其一，FDI的资本转移、技术扩散及带动产业调整等刺激周边地区的经济增长，实现规模经济扩大；其二，具有相对所有权优势的外资企业在市场力量的影响和推动下上下游企业的投资会加快发展，其所在地会成为集中要素资源和企业的中心、各产业快速增长的中心。这种利用外来投资发展的产业所形成的特有产业集聚可能演化为区域性产业中心。比如，基于跨国公司嵌入的外源产业集聚形成的中国苏州外资高科技企业网络、广州高新技术产业开发区、天津开发区、山东寿光的蔬菜产业集聚区、云南早贡的花卉产业集聚区等，各级政府通过招商引资的方式，借助跨国公司的外资投入以及随之而来的先进技术形成开发区的高素质产业要素集聚，由跨国龙头企业主导带动上下游产业链，推动开发区的产业集聚。大量国际投资进入开发区后，通过产业集聚的前向效应、后向效应和协同效应，带动上下游产业以及相关支持、辅助、配套产业在区域内发展，反过来又对自身的业务起到促进作用。这些以外资企业为中心形成的地区产业集聚的发展，使地方区域竞争优势明显提高，并带动了相关产业的发展，拉动了当地经济和社会的发展。

由于产业集群可以通过集聚经济、规模经济、交易成本的节约、专业化分工以及有效的劳动力供给等优势带来低成本优势，所以产业集群内的龙头外资企业在输出的产品和服务的定价方面掌握着主动权。同时产业集群还能通过其建立在质量基础上的产品差异化优势以及区域"区位品牌"营销优势等获得定价优势。以外资为中心的产业集群具有一系列控制和影响价格的优势，使得它与集群外企业相比具有定价优势。

上述因素使得外资企业所在地的区位条件不断优化，极化作用显现，吸引更多的企业集聚到这一区域，并在一定的地域范围内形成极核，而且这种极核一经形成，就具有自我发展的能力，它可以不断地为自身的进一步发展创造条件，甚至在原来赖以发展的优势已经丧失的条件下，仍然可以适当发展。受益于空间位置接近而业务相近或互补，集群内知识传播效率高，提升并激发企业应用新思想、新方法，促进企业革新，提高竞争能力。集群内基础设施的发展、建设和完善能加快信息的流动速度，有助于快速捕捉市场需求变动信息，降低企业的经营成本，为企

## 二 FDI 通过技术影响当地产业布局

如图 6-3 所示,在其他条件相同的情况下(其中 A、B 的产品也相同),市场距生产/加工点 A 较近,因此会从 A 处购买产品来销售。若外资企业拥有较先进的生产或加工技术,FDI 将技术应用于 B 处能够让市场更偏好 B 处的产品,那么原来市场购买 A 的局势就会被打破。

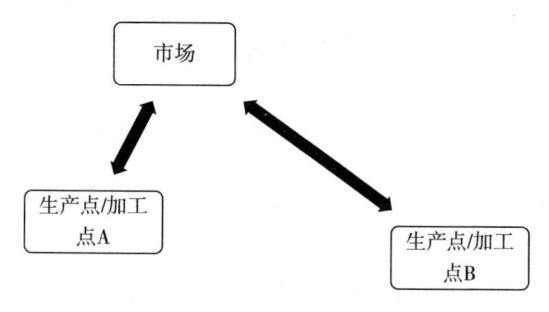

**图 6-3 技术进步影响产业布局**

技术主要表现为增加产量的优质的原材料、提高劳动效率的机械设备、自动化生产线和科学的技术、管理技巧等。技术对产业布局的影响主要包括以下几个方面。首先,技术改变了自然资源在产业布局中的决定性作用,使产业布局的自由度增大。其次,由于产品加工工艺、运输技术等的进步,产品生产和销售成本逐步降低,产业布局的时空范畴被扩大,改变了传统产业分布的状况。再次,先进技术不仅改变产业内部的布局,而且影响产业外布局,如新能源的产生、新的产品的推出等,都会通过产业间的关联对产业布局产生影响。最后,外资企业先进的技术和现代企业管理技巧通过扩散作用从极核地区向外扩展,通过极核中心的带动作用以及劳动密集型产业和资源密集型产业的"外溢"作用和高新技术产业的辐射作用,促进当地经济结构和产业布局的优化。

## 三 FDI 通过改善运输条件影响当地产业布局

假定在 FDI 进入之前,市场 A 离生产地较近,B 离生产地较远,且两个市场到生产/加工地的交通条件相同。在这样的前提下,原有的产业布局是生产/加工企业把产品销往市场 A,而不选择销往 B。当引入 FDI

后，由于东道国企业在 A 市场有优势，如果外资企业对市场 B 和生产/加工地之间的交通条件进行改善，则将产品销往市场 B 的利润超过销往市场 A 的利润，那么原有的产业布局就会打破。见图 6-4。

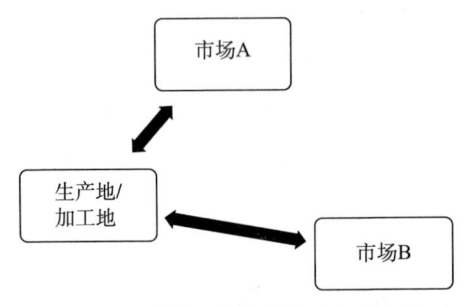

图 6-4 改善运输条件影响产业布局

外资企业进入东道国会促进当地公共交通设施的修建，物流网络的建立与完善，提升海陆空交通的运载能力和速度，同时，政府为了吸引外资，往往对这些地区的公共设施实施优先投资的政策，政府出资建设公路、铁路、水电，为企业提供宽敞、廉价的厂房，并采取一系列减免税政策，以提高当地的运输能力。

如上分析，FDI 会通过自身的资金优势、技术优势、管理优势、人才资本优势以及庞大的营销渠道来影响东道国原有的产业布局，如果这种影响的效果能够带来东道国产业结构的升级或技术的创新，则称之为产业布局合理化，在产业布局合理化和产业结构升级之间形成良性循环的局面。反之，如果这种影响的效果带来产业的垄断和控制，产业的分工、合作、协调发展会遭到破坏，当地资源遭到掠夺式开发使用，则会形成产业布局和产业结构之间的恶性循环，威胁东道国的产业安全。

## 第三节 对 FDI 产业布局控制的测度

对 FDI 控制产业布局的程度进行测算的基本思想是考察 FDI 在空间布局上的集聚程度与产业在空间布局上的集聚程度的一致性水平。产业空间布局上集聚/分散的态势（水平）可以用区位熵 $LQ$ 进行测算：

$$LQ = \frac{E_{ij}/E_j}{E_i/E} \tag{6-1}$$

其中 $E_{ij}$ 为 $j$ 区域的 $i$ 产业的产值、增加值、就业人数等水平量，$E_i$ 为全国 $i$ 产业的水平量，$E_j$ 为 $j$ 地区所有产业的水平量，$E$ 为全区域总的水平量。某一地区区位熵值越大，表明该地区的产业集聚程度越高。

FDI 在空间布局上集聚/分散的态势（水平）可以用区位熵 $LQ_{FDI}$ 进行测算：

$$LQ_{FDI} = \frac{FDI_{ij}/FDI_j}{FDI_i/FDI} \qquad (6-2)$$

其中，$FDI_{ij}$ 为 $j$ 区域的 $i$ 产业的 FDI、FDI 增加值、外资企业就业人数等水平量，$FDI_i$ 为全区域 $i$ 产业的水平量，$FDI_j$ 为 $j$ 地区所有产业的 FDI 水平量，$FDI$ 为全区域总的 FDI 水平量。

$$FDI\text{产业布局控制力} = \sum_{i=1}^{31} W_i \times i\text{区域产业区位熵} \times i\text{区域FDI区位熵}$$

$$(6-3)$$

其中：$W_i$ 为空间布局权重，其值取各区域产业产值比重。

## 第四节 中国 FDI 产业布局控制力分析

中国 FDI 产业布局控制力的测算需要各产业在全国的空间布局特征和每一产业 FDI 在全国的空间布局特征，这里以省为区域单位，以农业的 FDI 产业布局控制力测算为例说明其测度的具体方法。

### 一 中国农业产业布局分析

中国农业总产值从 1999 年的 14106.20 亿元增加到 2015 年的 57635.80 亿元，年均增长 9.2%，同期规模以上农产品加工业增加值年均增长 9.8%，均呈现较快增长态势。表 6-1 描绘出中国农业产业规模的集聚及其分布状态，基于农产品资源的异质性特征，可从中总结出其集聚特点。

（1）总体来看，东部沿海的江苏、浙江、广东、福建等省份农业产业整体发展水平较高，2015 年农业总产值占全国农业总产值的比重分别达到 6.9%、2.8%、5.3% 和 2.7%；中部地区的河南、安徽、湖北、辽

表 6-1  中国各省份历年农业总产值相对规模

单位：%

| 省份 | 1999年 | 2005年 | 2007年 | 2010年 | 2011年 | 2012年 | 2013年 | 2014年 | 2015年 |
|---|---|---|---|---|---|---|---|---|---|
| 安徽 | 5.0401 | 3.9456 | 4.0463 | 4.0214 | 3.9106 | 3.8118 | 3.7270 | 3.7067 | 3.6003 |
| 北京 | 0.5630 | 0.4028 | 0.3314 | 0.3021 | 0.2780 | 0.2515 | 0.2350 | 0.2010 | 0.1898 |
| 福建 | 3.1391 | 2.8835 | 2.7267 | 2.6022 | 2.6505 | 2.6379 | 2.6168 | 2.7319 | 2.7467 |
| 广东 | 6.3445 | 6.0728 | 5.8098 | 5.1902 | 5.2737 | 5.1485 | 5.1470 | 5.1725 | 5.2655 |
| 贵州 | 2.0961 | 1.7110 | 1.6260 | 1.6281 | 1.5931 | 1.8576 | 1.9491 | 2.4163 | 2.9611 |
| 海南 | 0.9668 | 0.8990 | 0.9005 | 0.9279 | 0.9631 | 0.9882 | 0.9512 | 1.0641 | 1.0999 |
| 河南 | 8.2522 | 8.3779 | 8.3614 | 8.7854 | 7.7981 | 7.6640 | 7.4157 | 7.4521 | 7.3041 |
| 湖北 | 4.5792 | 4.4825 | 4.5028 | 5.2554 | 5.5315 | 5.2779 | 5.1597 | 5.0287 | 4.8488 |
| 江苏 | 6.6686 | 7.1959 | 6.7792 | 6.5707 | 6.6924 | 6.7225 | 6.58491 | 6.5628 | 6.9301 |
| 辽宁 | 3.4644 | 3.0105 | 3.1332 | 2.8521 | 2.9199 | 3.0781 | 3.0506 | 2.9712 | 3.2735 |
| 内蒙古 | 2.3350 | 2.4807 | 2.6641 | 2.4757 | 2.5458 | 2.5304 | 2.6089 | 2.6054 | 2.5031 |
| 宁夏 | 0.3992 | 0.3621 | 0.4065 | 0.4667 | 0.4679 | 0.4497 | 0.4570 | 0.43707 | 0.4744 |
| 青海 | 0.2029 | 0.1826 | 0.1938 | 0.2326 | 0.2267 | 0.2300 | 0.2467 | 0.2419 | 0.2311 |
| 山西 | 1.1877 | 1.2156 | 1.1195 | 1.5809 | 1.5938 | 1.5862 | 1.5962 | 1.5931 | 1.4955 |
| 陕西 | 2.2598 | 2.2973 | 2.4390 | 2.8916 | 3.1121 | 3.1244 | 3.1999 | 3.2818 | 3.1828 |
| 上海 | 0.4587 | 0.3934 | 0.3627 | 0.2822 | 0.2637 | 0.2439 | 0.2262 | 0.2101 | 0.1801 |
| 天津 | 0.5193 | 0.3770 | 0.3627 | 0.3457 | 0.3232 | 0.3147 | 0.3170 | 0.315961 | 0.3135 |
| 新疆 | 2.2385 | 2.9611 | 2.9018 | 3.4299 | 3.1239 | 3.2429 | 3.1755 | 3.2052 | 3.0991 |
| 浙江 | 4.1339 | 3.7684 | 3.2833 | 3.1567 | 3.0753 | 2.9381 | 2.9124 | 2.8382 | 2.7885 |
| 云南 | 2.9541 | 2.8749 | 2.7642 | 2.5723 | 2.7462 | 3.0943 | 3.3137 | 3.4273 | 3.3251 |
| 重庆 | 2.0939 | 2.2189 | 1.8949 | 1.9645 | 2.0736 | 2.0796 | 2.0475 | 2.0492 | 2.0834 |
| 山东 | 8.2409 | 9.0559 | 9.3934 | 9.0632 | 8.3387 | 7.7107 | 7.9917 | 7.9395 | 7.8337 |
| 河北 | 5.5089 | 6.0565 | 6.9106 | 7.0529 | 6.9401 | 6.9273 | 7.0860 | 6.6238 | 6.3125 |
| 广西 | 3.6517 | 3.9166 | 4.1776 | 3.8477 | 4.0300 | 3.9114 | 3.8784 | 3.8916 | 3.9932 |
| 吉林 | 3.0763 | 2.6970 | 2.7392 | 2.4363 | 2.5003 | 2.5556 | 2.5193 | 2.5203 | 2.5015 |
| 黑龙江 | 3.4734 | 3.7026 | 4.0712 | 3.6998 | 4.2532 | 4.8917 | 5.5006 | 5.4598 | 5.0035 |

资料来源：据 Wind 数据库数据计算整理。

宁等省份农业产业发展较为突出，2015 年农业总产值占全国农业总产值的比重分别达到7.3%、3.6%、4.8%和3.3%；西部地区的青海、宁夏2省份其农业产业发展水平则较低，2015年农业总产值占全国农业总产值的比重分别只有0.23%和0.47%。

（2）分区域看，东部11省份（北京、天津、河北、辽宁、上海、江苏、浙江、福建、山东、广东和海南）的农业产值和农产品加工业增加值在1999年分别占全国的38.15%、51.72%；在2015年分别占全国的34.62%、45.51%；中部6省份（河南、湖北、湖南、安徽、江西、山西）的农业产值和农产品加工业增加值占全国的比重分别从1999年的26.84%和36.12%变化为2015年的25.35%和38.56%；西部14个省份的农业产值和农产品加工业增加值占全国的比重分别从1999年的35.01%和12.16%变为40.04%和19.93%。可见，东部沿海和中部地区集中了农业产业的大部分资源。但研究期内东部农业产值和农产品增加值的占比均有所下降，而西部地区农业产值和农产品增加值的占比明显提高，说明农业资源已从东部向西部转移。

从三大经济区看，珠江三角洲经济区位于广东省内，2015年广东省的农业企业数排第1位，农产品出口交易额排第2位，显示了广东省在农业产业规模的绝对优势。另外，长江三角洲的核心省份江苏集中了大量的农业资源，2015年农业产值和农业增加值并居全国第2位，而浙江、安徽2省的排名也靠前，显示出整个长江三角洲经济区的农业产业具有较强的竞争力。北京、天津、山东、辽宁这4个省市位于环渤海经济区，农业产值和增加值数据也相对靠前。总之，三个经济区域内省份的农业产值在全国都排在前列，说明三大经济区农业产业发展的优势较大，三大区域内呈集聚态势。

中部地区省份排名大部分处于第10~22位，西部地区省份排名相对靠后。一方面，这与农业产业发展程度有关系，西部地区的经济发展水平整体低于中部省份；另一方面，与农村人口规模有一定关系，西部省份的农村人口密度和人口规模比中部省份小。

（3）从省份看，山东、江苏农业产业发展水平最高，这两个省份都拥有雄厚的农业科技实力、众多的农业外资企业、便利的交通条件、丰富的农业资源等优势，是全国性的农业产业中心，也是世界农产品集散中心之一。广东、湖北、安徽、辽宁农业产业发展水平次之，河北作为环渤海经济区的核心城市，临近政治中心北京，有着其他省份难以比拟的经济地位、政治资源和农业资源区位优势；环渤海经济区的经济发展水平、地理位置等不及珠江三角洲、长江三角洲经济区，而且环渤海经济区范围较广，每个小区域内都有自己的核心城市，济南和青岛作为山东省的2个核心城市，在一定程度上分化了天津作为集散中心的农业产业集聚能力。

河南、辽宁作为粮食主产区，大宗农作物产量较高。这2个省份虽属于不同地区但都属于内陆省份，河南和辽宁分属于中原经济区和东北经济区，都是粮食生产核心区，农业经济都较为发达，农业资源丰富，农业基础设施较好，相对于西部地区，农业发展水平较高。西部省份农业企业规模数量、企业技术含量等都落后于其他东部、中部省份，农业利用外资水平相对于东部沿海省份较低。但是，广西、山西、陕西、宁夏、内蒙古、新疆等省份农业发展水平也在明显提高。

总之，中国东部沿海农业产业呈现集聚态势。三大经济区内集聚现象明显但特点不同，珠江三角洲经济区里集聚程度高，农产品资源丰富、基础设施良好、政策支持力度大、资源流动性强，对资本的吸引力也强。广东省外资农业集聚模式处于向外扩散的阶段，如辐射了广西壮族自治区；长江三角洲经济区经济一体化进程快、程度高，农业产业集聚态势发展到了向外扩散的阶段，积极影响了湖北、山西等省，湖北、山西农业发展水平不断提高；环渤海经济区的经济一体化程度较低，各地区相互竞争大，农业产业越来越向中西部城市河北、辽宁和内蒙古集聚。

农业集聚状况可以用农业产业区位熵来衡量。表6-2给出依据公式（6-1）计算的1999~2015年各省份农业产业区位熵，如区位熵大于1，表示农业产业在该地区比较重要。

表6-2 中国农业产业各省份历年区位熵

| 省份 | 1999年 | 2005年 | 2007 | 2010年 | 2011年 | 2012年 | 2013年 | 2014年 | 2015年 |
|---|---|---|---|---|---|---|---|---|---|
| 安徽 | 1.6738 | 1.4675 | 1.5416 | 1.5094 | 1.4621 | 1.4105 | 1.3463 | 1.2933 | 1.2639 |
| 北京 | 0.2480 | 0.1817 | 0.1516 | 0.1493 | 0.1483 | 0.1371 | 0.1331 | 0.1322 | 0.1291 |
| 福建 | 0.0890 | 1.0036 | 1.0029 | 0.9915 | 0.9365 | 0.9234 | 0.9260 | 0.9114 | 0.9098 |
| 广东 | 0.6938 | 0.5112 | 0.4867 | 0.4895 | 0.4840 | 0.4813 | 0.4906 | 0.4872 | 0.4800 |

续表

| 省份 | 1999年 | 2005年 | 2007 | 2010年 | 2011年 | 2012年 | 2013年 | 2014年 | 2015年 |
|---|---|---|---|---|---|---|---|---|---|
| 贵州 | 1.5973 | 1.3440 | 1.3247 | 1.2938 | 1.2808 | 1.2789 | 1.2171 | 1.2518 | 1.2466 |
| 海南 | 2.1547 | 2.4418 | 2.3965 | 2.4161 | 2.4405 | 2.3466 | 2.3659 | 2.2627 | 2.1843 |
| 河南 | 1.5524 | 1.4730 | 1.4167 | 1.4152 | 1.4319 | 1.4647 | 1.3749 | 1.3473 | 1.3555 |
| 湖北 | 1.2827 | 1.2695 | 1.3489 | 1.4174 | 1.3188 | 1.2937 | 1.2899 | 1.2698 | 1.2619 |
| 江苏 | 0.8779 | 0.6528 | 0.6456 | 0.6328 | 0.6341 | 0.6118 | 0.6350 | 0.6416 | 0.6247 |
| 辽宁 | 0.8615 | 0.9788 | 1.0448 | 0.9896 | 1.0180 | 0.9928 | 0.9734 | 0.9762 | 0.9689 |
| 内蒙古 | 1.4195 | 1.1827 | 1.0893 | 0.9806 | 0.9233 | 0.9317 | 0.9141 | 0.9209 | 0.9674 |
| 宁夏 | 1.0837 | 1.0615 | 1.0908 | 1.0306 | 1.0303 | 1.0680 | 1.0046 | 0.9822 | 1.0113 |
| 青海 | 0.9069 | 0.8152 | 0.8339 | 0.8224 | 0.8329 | 0.8793 | 0.8227 | 0.8320 | 0.8864 |
| 山西 | 0.6736 | 0.5388 | 0.4535 | 0.4448 | 0.7071 | 0.6717 | 0.6398 | 0.6429 | 0.6926 |
| 陕西 | 1.0450 | 0.8752 | 0.9549 | 0.9541 | 0.9372 | 0.9707 | 0.9796 | 0.9514 | 0.9586 |
| 上海 | 0.1817 | 0.1189 | 0.1123 | 0.1088 | 0.1077 | 0.0986 | 0.0975 | 0.0951 | 0.0898 |
| 天津 | 0.3678 | 0.3117 | 0.2512 | 0.2179 | 0.2144 | 0.2029 | 0.1840 | 0.1739 | 0.1731 |
| 新疆 | 1.4583 | 1.5039 | 1.6547 | 1.5361 | 1.7372 | 2.0028 | 1.7614 | 1.8104 | 1.8228 |
| 浙江 | 0.6792 | 0.5016 | 0.4668 | 0.4529 | 0.4665 | 0.4623 | 0.4670 | 0.4579 | 0.4555 |
| 云南 | 1.2439 | 1.4541 | 1.5296 | 1.5297 | 1.5834 | 1.4783 | 1.5443 | 1.5523 | 1.5657 |
| 重庆 | 0.9219 | 0.8998 | 0.8448 | 0.8213 | 0.8006 | 0.7600 | 0.7525 | 0.7337 | 0.7178 |
| 山东 | 1.4694 | 1.0236 | 1.2409 | 1.7390 | 1.0265 | 1.7786 | 1.2712 | 1.0531 | 1.0559 |
| 河北 | 1.4171 | 1.4837 | 1.5089 | 1.5977 | 1.7760 | 1.9417 | 1.7186 | 1.4829 | 1.6504 |
| 广西 | 1.0626 | 1.7893 | 1.6516 | 1.4135 | 1.3852 | 1.4707 | 1.6655 | 1.6988 | 1.9166 |
| 吉林 | 0.5684 | 0.5919 | 0.6354 | 0.7432 | 0.9769 | 1.0045 | 0.9376 | 1.2859 | 1.0255 |
| 黑龙江 | 0.5909 | 0.5655 | 0.3375 | 1.1733 | 1.3656 | 1.4896 | 1.5217 | 1.9529 | 1.6292 |

资料来源：据 Wind 数据库数据计算整理。

从表 6-2 可见，农业产业集聚形态较高的地区，湖北、四川、河南省的农业人口规模较大，相对于农业人口规模小的省份，拥有更多的各类农业资源，更有优势和有潜质发展形成区域农业产业集聚甚至区域农业产业中心，农业产业发展潜力更大；宁夏、贵州、海南、新疆得益于西部大开发政策，这些省份农业发展较快，建立在农业经济基础上的农产品产业水平不断提升；安徽、浙江、江苏位于长江三角洲经济区的外围，FDI 农业集聚形态高，具有向外扩散的功能，周边省份也能从中受益；吉林、辽宁、内蒙古位于环渤海经济区的外围，农业产业集聚态势也受到其有利的影响，不断吸引更外围的地区及省份的农业资源，提高了本地的农业产业发展水平。

## 二 中国农业产业 FDI 的空间布局

中国农业产业 FDI 的空间分布具有以下特点。①以福建、广东为中心形成沿海农业 FDI 集聚区。1999 年福建、广东 2 省农业实际利用外资49731 万美元，占全国农业实际利用外资的 71.31%。之后虽然随着改革开放的深入，外商不断加大对内地纵深投资，但 2015 年福建、广东 2 省实际利用外资 38766 万美元，占全国的 27.70%。②以河南、山东为中心形成中东部农业外资集聚区，1999 年这 2 个省的农业实际利用外资为4782 万美元，占全国的比重只有 4.6%，但在 2015 年 2 省的农业实际利用外资已经达到 38975 万美元，占全国比重 12.84%。③以江苏、浙江为中心形成东部沿海长江三角洲外资集聚区，1999 年 2 省实际利用外资分别为 5350 万美元和 2097 万美元，占全国的比重分别只有 5.11% 和1.97%，2015 年，分别增加到 84855 万美元和 9032 万美元，2 省合计占全国农业外资的 42.50%。④以天津为中心形成环渤海地区外资集聚区。1999年天津市实际利用外资为 12593 万美元，占全国的比重为 19.49%，2015年，天津实际利用外资为 30308 万美元，占全国的比重为 18.5%。全国外资扩散转移过程为：以福建、广东东南沿海为中心的单核集聚—以东南沿海和天津环渤海为中心的双核集聚—以长江三角洲经济开放区为中心的多核心地区集聚。集聚中心的增加和核心集聚地区的出现说明农业外资已经开始扩散转移，农业外资开始从部分农产品加工业发达地区向粮食主产区扩散转移，表现为沿海农技发达省份农业外资比重下降，粮食主产区农业外资比重上升。例如，福建省 2015 年的农业实际利用外资比重比 1999 年下降了 3.75 个百分点，广东省比重同期下降了 6.21 个百分点，而河南、山东、河北、黑龙江各省的比重同期分别上升 2.32、3.11、2.15 和 3.06 个百分点，这表明农业外资流入的空间指向出现向粮食主产区强化的趋势，结果是沿海与内陆之间的利用外资规模差异缩小，农业外资分布的省域指向型特点弱化。见表 6-3。

表6-3 中国各省份农业FDI历年区位熵

| 省份 | 1999年 | 2005年 | 2007年 | 2010年 | 2011年 | 2012年 | 2013年 | 2014年 | 2015年 |
|---|---|---|---|---|---|---|---|---|---|
| 安徽 | 0.3504 | 1.1226 | 0.6251 | 0.8538 | 0.8613 | 0.4450 | 1.1042 | 1.1011 | 1.6805 |
| 北京 | 1.5796 | 0.0843 | 0.7625 | 0.2592 | 0.3946 | 0.1083 | 0.0175 | 0.0494 | 0.1316 |
| 福建 | 3.3310 | 3.1602 | 1.5388 | 2.9524 | 2.7312 | 1.8324 | 2.6005 | 3.9376 | 1.7906 |
| 广东 | 0.8231 | 0.5244 | 0.8643 | 0.8431 | 0.7716 | 0.3910 | 0.4204 | 0.3594 | 0.3964 |
| 贵州 | 3.2176 | 7.2105 | 4.0561 | 3.8826 | 11.6908 | 15.6434 | 2.9303 | 5.4595 | 6.2418 |
| 海南 | 0.6489 | 0.2792 | 1.0745 | 3.1872 | 2.0033 | 1.3219 | 4.3115 | 1.7558 | 1.0367 |
| 河南 | 2.0623 | 4.8465 | 1.9531 | 1.8787 | 1.9581 | 4.3926 | 1.8398 | 3.1002 | 2.5590 |
| 湖北 | 2.0717 | 3.7770 | 1.6385 | 2.5955 | 5.6854 | 1.6847 | 2.3267 | 2.9887 | 1.4868 |
| 江苏 | 0.4747 | 0.4949 | 1.0135 | 1.4903 | 1.3487 | 1.6466 | 1.2087 | 2.2476 | 1.9384 |
| 辽宁 | 1.3951 | 0.5504 | 0.9426 | 1.0171 | 0.5773 | 0.4963 | 0.8036 | 0.8498 | 0.9195 |
| 内蒙古 | 8.3093 | 2.0264 | 0.3787 | 0.5180 | 0.1753 | 1.1111 | 1.4458 | 0.3297 | 1.0745 |
| 宁夏 | 9.3794 | 1.9632 | 6.4256 | 16.0245 | 8.9208 | 3.5537 | 0.3947 | 6.6012 | 1.3794 |
| 青海 | 5.0742 | 6.5443 | 7.4044 | 3.7986 | 2.2745 | 0.0995 | 0.3293 | 1.7288 | 1.2175 |
| 山西 | 3.3982 | 2.6341 | 1.9317 | 5.8613 | 6.3955 | 1.0166 | 0.5065 | 0.6824 | 0.6484 |
| 陕西 | 0.6054 | 2.8027 | 0.0825 | 0.1291 | 1.4801 | 0.3874 | 0.5201 | 0.3077 | 0.4976 |
| 上海 | 0.1246 | 0.0728 | 0.2013 | 0.0589 | 0.2037 | 0.0541 | 0.0804 | 0.0945 | 0.0864 |
| 天津 | 2.8237 | 13.0899 | 1.3993 | 6.2739 | 4.4999 | 2.2030 | 0.7960 | 0.7896 | 1.1764 |
| 新疆 | 8.0035 | 0.7809 | 20.8825 | 0.1021 | 3.9031 | 2.8790 | 4.6030 | 5.0275 | 1.5047 |
| 浙江 | 4.4813 | 4.2480 | 4.6977 | 4.5763 | 5.0161 | 4.4540 | 4.8920 | 4.9760 | 5.1796 |
| 云南 | 2.3728 | 2.8460 | 1.9934 | 7.2156 | 3.6261 | 0.6894 | 4.8844 | 1.3116 | 0.6753 |
| 重庆 | 0.3849 | 0.2849 | 0.4908 | 0.4793 | 0.1868 | 0.6888 | 0.8052 | 1.3973 | 1.3939 |
| 山东 | 1.3195 | 1.8842 | 1.9667 | 1.7892 | 1.9758 | 2.0271 | 1.0104 | 2.2932 | 2.8990 |
| 河北 | 1.0071 | 2.0369 | 2.6686 | 2.9121 | 2.9041 | 2.7970 | 3.0327 | 3.1856 | 3.1959 |
| 广西 | 2.8746 | 3.6134 | 3.4644 | 3.0447 | 3.1675 | 3.2967 | 3.0292 | 3.1011 | 3.0105 |
| 吉林 | 0.3595 | 0.4769 | 0.4587 | 0.4561 | 0.4632 | 0.4724 | 0.4611 | 0.4261 | 0.3934 |
| 黑龙江 | 0.5550 | 0.5522 | 0.5192 | 0.4791 | 0.4731 | 0.4577 | 0.4518 | 0.3982 | 0.3770 |

资料来源：据 Wind 数据库数据计算整理。

由表 6-3 可见，在 1999 年，农业产业 FDI 区位熵较高的省份是宁夏、内蒙古、新疆、青海，2015 年，农业产业 FDI 区位熵较高的省份是河北、贵州、浙江、广西、河南、山东，说明这些省份农业外资流入不断增长，占全国的比重日益上升，农业外资已从双核心集聚转变成为核心地区集聚。集聚中心的增加和核心集聚地区的出现说明农业外资已经开始扩散转移。

总体上，中国农业外资空间集聚态势明显。大多数农业 FDI 集聚于东南沿海省份，农业经济增长动力强劲的省份利用外资水平提高迅速，农业 FDI 区位熵稳步提高。但三大经济区外围省份农业 FDI 区位熵水平的提高很有限，西部地区空间集聚态势相对较弱。整体上区域农业外资集聚发展呈非均衡状态。这是基于地区、省份的经济基础与经济发展模式、资本形成和累积能力、人口规模、农业区域经济一体化实施程度、农业生产要素的流动性、政策支撑力度等的不同，具有异质性，进而影响和造成了中国农业外资进入及集聚的差异性。

### 三 中国 FDI 农业产业布局控制力测算

表 6-4 给出中国 FDI 农业产业布局控制力的测算结果。以表中的 2015 年数据为例来具体分析，中国各省域农业产业集聚度的空间分布分位图将 FDI 产业布局控制力从高到低可分为 4 个档次。第一档次：贵州、宁夏、河南、河北、广西、山东 6 省份的 FDI 产业布局控制力为 3.0~8.0，农业产业布局外资控制力排名较靠前，是农业外资企业实力相对雄厚的地区；第二档次：新疆、海南、安徽、湖北、江苏、青海、云南、重庆、内蒙古、福建，10 省份的 FDI 产业布局控制力为 1.0~3.0；第三档次：辽宁，FDI 产业布局控制力为 0.8~1.0；第四档次：北京、广东、山西、陕西、上海、天津、浙江、黑龙江、吉林，9 省份的 FDI 产业布局控制力为 0.0077~0.8，这些地区农业外资企业的发展较为薄弱，大多是制造业及金融业较发达的地区。

表 6-4　中国历年 FDI 农业产业布局控制力测算结果

| 省份 | 1999 年 | 2005 年 | 2007 年 | 2010 年 | 2011 年 | 2012 年 | 2013 年 | 2014 年 | 2015 年 |
|---|---|---|---|---|---|---|---|---|---|
| 安徽 | 0.5865 | 1.7202 | 0.9637 | 1.2887 | 1.2593 | 0.6277 | 1.4866 | 1.4242 | 2.1241 |
| 北京 | 0.3453 | 0.0153 | 0.1156 | 0.0387 | 0.0585 | 0.0148 | 0.0023 | 0.0065 | 0.0169 |
| 福建 | 3.1717 | 2.2019 | 1.5434 | 2.9272 | 2.5576 | 1.6921 | 2.4081 | 3.5889 | 1.6291 |
| 广东 | 0.2681 | 0.4491 | 0.4206 | 0.4126 | 0.3735 | 0.1882 | 0.2062 | 0.1751 | 0.1903 |

续表

| 省份 | 1999 年 | 2005 年 | 2007 年 | 2010 年 | 2011 年 | 2012 年 | 2013 年 | 2014 年 | 2015 年 |
|---|---|---|---|---|---|---|---|---|---|
| 贵州 | 3.3789 | 5.3802 | 7.0744 | 5.0233 | 14.973 | 20.007 | 3.5664 | 6.8345 | 7.7814 |
| 海南 | 0.6817 | 2.0574 | 2.5750 | 7.7006 | 4.8891 | 3.1021 | 10.200 | 7.3402 | 2.2646 |
| 河南 | 7.1391 | 42.975 | 2.7670 | 2.6588 | 2.8039 | 6.4341 | 2.5296 | 4.1771 | 3.4689 |
| 湖北 | 4.7952 | 2.7139 | 2.2103 | 3.6790 | 7.4980 | 2.1795 | 3.0013 | 3.7953 | 1.8763 |
| 江苏 | 0.3231 | 0.4332 | 0.6544 | 0.9432 | 0.8553 | 1.0075 | 0.7675 | 1.4421 | 1.2110 |
| 辽宁 | 0.5387 | 0.9949 | 0.0000 | 1.0065 | 0.5877 | 0.4927 | 0.7822 | 0.8296 | 0.8910 |
| 内蒙古 | 2.3968 | 0.4195 | 0.4126 | 0.5079 | 0.1618 | 1.0352 | 1.3217 | 0.3036 | 1.0395 |
| 宁夏 | 49.7414 | 15.4245 | 1.0507 | 6.6221 | 16.510 | 9.5280 | 3.5701 | 0.3877 | 6.6761 |
| 青海 | 4.6017 | 5.3352 | 6.1747 | 3.1240 | 1.8947 | 0.0875 | 1.9082 | 1.4384 | 1.1043 |
| 山西 | 1.4194 | 2.6463 | 0.8760 | 2.6073 | 4.5226 | 0.6829 | 0.3240 | 0.4387 | 0.4491 |
| 陕西 | 2.4532 | 0.3243 | 0.0788 | 0.1232 | 1.3872 | 0.3760 | 0.5095 | 0.2928 | 0.4770 |
| 上海 | 0.0086 | 0.0206 | 0.0226 | 0.0064 | 0.0219 | 0.0053 | 0.0078 | 0.0090 | 0.0077 |
| 天津 | 4.0808 | 0.7134 | 0.3515 | 1.3671 | 0.9648 | 0.0000 | 0.1465 | 0.1373 | 0.2036 |
| 新疆 | 0.0000 | 1.2083 | 34.554 | 0.1569 | 6.7805 | 5.7661 | 8.1080 | 9.1021 | 2.7428 |
| 浙江 | 0.1274 | 0.3257 | 35.1350 | 29.4028 | 0.2099 | 0.4166 | 0.3452 | 0.0101 | 0.0347 |
| 云南 | 4.1385 | 4.7647 | 3.0491 | 11.038 | 5.7419 | 1.019 | 7.543 | 2.0360 | 1.0573 |
| 重庆 | 0.256 | 0.5991 | 0.4147 | 0.3937 | 0.1496 | 0.6219 | 0.9682 | 1.0252 | 1.0006 |
| 山东 | 1.9388 | 1.9286 | 2.4404 | 3.1114 | 2.0281 | 3.6054 | 1.2844 | 2.4149 | 3.0611 |
| 河北 | 1.4271 | 3.0221 | 4.0266 | 4.6526 | 5.1576 | 5.4309 | 5.2119 | 4.7239 | 5.2745 |
| 广西 | 3.0545 | 6.4654 | 5.7218 | 4.3036 | 4.3933 | 4.8484 | 5.0451 | 5.2681 | 5.7699 |
| 吉林 | 0.2043 | 0.2822 | 0.2914 | 0.3389 | 0.4525 | 0.4745 | 0.4323 | 0.5479 | 0.4034 |
| 黑龙江 | 0.3279 | 0.3122 | 0.1752 | 0.5621 | 0.6460 | 0.6817 | 0.6875 | 0.7776 | 0.6142 |

可以看出，中国农业产业集聚程度比较高的省份位于东部沿海地区。其中，集聚程度最高的是海南、河南、贵州、福建、新疆，呈现多极化。一些欠发达地区也呈现集聚态势，主要是基于以下原因。

第一，相对其他地方而言，欠发达各省份有独特的农业资源，近年来在"一带一路"方针政策指导下，交通条件得到极大改善，地理位置便利和优越，时区优势、地点优势、交通优势、对外交流优势、较低的商务成本优势等凸显，这些因素会大大降低农业企业的成本，比较容易提高农业企业集聚的规模优势。

第二，地处中、东、西部的粮食主产区具有资源优势，随着农业经济的发展、开放程度的提高，易于加强与沿海等发达地区的交流，增加农产品需求，逐渐推动农业产业集聚度的提高。

第三，国家农业产业政策的支持。自1978年改革开放以来，国家采取了率先发展东部的产业政策，并实行了特殊的优先发展政策，各省份也积极采取了一系列吸引外资企业的优惠政策等，吸引并促进了外资在东部集聚。随着近年来"一带一路"国家战略的实施，中西部农业大省的资源条件已经成熟，对外资产生了强大的吸引力。

第四，但值得注意的是，湖北、河北、江西、山东等省份的农业产业集聚程度并不高，说明天津、河南、江苏等省份对周围的辐射带动作用并不明显，如河北与京津的互动发展有待提高。

第五，宁夏、新疆和贵州外资控制力较为靠前，这些地区处于西部地区，自然条件不算优越，农业产业集中度也不高，但是农业利用外资近年来快速增加。这主要是因为西部大开发以来，国家和地方政府加大对这些边远地区的支持力度；通过机构、人才、资金等优惠政策吸引外资聚集，形成了初步的农产品市场规模态势；更重要的原因是，新疆、宁夏、贵州等省份地广人稀，仅有的农业企业等资源都集中在少数几个大城市，更易显示农业产业集聚和外资控制产业布局的现象和水平。

### 四　中国各产业FDI产业布局控制力的测算

依据同样的方法可以测算出其余各产业FDI中国产业布局控制力，见表6-5。

表6-5　FDI中国产业布局控制力汇总

单位：%

| 年份 | 农业 | 轻工业 | 建材业 | 有色金属业 | 汽车业 | 机械制造业 | 石化产业 | 电子信息产业 | 高新技术产业 |
| --- | --- | --- | --- | --- | --- | --- | --- | --- | --- |
| 1999 | 4.31 | 7.35 | 5.63 | 6.67 | 9.23 | 8.67 | 11.27 | 5.77 | 6.12 |
| 2000 | 4.32 | 7.24 | 5.28 | 6.28 | 9.67 | 8.37 | 11.40 | 5.78 | 5.51 |
| 2001 | 4.85 | 7.76 | 5.27 | 6.03 | 9.82 | 8.59 | 11.17 | 3.82 | 6.01 |

续表

| 年份 | 农业 | 轻工业 | 建材业 | 有色金属业 | 汽车业 | 机械制造业 | 石化产业 | 电子信息产业 | 高新技术产业 |
| --- | --- | --- | --- | --- | --- | --- | --- | --- | --- |
| 2002 | 4.53 | 7.04 | 5.66 | 6.60 | 10.51 | 8.81 | 11.37 | 5.81 | 5.81 |
| 2003 | 4.63 | 7.72 | 6.05 | 6.77 | 10.60 | 9.03 | 10.47 | 5.81 | 6.41 |
| 2004 | 4.37 | 7.35 | 6.98 | 6.23 | 11.01 | 9.36 | 12.39 | 9.89 | 6.81 |
| 2005 | 3.78 | 7.30 | 6.17 | 6.34 | 11.16 | 9.79 | 11.56 | 7.71 | 6.19 |
| 2006 | 3.72 | 7.13 | 6.59 | 6.97 | 11.47 | 8.53 | 10.35 | 9.61 | 6.21 |
| 2007 | 4.04 | 7.25 | 6.75 | 6.80 | 11.96 | 8.93 | 11.12 | 6.72 | 7.091 |
| 2008 | 3.95 | 6.85 | 6.98 | 7.80 | 12.06 | 9.10 | 11.27 | 5.70 | 7.09 |
| 2009 | 3.76 | 6.55 | 7.33 | 7.48 | 10.03 | 8.66 | 12.79 | 4.82 | 7.28 |
| 2010 | 3.85 | 5.82 | 8.07 | 7.51 | 10.49 | 8.65 | 12.73 | 5.78 | 7.98 |
| 2011 | 3.53 | 6.23 | 8.67 | 7.26 | 9.69 | 8.52 | 12.81 | 4.79 | 6.91 |
| 2012 | 2.63 | 5.80 | 9.02 | 7.65 | 9.54 | 9.03 | 13.10 | 3.61 | 6.31 |
| 2013 | 2.37 | 5.81 | 8.65 | 7.43 | 9.07 | 9.25 | 13.27 | 2.64 | 6.78 |
| 2014 | 1.78 | 4.89 | 8.96 | 7.33 | 8.86 | 9.13 | 12.89 | 2.68 | 6.09 |
| 2015 | 1.72 | 4.82 | 8.96 | 7.48 | 8.74 | 9.87 | 12.75 | 2.66 | 6.89 |

可见，总体上FDI对中国产业布局控制力普遍比较低，样本期FDI产业布局控制力最高的是石化产业，为11.92%，其次是汽车业，为9.69%，其余各产业的FDI产业布局控制力均小于10%。这可能是由于以下几个方面的原因。

一是外资对原材料、市场和运输的掌控力度有限，致使辐射效应受限。主要产业的FDI大多处于产业链的高附加值环节，尽管也会改进原材料处理、运输方式，但它们更注重接近消费市场以更快地了解顾客偏好、服务要求、竞争者信息等，而上下游产品大多交由本地企业做，因此，本地企业大多建在原材料产地附近以降低运输成本，特别是那些在生产制造过程中使用大量原材料的制造产业，更加注重对原材料、市场和运输方式及成本的控制。

二是外资对劳动力流动的控制能力有限。劳动力流动取决于当地的经济发展水平、生活费用要求、社会保障程度、工业化水平等。随着中国劳动力成本的逐渐上升，FDI选址更多考虑的是劳动力的质量，如劳动者的技能、工作态度和道德水平。一般来说，在沿海地区，城市储备的劳动力质量要大大高于中西部和农村地区，中国地区间（特别是主要城市与其他地区间）要素质量上存在差异，使得FDI厂商在选址时，往往首先选择在中心城市。以外资企业为中心的区域化产业中心在中国还不多。

三是外资企业的外部规模经济性还不高，外资企业在同一区域的集中度还不高。外资企业从中国沿海向内地转移，在地理上逐渐从双核向多极化发展，这样在事实上造成同类或相关产业的外资企业相对有所分化，使得外资企业在许多方面不能享有高度产业化的劳动力队伍，高度专业化的销售、研发及劳动力培训服务以及专业化分工和专业性厂商配套服务带来的好处。

## 第五节 本章小结

FDI产业布局控制是指FDI对东道国产业在一国或一地区范围内的空间分布和组合的控制。外资企业的进入改变了当地的交通运输条件和物流网络，改变了市场盈利空间，进而改变了产业布局。FDI对产业布局的控制表现为：一是通过影响所在地区位条件产生辐射效应和产业集聚效应，可以对区域经济发展产生极化作用，二是FDI的技术转移和技术溢出可以产生极核扩散效应。FDI产业布局控制可以用区位商指标加以测度。FDI对东道国产业布局的恶意控制将改变所在地的区位条件，抑制区域增长极的极化作用以及极核扩散效应，阻碍产业集中度的提高，以及产业集群效应的实现。本书对中国FDI产业布局控制的实证分析表明样本期石化产业和汽车业表现出相对较强的FDI产业布局控制特性，FDI产业布局控制力分别是11.92%和9.69%，其余各产业的FDI产业布局控制力均小于10%。

# 第七章 中国FDI产业控制力测度研究

本章应用"产业组织控制—产业结构控制—产业布局控制—定价权控制和产业链控制"的理论分析框架，以中国农业产业为例研究FDI产业控制力测度问题，构建了FDI控制力评价指标体系，设计了VAR模型用于测算指标体系中各指标的权重，对中国农业产业的外资控制力进行了实证测度，找出了决定FDI农业产业控制力的关键原因，并对如何弱化FDI农业产业的控制力提出了有针对性的建议。同时，本章对其他细分产业FDI控制力的测算也得出了与实际相符的结论。

## 第一节 FDI对中国产业控制的分析
### ——以农业产业为例

随着经济全球化的冲击和中国发展现代农业实践的深入，FDI对中国经济安全的威胁尤其表现在农业方面，比如FDI对大豆等农产品产业链的控制、对养殖业的疯狂圈购和对种植业的不断渗透，现状令人担忧。然而，这些在中国市场耕耘多年的FDI粮商，到底蕴藏了多大实力，究竟在中国农产品市场渗透到什么程度，对中国农业产业的发展方向和进程有多大程度的把控，目前还没有研究给出过具体、完整的数据说明。有不少人士指出从种子、化肥等生产环节到运输流通、农产品加工等环节都有FDI粮商的身影，存在FDI掌控整个农业产业链条危及产业安全的隐患。但由于缺乏对FDI真实状况的了解，很难得出逻辑一致的结论。本书拟就此问题进行一些探索。

由于农业具有地域性与季节性，产业集中度不高，在某个区域，如果本土农业企业很零散，缺乏集中竞价的能力，那么，外资企业对某一农产品市场10%的控制就能实现对当地价格的引导与操纵，而在工业领域，要实现这样的效果可能需要30%甚至更多（郭永新，2008）。我们需要判断，外资整体上对中国农业产业的控制达到了一个什么样的水平，在一个什么样的程度范围内,外资既能扶持弱势产业,获得合理利润,同时又不至于形成垄断或价格操纵。

由于影响 FDI 产业控制力的多因素性,很难以用一个数字表达其本质,尽管如此,政策制定者仍需要一个测度,以便能连续提供 FDI 产业控制潜在危险的结构化信息。另外,定期公布 FDI 产业控制指标,能提高所做评估和政策措施的透明性。传统的 FDI 产业控制力测度主要依据外资企业产品的市场占有率和股权信息。通过综合产业、市场和企业信息,本章构造的 FDI 产业控制力指数($C^{FDI}$)几乎覆盖了 FDI 对整个农业产业系统的影响,FDI 产业控制力指标度量的广泛性将增强其实用性。

本章研究的农业产业并不是把研究对象设定为传统的三次产业划分下的农业,而是把以农业为基础产业,涉及农业种植、储藏、加工以及销售等环节的农产品生产链作为研究对象,以有利于考察 FDI 对农业产业控制的整体性和系统性。农业产业发展是一个系统工程,从 FDI 控制农业产业整体系统的角度研究农业产业受控的关键方面和环节,对指导相关部门制定科学的利用外资政策发展农业产业、加快农业产业结构升级、实现农业产业结构的高级化具有重要意义。FDI 对中国农业产业的控制突出表现在以下几个方面。

## 一 利用所有权优势影响农业产业组织

FDI 对中国农业产业组织的影响具体表现为以下方面。第一,以技术占优控制影响农业组织,这主要表现为以下几点。其一,外资企业通过与中国科研院所进行合作研究,对中国种业公司兼并、收购或合资以达到掌控种子资源的目的,迫使农民形成对 FDI 的依附。其二,外资企业为了获得稳定的初级农产品供应,子公司与当地农户签订契约,为农户提供原料购买、技术指导和产品销售,以约束农户的生产经营行为,使农户对外资企业商业资本与技术投入产生事实上的依赖。农民不得不逐渐从跨国公司手中购买种子、农资、机器设备与生产资料用于粮食生产。其三,外资企业利用其世界市场销售渠道通过国际市场营销实现农业产业组织的延伸,在粮食主产区建立粮库、饲料加工厂等企业,实现对农业资源的控制。

第二,外资企业大肆实施对中国农业企业的并购,提高了农业企业的进入壁垒。中国农业加工业的平均必要资本规模已经从 2000 年的不到

3万元提高到2015年的30万元。技术壁垒成为FDI控制中国农产品差异化壁垒的重要手段。由于外资企业的研发能力强，新技术不断涌现，农产品品种和品质也随之推陈出新，差异化壁垒随之出现。这样迫使中国新进入企业必须拥有先进的技术，才能在这已由多种技术工艺生产的农产品品牌占据的市场中找到获利空间。另外，家乐福、沃尔玛等外资流通企业以高质量或低成本投入的优势已经控制了大部分中国农产品供应渠道，这无疑也提高了内资企业的进入壁垒。

第三，外资企业非常善于利用品牌战略，品牌优势为外资企业带来了巨大的市场和利润空间。以休闲食品行业为例，其前10名品牌中，旺旺和徐福记是台资品牌，占20%；达能、上好佳、好丽友、卡夫、德芙、箭牌是纯粹的外资品牌，占50%；嘉士利、喜之郎是国内品牌，仅仅占20%。外资企业一方面利用品牌效应促进产品销售，另一方面，利用强大的资金后盾、缜密的营销战略和网络布局精心打造巨大的品牌影响力，培育消费者对其产品品牌的忠诚度。由此外资企业拥有了先动优势，企业的产销量直接决定了企业的盈利能力。拥有金龙鱼、胡姬花等品牌的丰益国际每年来自中国的业务收入近100亿美元。

## 二 利用投资倾斜和技术倾斜影响农业产业结构

中国农业产业的外商直接投资的重点主要集中在大田优良种植品种、畜牧业养殖和农产品深加工方面，这种投资倾斜会造成农业种植结构单一，忽视小杂粮种子市场，不能适应市场多层次、多样化的需求结构。在外资企业主导的地区，农业结构调整不是考虑发挥当地的资源优势、技术优势和生态优势，不是依据市场以农产品数量、质量、品种、规模等的需求为导向，而是农民要按照外资利益最大化的订单约定来安排农产品生产，可见农业结构可能有悖于发挥当地比较优势、合理配置农业资源的内在要求。

外资企业对中国农业产业的结构控制不单表现为投资倾斜，还表现为通过竞争实现对产品结构的控制。以FDI在中国的农药、化肥行业的投资为例，FDI主要采取的方法是在国内资源优势的地区投资建厂，多数采用合资方式，或者以本身的资源、资金优势参股国内农资企业，以资本为纽带结成利益共同体，共同参与国内市场的开发。

加拿大斯帕尔化学（BVI）有限公司与宜昌磷化工业集团有限公司共同投资建设的中外合资企业宜昌枫叶化工有限公司成立于 2003 年 12 月，控股方为 BVI，总投资为 18 亿元人民币，产能 100 万吨/年。加拿大汉枫常绿有限公司于 2004 年 12 月在江苏投资建立大型缓释肥料生产企业——汉枫缓释肥料（江苏）有限公司。该公司总投资 2800 万美元，同时建设硫包衣尿素及高塔造粒两套肥料生产线，均属中国肥料领域的高端生产技术[①]。智利 SQM 公司自 20 世纪 80 年代以来就与中国保持贸易往来，现已在北京设有分公司，硝酸钾分销渠道遍布中国各大省份。2008 年 5 月该公司在中国投资建厂，与国内著名的专业钾肥生产企业米高集团有限公司各出资 50% 组建合资公司，合作生产钾肥，设计生产能力 4 万吨/年农用硝酸钾和 2.2 万吨/年含钾氯化铵，年销售收入 26000 万元。外商直接投资与资金、技术等方面均处于劣势的中国农资企业之间的市场竞争使得资本发生集聚和集中，造成产品结构单一。

## 三 利用不正当竞争影响农业产业布局

从 ADM、邦基、嘉吉和路易·达孚等农业外资企业在中国的扩张发展可以清晰地看到 FDI 在中国一般是选择在粮食主产区和主销区分别布点，同步进入粮食收储、流通和销售环节，特别是会利用其自身物流运作效率高、管理经验丰富等特点，并参考已有的粮食流通渠道，建立起一个新的、适应自身发展的粮食流通渠道。随着实力的增强，企业开始市场整合，建立收储加工基地。其遵循的原则一是靠近主产区，便于获取粮源；二是尽量靠近市场，以便在低运输成本的同时能对市场需求做出快速反应以降低流通成本，加快产品的流通时间，从而提升经营效率和灵活性；三是通过并购、参股中国中小型的、实力较弱的粮食企业等方式参与粮食市场竞争，逐步增强经营实力，建立起庞大的营销渠道来影响中国原有的产业布局。美国 ADM 公司和新加坡 WILMAR 集团共同投资组建的益海嘉里（中国）集团是 ADM 在中国产业布局扩张的典型代表。益海嘉里成立后，先后在深圳、青岛、天津、秦皇岛、连云港、

---

① 汉枫缓释肥料（江苏）有限公司官方网站，http：∥agronet361128. client. agronet. com. cn/CompanyProfile. html。

营口、广州、上海、泉州、防城港、张家港等主要港口及北京、武汉、岳阳、西安、成都、哈尔滨、石家庄、广汉、周口、岳阳、东莞、佳木斯、昌吉、阿克苏、兖州、安徽、重庆等主要城市投资设立了100多家工厂和贸易公司。在东北,益海先后与佳木斯市九零粮库和粮食中转库、绥化市第四粮库、黑龙江省龙粮储备公司合作,建设大型收储基地,开展水稻、玉米等国内外贸易,进行大规模粮食深加工。在江苏省盐城射阳县,益海嘉里集团建立了大型粮食收储加工基地。益海选择的是一条集种业开发、仓储物流、粮油加工、内外贸易、油脂化工、大豆蛋白于一体的、齐头并进的扩张发展道路。(高焰辉、董金移、张锐,2009)经过20多年的发展,益海嘉里涉足压榨、精炼、小包装食用油、油脂化工、特种油脂和米面等多种业务和产品系列。益海嘉里已形成了"布点广泛、布局合理、规模宏大的优质生产体系;建立了庞大的经销网络,经销商数目已经超过2000家,遍布全国400个大中城市,销售网络已覆盖了中国除台湾地区以外的所有省份"。(石玉、马晓宁,2008)

### 四 定价权控制

外资企业一般采用直接与农民签订收购合同的方式以有利于操纵收购价格。以玉米定价权为例,为了获得更多更好的玉米,外资企业的确出价较高,还有免费给种、种植指导等其他优惠,的确提高了玉米种植户的收益。2009年吉林省外资玉米的收购价最高时比内资收购每斤高出0.5元。在收购的方式上,外资公司主要采用直接收购的方式,从而减少了中间商剥利环节,一定程度上也提高了农民的收益。以吉林九台市沐石河镇龙嘉乡农户种植玉米为例,本书对玉米种植户的成本收益进行了分析(见表7-1)。

用表7-1中的数据可以估算龙嘉乡种植洋玉米增加的成本和收益:1亩地需要洋玉米种子费约15元(这里假定农民使用自留玉米种,忽略成本。实际上,国产种子与洋种子的成本差不多,尽管国产种子便宜,但出苗率低,用量多),肥料费约16元,农药10元,工价12元,地租约20元,成本共计73元。每亩洋玉米增加的收入为90余元(洋品种每亩产600斤,以每百斤多收入15元计算。国产品种易受气候影响,特别是遇到干旱减产很多,国产种子的平均产量只有亩产500斤),可见洋种子每亩要多收入 17 元。

但外商一旦形成垄断将逐渐压低价格,在不至于使农民失望的范围内,尽可能地压低收购价格,以谋取更多的利益。从表 7-1 可以看出收购者规定的平均价格总体上是迅速上升的,而玉米种植者实际出售的平均价格只是略有上升(如果不考虑物价因素)。2009 年每百斤少收入 15 元。可见,当外资所占比重使得其在某些地域、领域形成垄断局面后,不仅存在外资制定垄断价格和瓜分市场策略的可能,也面临外资破坏市场秩序、损害农民利益的风险。

表 7-1 2005~2009 年先玉 335 收购的名义价格和农民实际所得价格

单位:元

| 年份 | 收购者规定的平均价格 | 农民实际平均价格 |
| --- | --- | --- |
| 2005 | 1.0 | 0.7 |
| 2006 | 1.0 | 0.75 |
| 2007 | 1.1 | 0.8 |
| 2008 | 1.3 | 1.15 |
| 2009 | 1.5 | 1.35 |

### 五 产业链整合与构建控制

FDI 采用集采购、加工、仓储、配送于一体的建厂模式,进行全产业链打造得以控制利润的流动。2009 年 4 月,丰益国际在有"豫北粮仓"之誉的河南安阳投资 2.1 亿元建立了益海嘉里(安阳)食品工业有限公司,日加工小麦 1200 吨、年产 40 万吨。与该项目呼应、总投资 1.36 亿元的铁路物流项目亦同时启动建设。这一项目是由益海嘉里、郑州拓普物资储运有限公司、郑州铁路金林实业开发公司共同组建的河南益嘉铁路物流有限公司投资建设,项目涵盖四条铁路专用线和一个高档货品仓库①。其中,一条铁路专用线为益海嘉里项目专用。这构建了丰益国际在河南从粮食加工到流通环节的完整产业链条,为其在粮食加工领域迅速扩张插上了翅膀。

---

① 详见益海集团调研资料,http://www.docin.com/p-651077738.html。

外资企业对农业全产业链的控制还表现在龙头企业间的联合。由于大型外资企业实力雄厚、各具优势,因此其各自的市场占有率都很高。为避免过度竞争降低收益,许多跨国公司之间采取合并或联合协议的方式细分市场或划分市场区域,或者采用共同开发技术、分享利益的战略,通过战略联盟达到寡头垄断控制某产业或市场的目的,典型的例子是孟山都与嘉吉的合作。孟山都公司在粮食价值链的上游种子与农药生产拥有优势,而嘉吉公司作为食品与饲料加工企业处于粮食生产链的下游。在实现联合之后,孟山都公司拥有的生物技术与植物繁育技术,以及嘉吉公司拥有的先进的动物营养技术、谷物加工与物流技术,被成功地整合到了一起。双方不仅进行技术联合,还实现了从种子、加工、储存到配运等多个环节的控制。

## 第二节 FDI产业控制力指标体系设计

基于以上FDI实施农业产业控制的路径分析,遵循科学性、合理性、可行性等一般性原则,本着完备性、系统性、动态性、可测性、重要性的准则,本书筛选出能尽量准确地评判包括农业产业组织、农业产业结构、农业产业布局、定价权和产业链构建各方面及环节在内的中国FDI农业产业控制力的评价指标,建立了一套健全的FDI农业产业控制力综合评价指标体系,其主要构架见表7-2。

### 一 总体层

总体层代表FDI农业产业控制力的总体水平,是衡量FDI农业产业控制力的综合指标。用0~1表示,数值越接近1,说明FDI控制力越强,反之越弱。它的数值由下一层指标计算确定。

### 二 指数层

指数层是各环节FDI控制力综合水平的指数。本书设计了产业组织控制力、产业结构控制力、产业布局控制力、产业定价权和产业链构建控制力5个指数。这些指数数值表示了不同方面FDI控制力的一般情况,也用0~1表示,数值越接近1,说明该环节FDI控制力越强,反之越弱。

表 7-2  FDI 农业产业控制力评价指标体系

| 总体层 | 指数层 | 指标层 |
|---|---|---|
| 外资产业控制力 | 产业组织控制力 | FDI 市场集中度 = $CR_4$ 或者 $CR_8$ |
| | | FDI 资本进入壁垒 = 产业平均外资企业固定资产投资/行业平均外资企业总资产 |
| | | FDI 拥有发明专利控制力 = 外资企业拥有发明专利数/产业拥有发明专利总数 |
| | | FDI 研发费用控制力 = 外资企业研发费用/产业研发费用总额 |
| | | FDI 新产品产值控制力 = 外资企业新产品产值/产业新产品总产值 |
| | | FDI 流通渠道控制力 = 代表性外资企业子公司个数/(代表性内资企业的子公司个数 + 代表性外资企业子公司个数) |
| | | FDI 市场控制力 = 外资企业主营业务收入/全产业主营业务收入 |
| | | FDI 利润控制力 = 外资企业利润/全产业利润 |
| | 产业结构控制力 | FDI 农业产业结构合理化控制力 = FDI 倾斜度 × 农业产业超前度 |
| | | FDI 产业技术进步控制力 = 全行业劳动生产率提高率 × 平均外资企业劳动生产率增长率 |
| | | FDI 产业关联效应控制力 $W$,<br>$W = \Delta FDI + \Delta FDI \times R_1 + \Delta FDI \times (R_1 \times R_2) + \cdots + \Delta FDI \times (R_1 \times R_2 \times \cdots \times R_n)$ |
| | | FDI 贸易额控制力 = 外资企业贸易额/农业产业贸易总额 |
| | | FDI 贸易结构控制力 = 外资企业高技术农产品出口量/农业全产业高技术产品出口量 |
| | 产业布局控制力 | FDI 农业产业布局控制力 = $\sum_{i=1}^{31} W_i \times i$ 省农业产业区位熵 × $i$ 省农业外资区位熵 |
| | 产业定价权 | 定价权控制力 $b_t = 1 - \dfrac{c_0}{A'Q_t^k(r+1)^k - c_1 - c_2}$ |
| | 产业链构建控制力 | 产业构建控制力 = 代表性外资企业纵向整合程度<br>$= \dfrac{\text{增加值} - \text{净利润} + \text{净资产} \times \text{平均净收益率}}{\text{主营业务收入} - \text{净利润} + \text{净资产} \times \text{平均净收益率}} \times 100\%$ |

注：FDI 倾斜度等于个别产业 FDI 流入增加的实际速度与产业总体 FDI 流入增加的加权平均速度之比，再减去同步性变动因素 1；某一产业的超前度等于这一产业的增长速度与总产出增长的加权平均速度的离差；$\Delta FDI$ 为产业外资投资增加量，$R_1$，$R_2$，$\cdots$，$R_n$ 为外资投资产业与其余 $n$ 个产业之间的关联度，$W_i$ 为 $i$ 省的空间布局权重，其值取各省农业产值比重；$C$ 为产品的市场信息搜寻成本，$Q$ 为收购量，$c_0 = C/Q$ 为产品单位分摊成本，$r$ 为内资企业进货量与外资企业进货量之比。

## 三 指标层

指标层由 16 个指标组成。这一层指标是本评价体系中基础评价指标，将从本质上反映外资控制的供需及市场各个部分的情况，并且这些具体指标具有可测性、可比性、可获得性的特点。

## 第三节 FDI 产业控制力指数构建

根据上述评价指标体系，外资控制力可从产业组织控制、产业结构控制、产业布局控制、定价权和产业链构建五个方面进行考察，这五个方面在不同背景下的重要性即权重也不一样。FDI 控制力评价指数可以简单地表示为：

$$C^{FDI} = W_1 C^1 + W_2 C^2 + W_3 C^3 + W_4 C^4 + W_5 C^5 \tag{7-1}$$

（7-1）式中：$C^{FDI}$ 为外资产业控制力指数；$C^1$，$C^2$，…，$C^5$ 分别为产业组织控制、产业结构控制、产业布局控制、定价权和产业链构建五个方面外资控制力；$W_1$、$W_2$、$W_3$、$W_4$、$W_5$ 为相应的权重，$0 < W_i < 1$，$i = 1, 2, 3$。

$$C^1 = \sum_{i=1}^{8} w_i c_i, C^2 = \sum_{i=9}^{13} w_i c_i,$$

其中，$w_i$、$c_i$ 分别表示产业组织控制和产业结构控制两个方面各子层面 FDI 控制相对应的权重和具体评价指标。

根据上述模型，可以对农业产业外资控制做出综合评价，有助于客观地反映农业产业外资控制现状，为合理评判农业产业的安全程度提供依据。

1. 估计权重

权重的大小反映了不同变量对 FDI 农业产业控制力（$C^{FDI}$）的影响大小，显然，计算 $C^{FDI}$ 的关键在于计算权重。这里采用 M. Hashem Pesaran 等在自回归分布滞后模型（ARDL）的基础上构建的无约束误差修正模型（Unrestricted Error-correction Model，UECM），通过对 UECM 的统计检验来推断因变量与自变量间是否存在长期协整关系（Pesaran et al.，2001）。这样做是由于 UECM 具有两个优点：第一，不要求变量必须同阶单整，不论变量是 $I(0)$、$I(1)$，还是二者的混合，都可用于检验；第二，在小样本情形下检验依然有效，适合于本书需要，另外评价外资对农业产业系统的控制力必须基于外资是否有利于（有损于）农业经济资源的分配、产业的优化升级，最终促进（阻碍）农业产业的发展这样的思想。构建的 UECM 形式为：

$$\Delta Y_t = \alpha_0 + \alpha_1 t + \delta_1 Y_{t-1} + \delta_2 X_{t-1} + \sum_{i=1}^{P-1} \gamma_i \Delta Z_{t-i} + \lambda \Delta X_i + u_i \qquad (7-2)$$

$Z$ 为控制变量。通过检验水平值滞后项 $Y_{t-1}$ 的系数、$X_{t-1}$ 的系数两者是否为 0，就可推断 $Y$ 与 $X$ 之间是否存在长期稳定关系，只要两系数其中一个为 0，则说明 $Y$ 与 $X$ 之间不存在协整关系；只有当 $\delta_1$、$\delta_2$ 都不为 0 时，才表明 $Y$ 与 $X$ 之间存在协整关系。即 $H_0: \delta_1 = \delta_2 = 0$，$H_1: \delta_1 \neq 0, \delta_2 \neq 0$。

该假设是以 F 统计量（Wald 检验）来检验的，Narayan（2004）通过模拟得到 F 统计量边界检验的上下限值 $F_H$、$F_L$。当模型的 F 统计量大于上限 $F_H$，则拒绝原假设，表明变量之间存在协整关系；当模型的 F 统计量小于下限 $F_L$，则接受原假设，表明变量之间不存在协整关系；当模型的 F 统计量介于上下限之间，则要通过考虑变量是 $I(0)$、$I(1)$ 或是二者混合的情况进行判断（Narayan，2004）。在确定存在协整关系后，就可通过 UECM 模型估计得到变量间的长期均衡关系。

2. UECM 模型构建

UECM 模型是建立在线性回归函数基础之上的。参考 C. A. Goodhart and B. Hofmann（2002）的研究，一个忽略时间下标和滞后项的计量模型可表示如下：

$$GDP^A = \beta_0 + \beta_1 C^1 + \beta_2 C^2 + \beta_3 C^3 + \beta_4 C^4 + \beta_5 C^5 + u \qquad (7-3)$$

其中，$GDP^A$，$C^1$，$C^2$，$C^3$，$C^4$ 和 $C^5$ 分别表示农业产值、产业组织控制力、产业结构控制力、产业布局控制力、定价权和产业链构建控制力。根据前述的分析，我们可以预期：$\beta_1 > 0$，$\beta_2 > 0$，$\beta_3 > 0$，$\beta_4 > 0$，$\beta_5 > 0$。为了检验农业实际产出和 5 个解释变量之间是否具有协整关系，我们进一步将（7-3）式转化为 UECM 形式：

$$\Delta GDP^A_t = \beta_0 + \beta_1 GDP^A_{t-1} + \beta_2 C^1_{t-1} + \beta_3 C^2_{t-1} + \beta_4 C^3_{t-1} + \beta_5 C^4_{t-1} + \beta_6 C^5_{t-1} + \sum_{i=1}^{P} \beta_{7i} \Delta C^1_{t-1}$$

$$+ \sum_{i=1}^{P} \beta_{8i} \Delta C_{t-1}^2 + \sum_{i=1}^{P} \beta_{9i} \Delta C_{t-1}^3 + \sum_{i=1}^{P} \beta_{10i} \Delta C_{t-1}^4 + \sum_{i=1}^{P} \beta_{11i} \Delta C_{t-1}^5 + u_t \quad (7-4)$$

其中，$\beta_0$ 是截距项，$\Delta$ 是差分算子，$u$ 为随机误差项，$P$ 为滞后阶数。边界检验的原假设是变量间不存在协整关系，即 $H_0: \beta_1 = \beta_2 = \beta_3 = \beta_4 = \beta_5 = \beta_6 = 0$，备择假设是存在协整关系，即 $H_1: \beta_i \neq 0$，其中 $i = 1$, 2, 3, …, 5。根据 Speaker et al. (1989)，因变量对自变量的长期系数是滞后自变量系数与滞后因变量系数比值的相反数。通过以上方法获得各变量的长期系数后，计算出每个变量的长期系数占所有变量长期系数绝对值之和的比重，即为该变量在 FDIC 指数中的权重。

$$w_i = \frac{coefficient(C^i)}{\sum | coefficient(C^i) |}$$

其中，$w_i$ 为第 $i$ 个变量 $C^i$ 的权重。就本书而言，$i = 1$, 2, 3, 4, 5。

下面调整 $C^{FDI}$ 来考虑压力条件下可能的非线性关系。由于 $C^{FDI}$ 是基于经济变量之间的线性关系构建的，它可能不能代表压力情况。在 FDI 产业控制压力存在时期，FDI 对农业产业的影响可能会加剧。这种非线性影响可以通过加入极端变化（超过两个标准差）指数化解释变量加以考虑。

考虑外资对农业产业的非线性影响，通过考虑解释变量的指数型极端变化、多于两个标准差的变化的情况，将差值取平方加到变化值上，如（7-5）式所示。

$$\Delta C_{t,Exp}^i = \Delta C_t^i + \{MAX [\Delta C_t^i - 2 \times sd(C_{1,n}^i); 0]\}^2 +$$
$$\{MAX [-2 \times sd(C_{1,n}^i) - \Delta C_t^i; 0]\}^2 \quad (7-5)$$

由于非线性效应最有可能表现在市场价格上，$C^{FDI}$ 变量的指数化调整假设它作为增强这种效应的反应是有用的。

## 第四节 FDI 产业控制力实证测度

### 一 数据说明

本节的实证测度采用年度数据，样本区间为 1999～2015 年，共 17

个样本点。之所以选取这一样本区间，主要是考虑数据的可得性，1999年之前农业外资数量很少，且各农业产业环节的外资数据缺乏。除农产品定价权数据为课题组调研数据外，其余所有数据均来自《中国农村年鉴》、《中国农产品加工业年鉴》、《中国统计年鉴》。

为了使回归系数及由其导出的变量权重具有可比性，本书对各变量进行标准化，标准化公式如下：

$$C_t^{i'} = \frac{C_t^i - Mean(C^i)}{Var(C^i)}$$

其中，$C_t^{i'}$ 表示指标的标准化值，$C_t^i$ 代表指标 $i$ 在时期 $t$ 的值，$Mean(C^i)$ 和 $Var(C^i)$ 分别是分析期内指标 $i$ 的均值和方差。

另外，考虑 2005 年 7 月 21 日中国"汇改"的影响，我们设置了虚拟变量 DUMMY05，2005 年之前取值为 0，2005 年之后取值为 1。

为了使指标具有可比性，对各变量指标进行量化，消除量纲和数量级的影响。评价原始数据整理如表 7-3 所示。

表 7-3 中国 FDI 农业产业控制力评价指标计算结果

单位：%

| | 指标 | 1999 年 | 2005 年 | 2010 年 | 2012 年 | 2015 年 | 平均增长率 |
|---|---|---|---|---|---|---|---|
| FDI 产业组织控制力 | 市场集中度 | 15.36 | 17.21 | 17.16 | 18.56 | 15.84 | 0.19 |
| | 资本进入壁垒 | 2.33 | 3.95 | 3.9 | 4.4 | 3.71 | 2.95 |
| | 拥有发明专利控制力 | 3.77 | 4.47 | 5.14 | 5.06 | 5.22 | 2.05 |
| | 研发费用控制力 | 7.33 | 7.58 | 8.45 | 9.1 | 8.22 | 0.72 |
| | 新产品产值控制力 | 11.10 | 11.34 | 15.3 | 18.4 | 20.86 | 4.02 |
| | 流通渠道控制力 | 7.31 | 11.02 | 12.12 | 13.53 | 16.02 | 5.03 |
| | 市场控制力 | 20.11 | 21.81 | 21.84 | 23.97 | 28.54 | 2.21 |
| | 利润控制力 | 14.34 | 20.82 | 30.86 | 38.4 | 33.65 | 5.48 |
| FDI 产业结构控制力 | 产业结构合理化控制力 | 4.75 | 5.97 | 7.84 | 8.73 | 7.01 | 2.46 |
| | 产业技术进步控制力 | 11.02 | 9.08 | 9.89 | 8.63 | 7.57 | -2.32 |
| | 产业关联效应控制力 | 3.01 | 2.06 | 9.59 | 7.02 | 5.20 | 3.48 |
| | 贸易额控制力 | 6.55 | 7.92 | 5.31 | 12.65 | 10.08 | 2.73 |
| | 贸易结构控制力 | 6.45 | 11.61 | 11.05 | 9.85 | 5.16 | -1.38 |

续表

| 指标 | 1999年 | 2005年 | 2010年 | 2012年 | 2015年 | 平均增长率 |
|---|---|---|---|---|---|---|
| FDI产业布局控制力 | 6.62 | 6.06 | 7.80 | 5.44 | 3.12 | -4.59 |
| FDI定价权控制力 | 17.05 | 20.55 | 36.90 | 39.70 | 35.50 | 4.69 |
| FDI产业链构建控制力 | 16.64 | 20.56 | 26.82 | 19.41 | 19.42 | 0.97 |
| FDI综合农业产业控制力指数 | 11.37 | 13.35 | 18.91 | 18.47 | 17.13 | 2.59 |

注：综合指数的计算采用各子指标等权重加权计算。

由表7-3可见，FDI在农业产业组织、产业结构、产业布局、定价权及产业链构建方面都具有一定的控制力。从跨国粮商在各方面相对于内资企业的经营能力所占比重上看，以2015年为例，FDI农产品定价权控制力具有最高值35.50%，FDI产业组织控制环节最高值为利润控制力达到33.65%，产业结构控制环节的最高值是贸易额控制力为10.08%。

从样本期各指标的变化情况看，FDI利润控制力增长最快，样本期的平均增长率达到5.48%，其次是流通渠道控制力，平均年增长率为5.03%，排在第3位的是FDI定价权控制力，平均年增长率为4.69%，新产品产值控制力、产业关联效应控制力也得到一定增长，平均年增长率分别为4.02%和3.48%。样本期FDI控制力趋于弱化的是产业结构控制方面的2个指标和产业布局控制力指标，FDI技术进步控制力，平均年弱化率为2.32%，从1999年的11.02%稳步下降到2015年的7.57%；FDI贸易结构控制力，样本期平均年弱化率为1.38%，从1999年的6.45%逐渐下降到2015年的5.16%；产业布局控制力在1999年为6.62%，2015年下降为3.12%，平均年弱化率4.59%。FDI综合控制力从1999年的11.37%稳步提高到2015年的17.13%，平均增长率为2.59%。这对生产经营相对比较分散的农业产业来说，已经形成一定的外资控制格局。特别是FDI定价权控制力和利润控制力的快速增长应引起高度关注，主粮玉米、大豆、水稻等农产品收购价格和质量标准，在某些地方已经显示外资企业的话语权（李昌平，2010；杨瑞，2010；倪洪兴，2011）。

## 二 单位根检验

由于Pesaran et al.（2001）的边界检验法仅适用于变量为$I(0)$、$I$

(1) 或 $I(0)$ 和 $I(1)$ 混合型 3 种情况，而不适用于存在 $I(2)$ 或更高阶单整的情况，因此，在进行边界检验之前需要对各个变量进行单位根检验。各变量序列的 ADF 检验结果见表 7 - 4。

表 7 - 4　各变量序列的 ADF 检验结果

| 检验变量 | ADF 检验值 | 检验类型 $(c, t, k)$ | 临界值 (1%) | 临界值 (5%) | 临界值 (10%) | 结论 |
| --- | --- | --- | --- | --- | --- | --- |
| $GDP^A$ | -2.3109 | $c, t, 1$ | -4.1445 | -3.4986 | -3.1785 | 不平稳 |
| $C^1$ | -2.8101 | $c, 0, 0$ | -3.5626 | -2.9187 | -2.5972 | 平稳* |
| $C^2$ | -2.2517 | $c, t, 1$ | -4.1445 | -3.4986 | -3.1785 | 平稳 |
| $C^3$ | -2.6586 | $c, t, 0$ | -4.1408 | -3.4969 | -3.1775 | 不平稳 |
| $C^4$ | -1.2622 | $c, 0, 0$ | -3.5713 | -2.9224 | -2.5992 | 不平稳 |
| $C^5$ | -3.7927 | $c, 0, 0$ | -4.1408 | -3.4969 | -3.1775 | 平稳** |
| $\triangle GDP^A$ | -3.3556 | $c, 0, 0$ | -3.7240 | -2.9862 | -2.6326 | 平稳** |
| $\triangle C^1$ | -10.2649 | $c, 0, 0$ | -4.1445 | -3.4986 | -3.1785 | 平稳*** |
| $\triangle C^2$ | -5.0690 | $c, 0, 2$ | -3.5683 | -2.9211 | -2.5985 | 平稳*** |
| $\triangle C^3$ | -6.9283 | $c, t, 0$ | -4.1445 | -3.4986 | -3.1785 | 平稳*** |
| $\triangle C^4$ | -5.1239 | $c, 0, 3$ | -3.5713 | -2.9224 | -2.5992 | 平稳*** |
| $\triangle C^5$ | -4.8242 | $c, 0, 0$ | -3.7378 | -2.9918 | -2.6355 | 平稳*** |

注：检验形式 $(c, t, k)$ 中 $c$ 表示常数项，$t$ 表示趋势项，$k$ 表示所采用的滞后阶数；*、**、*** 分别表示在 1%、5% 和 10% 的显著水平下平稳；A 表示一阶差分。

从表 7 - 4 ADF 检验的结果来看，除了 $C^1$、$C^2$ 和 $C^5$ 是 $I(0)$ 序列，其他序列在 1% 的显著性水平上都是 $I(1)$ 序列，没有出现 $I(2)$ 或更高阶单整的情况，符合边界检验的条件。

关于最优滞后阶数选择：为估计 UECM 模型式 (7 - 4)，这里利用赤池信息准则（AIC）和施瓦茨信息准则（SC）与残差序列相关 LM 检验相结合的方法对滞后阶数 $P$ 进行选择，AIC 和 SC 的取值越小表明滞后阶数越优。由于我们使用的是年度数据且样本量较少，故确定备选的最大滞后阶数为 4。

选定权重还需考虑 FDI 产业控制力在压力情况下可能表现出的非线性，由于 FDI 产业控制力是基于经济和各控制力变量之间的线性关系构建的,在处于 FDI 产业控制危机的压力情况下,FDI 对农业产业的影响会加剧,线性关系不能正确地反映这一特征。比如,20 世纪 90 年代中期中国发生的大豆危机,随着中国大豆贸易条件效应急剧上升,外资从贸易入手进入大豆产业领域,再进入相关的加工环节,然后逐步向上游和下游的育种、收购、加工、贮藏、销售、股市乃至期货等整个产业链扩张,通过对上游产业、龙头产业,比如种业的斩首式并购,起到以少搏多和一剑封喉的重要作用。在这种情况下,FDI 企业在中国农业产业的实际控制力远远大于统计的名义占有率。这种非线性影响可以考虑通过加入极端变化(超过两个标准差)的指数化解释变量,这样调整后的回归结果见表 7-5。

表 7-5 估计系数的总和

| 变量 | 多元回归[1] | VAR |
| --- | --- | --- |
| $C^1$ | 0.0963 (1-3) | 0.0851 |
| $C^2$ | 0.0281 (1-2) | 0.0248 |
| $C^3$ | 0.2441*** (1-2) | 0.2158 |
| $C^4$ | 0.4523*** (1-3) | 0.3999 |
| $C^5$ | 0.3102*** (1-2) | 0.2743 |
| $R^2$ adj | 0.90 | 0.8803 |
| LM | 9.11** | |
| ARCH | 0.13 | |
| RESET (F-stat) | 1.40 | |
| N | 0.78 | |

注:模型估计基于 1999~2015 年数据,$GDP^A$ 是用对数形式的变量的逐年变化量作为解释变量进行的单方程回归,*、**、*** 表示 t 检验统计量分别在 10%、5%、1% 置信水平下系数的显著性,LM1 是 1 阶滞后的自相关检验统计量,ARCH 是残差项自回归条件异方差的 LM 检验值,RESET 是检验回归模型含有一个拟合项的 Ramsey RESET 检验,N 是 Jarque-Berra 正态性检验值。

表 7-5 多元回归结果表明 FDI 控制力滞后变量前系数是显著的,说明 FDI 控制力具有惯性效应,产业组织、产业结构、产业布局和定价权等变量前系数也是显著的。系数具有预期的符号,这意味着增加产业组织控制、产业结构、产业布局、定价权和产业链构建能提高对农业产业的控制力。

用同样的解释变量来估计 VAR 模型。VAR 模型考虑了变量的相互依存，对 FDI 产业控制力指标而言，产业组织、产业结构、产业布局、定价权和产业链构建之间的相互作用尤其重要，用序列修正的 LR 检验统计量，最终预测误差、Akaike 信息准则、Schwartz 信息准则和 hannan-Quinn 信息准则进行滞后阶数检验表明至少应包含 3 阶滞后，估计 3 阶滞后 VAR①。LM 检验表明接受残差项不存在自相关的零假设。Normality 测试表明残差为正态分布，VAR 模型中变量的影响表示存在脉冲响应（见图 7-1）。尽管 $C^{FDI}$ 中变量影响的方向符合预期，估计值的解释仍需要谨慎。

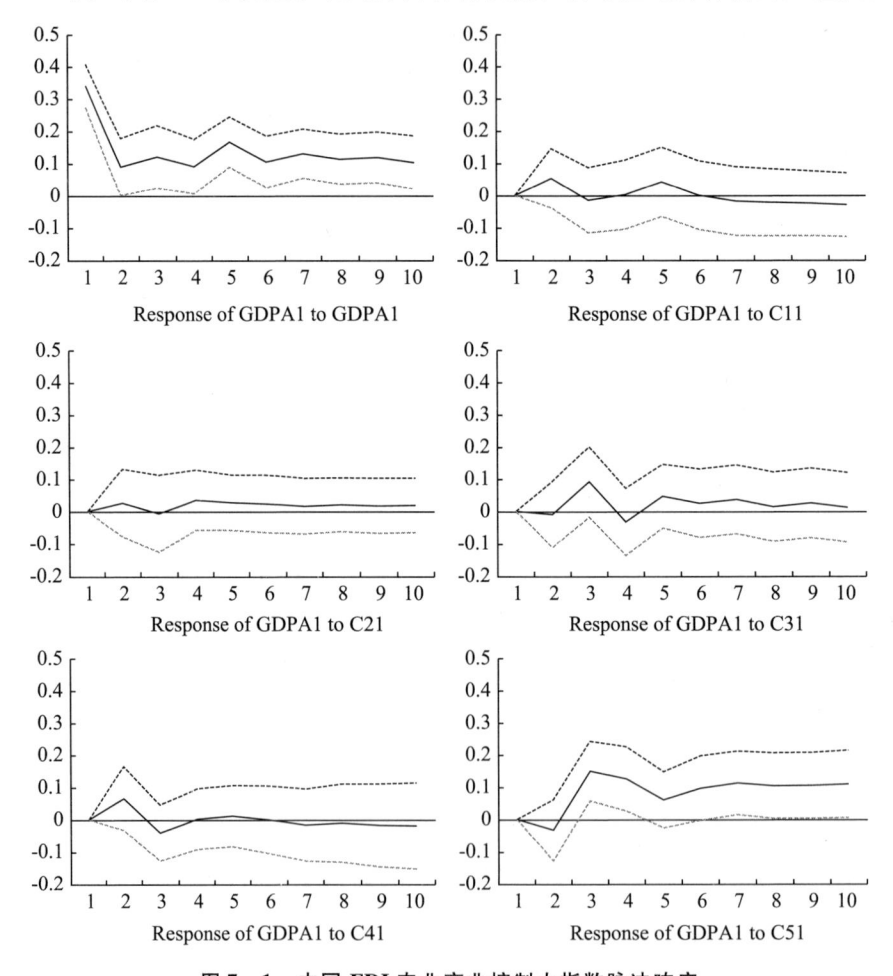

图 7-1 中国 FDI 农业产业控制力指数脉冲响应

---

① LR 检验、AIC 和 SC 信息准则都表明滞后阶数为 3。

产业布局控制和产业链构建的波动有显著的影响（置信区间不同于零），而其他变量并不显著。

综合考虑中国 FDI 农业产业控制的情况以及数据可得性，我们基于 1999 年以来的数据编制了中国 $C^{FDI}$ 指数。这一指数综合反映了 FDI 农业产业组织控制力、产业结构控制力、产业布局控制力、定价权和产业链构建控制力五类指标。从总体上看，1999 年至 2015 年，中国农业产业 $C^{FDI}$ 指数在波动中不断上升，外资控制力持续快速增强，预示了中国农业产业外资控制力趋势性上升的阶段性特点。

从 $C^{FDI}$ 指数成分指标变化看，定价权对 $C^{FDI}$ 指数提高发挥了最积极作用，产业链控制力和产业布局控制力都在不同程度上对 $C^{FDI}$ 指数产生了增强作用。2015 年，产业组织、产业结构、产业布局、定价权和产业链构建五方面控制力对 $C^{FDI}$ 指数（17.12）的贡献分别为 3.30、1.40、1.42、7.12 和 3.88。图 7-2 显示了中国农业产业 $C^{FDI}$ 指数的演化。2005 年之前，$C^{FDI}$ 指数趋于平稳，2005~2010 年，$C^{FDI}$ 指数快速上升，2010 年之后，$C^{FDI}$ 指数呈平稳下降趋势。相应各时期农业实际利用 FDI 从 1999 年的 7.10 亿美元，2005 年的 11.98 亿美元，2010 年的 19.12 亿美元，稳步增长到 2015 年的 25.6 亿美元。这说明经过一段时期外资农业产业控制力增强的过渡阶段之后，伴随 FDI 在中国农业产业投入的增长，农业利用外资效益增强，内资农业企业不断壮大，竞争力得以提高，外资农业产业控制力得到有效遏制。

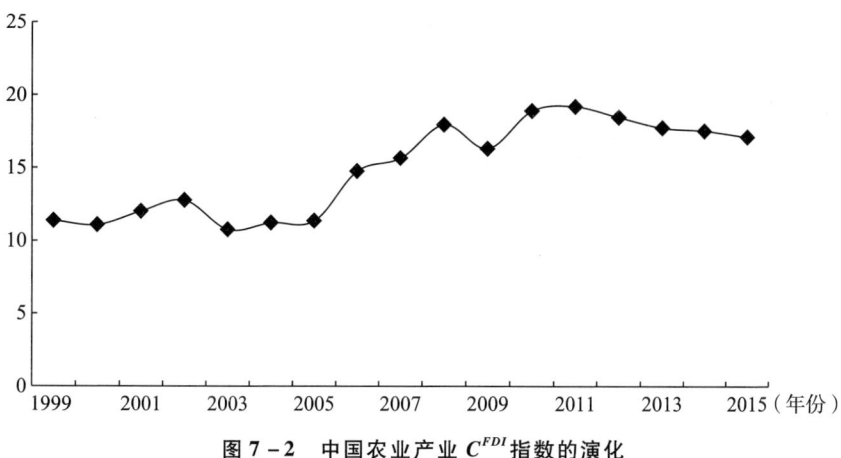

图 7-2 中国农业产业 $C^{FDI}$ 指数的演化

需要指出，$C^{FDI}$指数是一个相对指标。也就是说，即便方法相同，不同的机构和个人计算得到的$C^{FDI}$指数也可能会不一样。因此，观察$C^{FDI}$指数在某一特定时刻的具体取值是没有意义的，观察$C^{FDI}$指数应当比较$C^{FDI}$指数的变动情况。$C^{FDI}$指数提高，意味着FDI农业产业控制力趋于加强，对农业产业发展的进程和方向掌控力加强；反之，$C^{FDI}$指数下降，意味着外资控制力减弱，内资控制力加强，内资对产业发展的进程和方向掌控力加强。

## 第五节 有效利用FDI，弱化FDI对中国产业控制的措施

目前，外资对中国大宗农产品定价权并非完全处于优势地位，在农业产业链各环节的市场份额也并不大，但潜在风险不可小觑。为削弱外资企业可能的恶意行为，必须采取有效措施。

1. 发展旗舰企业，扩大民族企业发展空间

就农业产业而言，发展民族旗舰农业企业、对抗外资企业的不正当竞争是有效遏制FDI产业控制力的关键。为防止实力雄厚的跨国公司对内资企业的恶意收购、掠夺中国企业原有的核心技术和品牌、打压中国内资企业发展不利格局的出现，政府要鼓励内资企业通过强强联合，打造内资旗舰型企业，加大对加工、流通、进出口领域龙头企业的扶持力度，建立国际农产品信息平台，积极推进农业合作，鼓励企业创新，通过提高技术、管理水平和完善营销渠道强化自身所有权优势。对中小民族农业企业给予资金和政策支持，拓展其发展空间。

2. 弘扬民族知名品牌，鼓励行业竞争

一个知名品牌不仅仅代表着一个企业的价值，也意味着企业拥有了市场空间，它是企业核心竞争力的基础。如果大量国内知名品牌和知名企业从市场上销声匿迹，中国产业发展根基将不复存在。因此，国内农产品知名品牌的创立和保护一定要放在一个战略高度。要严厉打击外资企业对国产品牌进行"冷藏"或封存，或是利用中国知名品牌嫁接国外知名品牌的不良行径，下功夫完善营销网络，精心打造巨大的品牌影响力，培育消费者对其产品品牌的忠诚度。要实施商事制度改革，鉴于目

前国内民族品牌在数量、品牌价值上与发达国家的知名品牌相比,仍有不小差距,要引导企业加强品牌创新和品牌建设,充分尊重和发挥内资企业的主体地位和作用,鼓励内资企业通过品牌竞争实现创新驱动、转型发展。

3. 提升本土农业企业的技术研发能力

FDI从全球战略考虑可能将中国被并购企业锁定在国际产业分工格局的不利位置,使其丧失自主研发能力。2015年,中国内资企业平均研发费用占主营业务收入的比重为0.55%,"三资企业"平均研发费用占主营业务收入的比重为0.45%,其中中外合资经营企业为0.50%,外商独资经营企业仅为0.35%。外资控股并购中国企业后,大都取消企业原有的研发机构,减少研发费用,限制企业的技术研发活动。这会削弱整个产业的国际竞争力。因此要拓宽自主创新的基础和路径,加大内资企业的科研投入,调动科研人员的积极性,提升他们的研发能力,这是与外资企业进行有效竞争、保护本土农业产业控制力的核心。

4. 优化产业布局,发挥资源优势

支柱产业对地区经济发展具有引导和推动作用。为提升内资产业控制力,首先要实现内资对关键支柱产业的控制,要以发挥各地的资源优势、技术优势和生态优势为原则,确立地区支柱产业,进行农业产业的统筹规划布局。利用不同地域内的专业化生产经营促进地域产业结构优势的发挥,实现广泛地域上的产业结构均衡。加强对农业产业发展政策的宣传,引导外商及时调整投资方向和正确选择投资领域以服从区域产业布局优化的要求,限制龙头外资企业在农业产业结构调整中的引导和控制作用。

5. 建立起公平统一、有序竞争的市场体系

当今的中国还处于从计划经济向市场经济转型当中,行政权力在许多行业和很多领域凌驾于市场之上。某些地区出于局部利益考虑还存在对外资企业给予税收减免上的优惠,外资企业在监管力度和法律环境方面享有特权,在贷款、融资、财政扶持、土地等要素资源的获得上有优势。这样,一方面不利于打破(有利于逐渐形成)外资对某些领域的垄断,不利于国内市场形成公平竞争的体制机制;另一方面,不利于促使内资企业的转型升级,以及技术和管理水平的提高。因此,必须继续推

动外资管理体制改革，完善对外商投资实行准入前国民待遇加负面清单管理模式。公平竞争是市场经济的本质要求，也是市场机制发挥作用的必要条件。要使国内企业和外商投资企业在农业生产、加工和流通行业内真正享有同样的优惠政策。

## 第六节　本章小结

本章应用"产业组织控制—产业结构控制—产业布局控制—定价权控制和产业链控制"的理论分析框架，以中国农业产业为例研究FDI产业控制力测度问题。分析认为，FDI利用所有权优势影响农业产业组织，利用投资倾斜和技术倾斜影响农业产业结构，利用不正当竞争影响农业产业布局，采用直接与农民签订收购合同的方式以有利于操纵收购价格，采用集采购、加工、仓储、配送于一体的建厂模式，外资企业进行全产业链打造得以控制利润的流动。遵循科学性、合理性、可行性等一般性原则，本着完备性、系统性、动态性、可测性、重要性的准则，本章筛选出能尽量准确地评判包括农业产业组织、农业产业结构、农业产业布局、定价权和产业链构建各方面及环节在内的中国FDI农业产业控制力的评价指标体系，设计VAR模型用于测算指标体系中各指标的权重，对中国农业产业的外资控制力进行了实证测度，认为农产品利润控制、流通渠道控制和定价权控制是决定FDI农业产业控制力的关键原因，提出发展旗舰企业、弘扬民族知名品牌、提升本土农业企业的技术研发能力、优化产业布局等是弱化FDI农业产业控制力的有效途径。

# 第八章 FDI 产业投资决策特性研究

本章构建了 FDI 投资以及 FDI 延迟投资的决策模型，用于实证分析并比较不同产业 FDI 投资决策的特征及决定投资时间。实证结果表明，市场需求潜力、产业已有 FDI 规模、专门化优势、FDI 产业控制力、劳动力成本、对外开放程度、规制条件等都是缩短 FDI 投资时间、加快 FDI 产业投资步伐的关键影响因素。进一步对 FDI 投资时机（最优等待时间）与东道国市场条件、初始 FDI 产业控制力变化特征及项目特征参数进行模拟分析，指出由 NPV 方法所得结论的偏差，进而给出最优投资时机决策准则，为 FDI 投资决策提供新的思路和决策方法。

## 第一节 FDI 投资决策的影响因素研究

### 一 关于风险概率模型理论

利用生存分析方法，分析不同产业 FDI 进入时间与影响其进入的产业特征因素间的关系，可以为东道国吸引外资指明方向。假设因对外直接投资的不确定性、不可撤回性以及可延缓性，FDI 会等待最佳投资时间，定义 FDI 等待最佳投资时间为随机函数 $T$，$T$ 的概率分布函数为 $F(t) = P(T \leq t)$，风险函数 $h(t)$ 描述跨国公司在时点 $t$ 尚未对某一产业投资，但在未来很短时间会进行 FDI 投资的概率函数。$h(t, x)$ 是一个描述 FDI 投资时机与其影响因素之间关系的函数，其中 $x$ 代表影响跨国公司对不同产业投资的解释变量（产业特征因素）。应用国际上最常用的广义伽马分布（Generalized Gamma Distribution）、韦伯分布（Weibull Distribution）、指数分布（Exponential Distribution）、对数正态分布（Lognormal Distribution）分别进行参数回归模型估计，找出等待投资时间最适合的分布特征。假定跨国公司等待投资时间的对数（$\log T$）是一组解释变量的线性函数：

$$\log T = X'\beta + \sigma\varepsilon \qquad (8-1)$$

其中，$X$ 为影响跨国公司对不同产业投资的解释变量，$\beta$ 为解释变量的系数，$\sigma$ 为尺度参数，$\varepsilon$ 为随机项。

当 $T$ 的概率分布函数 $F(t)$ 为已知，则相对可得知 $\varepsilon$ 的函数 $f(\varepsilon)$，建立 Cox 比例风险回归模型，假设在某一时点 $t$ 个体出现观察结局的风险可以分解为两部分：基本（本底）风险量 $h_0(t)$ 和第 $i$ 个影响因素使该风险量从本底风险量 $h_0(t)$ 增加 $e^{\beta_i X_i}$ 倍而成为 $h_0(t) e^{\beta_i X_i}$。因此如果有 $k$ 个因素同时影响生存过程，那么时点 $t$ 的风险量即风险函数（hazard function）或风险率（hazard rate），表达式为：

$$h(t, X) = h_0(t) e^{\beta_1 X_1 + \beta_2 X_2 + \cdots + \beta_k X_k} \qquad (8-2)$$

将基础风险移至公式左侧，两边同时取对数，得：

$$\log[h(t, X) / h_0(t)] = \beta_1 X_1 + \beta_2 X_2 + \cdots + \beta_k X_k \qquad (8-3)$$

（8-3）式表明 $\beta$ 的实际含义是：当变量 $X_i (i = 1, 2, \cdots, k)$ 改变一个单位时，引起的 FDI 投资概率改变倍数的自然对数值。

为了便于理解，以跨国公司进行 FDI 投资作为观察结局对式中的符号加以说明。

$h(t, X)$：表示个体在协变量的作用下，一项 FDI 在时点 $t$ 未投资，但在未来很短时间会进行投资的概率（风险率，$X$ 为协变量向量）。

$h_0(t)$：表示个体在时点 $t$ 的基准风险率，此时所有的协变量取值为 0。

$e^{\beta_i}$：相对危险度（RR, Relative Risk），表示第 $i$ 个影响因素 $X_i$ 产生的作用，即当 $X_i$ 上升一个单位时，FDI 未来将要投资的概率比原水平增加 $e^{\beta_i}$ 倍。

$\beta_i$：可以理解为 $X_i$ 的回归系数，若 $X_i$ 对生存无影响，则理论上 $\beta_i = 0$，即未投资概率从 $h_0(t)$ 增加到它的 $e^0$ 倍，也就是维持不变。

定义 $\log[Rh(t, X)] = \log[h(t, X) / h_0(t)]$。

$Rh(t)$：在时间 $t$、协变量向量 $X$ 作用下，一项 FDI 未投资概率相对于基准水平的未投资概率之比。

## 二 变量说明与数据来源

### （一）数据说明

本书研究跨国公司对中国 9 个细分产业投资的时点选择行为，研究期自 2001 年至 2015 年。以 2001 年作为基年的合理性源于跨国公司对中国进行 FDI 投资的市场化动机应该起始于 2001 年，即中国加入 WTO 实施全球化方针之时。研究资料基于课题组在 2013~2014 年对不同产业外资企业的调研资料，有效样本共 1325 个，并用商务部外资司和各地外资管理局的原始资料进行数据补充。有关该样本的产业分布及地区分布见表 8-1。1325 家样本 FDI 企业中以农业企业最多，有 241 家，占总样本数的 18.19%，其次为有色金属业企业，共 196 家，占总样本数的 14.79%，最少的是汽车业的企业，为 93 家，占总样本数的 7.02%。

表 8-1 不同产业样本 FDI 企业数量和投资额统计

| 行业 | 企业数量（家） | 投资额（万美元） | 所占总样本数比例（%） |
| --- | --- | --- | --- |
| 农业 | 241 | 5789729 | 18.19 |
| 轻工业 | 149 | 197680 | 11.24 |
| 建材业 | 115 | 271755 | 8.68 |
| 有色金属业 | 196 | 440780 | 14.79 |
| 汽车业 | 93 | 517000 | 7.02 |
| 机械制造业 | 101 | 505000 | 7.62 |
| 石化产业 | 96 | 5958239 | 7.25 |
| 电子信息产业 | 182 | 133900 | 13.74 |
| 高新技术产业 | 152 | 356900 | 11.47 |

资料来源：据作者课题组调研资料整理。

### （二）变量说明

跨国公司在中国不同产业进行 FDI 投资的时点 $T$ 的计算以对 FDI 企业问卷调查回答的投资年减去 2001 年（中国加入 WTO 对外开放）所得的数值来衡量等待投资时间 $T$。根据 FDI 对外投资理论和已有的文献研究可知，东道国已有 FDI 规模、东道国的区位优势和交易内部化优势均会影响跨国公司投资决策的不确定性。具体设置的变量有以下方面。

1. 市场需求潜力

很多研究如 Caves and Mehra（1986）、叶勤（2003）均指出，东道国市场的需求潜力与对外投资有正向关系，用产业平均投资规模增长速度代表市场的需求潜力。

2. 产业内已有的 FDI 数量

在其他条件不变的条件下,为了占领市场,竞争性跨国公司会加速进行 FDI。东道国已有的 FDI 规模越大,等待最佳对外投资时间愈短,同时在 $t$ 时尚未投资,未来投资的概率较大。

3. 跨国公司的专门化优势

跨国公司专门化优势越大,其投资获利的机会越大,且较有能力面对较高的投资风险。在其他条件不变的情况下,会较早进行对外投资。FDI 专门化优势用跨国公司的 R&D 资本支出与技术购买费合计数表示。

4. FDI 产业控制力

此指标代表 FDI 在不同产业具有的竞争能力和获利能力。采用前面章节计算的结果。

5. 东道国劳动力成本

用劳动力成本代表区位投资环境优势,用工人平均工资衡量。

6. 东道国对外开放程度

考虑到中国不同产业具有小规模开放的特征,在模型中加入对外开放度作为控制变量。一个国家的对外开放程度越高,投资壁垒越低,对吸引 FDI 具有正向影响,这里以进出口占 GDP 比例来衡量产业国际化水平与贸易壁垒。

7. 东道国规制条件

规制条件也是一种区位优势,稳定的政治环境以及对 FDI 友好的规制政策对 FDI 投资决策具有正向作用。

上述变量与等待最佳投资时间的预期符号整理如表 8-2 所示。

表 8-2 变量说明与预期符号

| 变量 | 衡量方法 | 预期符号 |
| --- | --- | --- |
| 等待最佳对某一产业投资时间 $T$ (年) | 以对中国进行投资的年份减 2001 年 | |
| 市场需求潜力 (%) | 产业平均投资规模增长速度 | + |
| 产业内已有的 FDI 数量(万美元) | 跨国公司投资年之前本产业已有的 FDI 数量 | + |

## 第八章　FDI产业投资决策特性研究

续表

| 变量 | 衡量方法 | 预期符号 |
|---|---|---|
| 专门化优势（万美元） | 跨国公司年 R&D 支出＋技术购买费用 | ＋ |
| FDI 产业控制力 | $C^{FDI}$ 指数 | ＋ |
| 劳动力成本（美元/月） | 东道国工人平均工资 | － |
| 对外开放程度（%） | 产业进出口占产值比例 | ＋ |
| 规制条件 | 中国从 2006 年 12 月 11 日起加入 WTO 的 5 年过渡期结束，完全兑现入世的承诺，全面开放。定义 2006 年 12 月 11 日之前投资为 1，此后投资为 0 | － |
| 不同产业虚拟变量 | 投资于 9 个产业生产的虚拟变量分别设为 0000，0001，0010，0011，0100，0101，0110，0111，1111 | 不确定 |

表 8－3 给出了在中国的跨国公司产业投资变量的统计分析数据。

表 8－3　中国不同产业跨国公司投资变量的统计分析数据

| 变量 | 跨国公司（1325 家） | |
|---|---|---|
| | 平均值（标准差） | 最大值 最小值 |
| 等待最佳对某一产业投资时间（年） | 5.1374 (3.6804) | 15 1 |
| 市场需求潜力（%） | 0.2456 (4.6723) | 0.5679 0.1835 |
| 产业内已有的 FDI 数量（万美元） | 126.38 (135.799) | 350 4 |
| 专门化优势（万美元） | 2.88 (2.23) | 8.01 0.5 |
| FDI 产业控制力 | 21.88 (15.42) | 30.60 17.13 |
| 劳动力成本（美元/月） | 245.69 (164.67) | 924.95 156.07 |
| 对外开放程度（%） | 24.83 (14.54) | 33.89 10.71 |
| 规制条件 | 0.8315 (0.5792) | 1 0 |

续表

| 变量 | | 跨国公司（1325 家） | |
|---|---|---|---|
| | | 平均值（标准差） | 最大值 最小值 |
| 产业虚拟变量 | 农业 | 0.0714 (0.2575) | 1 0 |
| | 轻工业 | 0.1203 (0.3255) | 1 0 |
| | 建材业 | 0.7732 (0.4190) | 1 0 |
| | 有色金属业 | 0.0643 (4.2133) | 1 0 |
| | 汽车业 | 0.0716 (3.2356) | 1 0 |
| | 机械制造业 | 0.8315 (0.5792) | 1 0 |
| | 石化产业 | 0.0714 (0.2575) | 1 0 |
| | 电子信息产业 | 0.1203 (0.3255) | 1 0 |
| | 高新技术产业 | 0.7732 (0.4190) | 1 0 |

由表8-3可知，自2001年中国加入WTO开始至2015年，FDI平均等待或准备对外投资的时间约为5年，产业平均市场需求潜力（平均投资规模增长速度）为24.56%，最高的产业市场需求潜力为56.79%，最低的为18.35%；产业内已有的FDI数量平均为126.38万美元，产业内已有的FDI数量最高值是350万美元，最低值是4万美元；跨国公司专门化优势（即年R&D支出+技术购买费用）的平均值是2.88万美元，最高值是8.01万美元，最低值是0.5万美元；FDI产业控制力平均值是21.88，最高值是30.60，最低值是17.13；劳动力成本的产业平均值是245.69美元/月，最高值为924.95美元/月，最低值为156.07美元/月；对外开放程度的行业平均值为24.83%，最高值为33.89%，最低值为10.71%。

## 三 实证分析结果

利用生存分析中自由度最高的广义伽马分布（Generalized Gamma Distribution）参数回归模型进行估计，并以韦伯分布（Weibull Distribution）、指数分布（Exponential Distribution）、对数正态分布（Lognormal Distribution）分别进行 FDI 进入时间（生存时间）具有的概率分布特征鉴定，结果如表 8-4 所示，结果显示韦伯分布比较适当。

表 8-4 生存时间分布状态检验

| 原假设 $H_0$ | 似然比检验 | | | |
| --- | --- | --- | --- | --- |
| | 模型 1 | | 模型 2 | |
| Weibull | 4.125 | 接受 $H_0$ | 12.783 | 接受 $H_0$ |
| Lognormal | 38.195 | 拒绝 $H_0$ | 79.451 | 拒绝 $H_0$ |
| Exponential | 111.890 | 拒绝 $H_0$ | 233.556 | 拒绝 $H_0$ |

表 8-5 列出了广义伽马分布与韦伯分布参数回归模型的估计结果。比较可知两个分布模型的参数估计结果相当接近，且两者的对数似然函数值也相差不多，不过韦伯分布模型的对数概率值较大，说明韦伯分布模型是一个相对比较好的模型。

韦伯分布模型的风险函数为：

$$h(t, X) = \lambda P (\lambda t)^{p-1} \qquad (8-4)$$

其中：$\lambda = \exp\left(\dfrac{-X'\beta}{\sigma}\right)$。

$$P = \dfrac{1}{\sigma}$$

若 $P=1$，$h(t, X) = \exp(-X'\beta)$，则跨国公司的投资不受时间因素影响，若 $P>1$，则不同产业的 FDI 投资概率随时间增加；反之，若 $P<1$，则不同产业的 FDI 投资概率随时间降低。

由表 8-5 可得到 $P>1$（$P=1/\sigma$），说明各产业 FDI 的投资概率随时间提高。其他条件不变，产业的 FDI 是不断增加的。从表 8-5 的实证结果得到如下结论。

表8-5　广义伽马分布与韦伯分布参数回归的实证结果

| 项目 | 广义伽马分布 | 韦伯分布 |
| --- | --- | --- |
| 常数项 | 3.9765*** <br> (34.1235) | 4.1415*** <br> (16.105) |
| 市场需求潜力 | 0.0513* <br> (1.785) | 0.0529* <br> (1.854) |
| 产业内已有的FDI数量 | 0.0205** <br> (3.076) | 0.0214** <br> (3.010) |
| 专门化优势 | 0.1072** <br> (1.153) | 0.1407*** <br> (1.675) |
| FDI产业控制力 | 0.1125* <br> (2.214) | 0.1517** <br> (1.771) |
| 劳动力成本 | -0.7018*** <br> (-5.097) | -0.9614*** <br> (-4.193) |
| 对外开放程度 | 0.0010 <br> (-1.412) | 0.0012 <br> (-2.045) |
| 规制条件 | -0.2015*** <br> (-2.473) | -0.2012** <br> (-2.045) |
| 农业 | -0.9734 <br> (-12.765) | -0.6752 <br> (-1.789) |
| 轻工业 | -1.7954 <br> (-10.678) | -1.8154 <br> (-11.653) |
| 建材业 | -1.8758 <br> (-10.749) | -1.8751* <br> (-18.224) |
| 有色金属业 | -0.5015** <br> (-2.473) | -0.6012** <br> (-2.045) |
| 汽车业 | 0.7014** <br> (5.097) | 0.0614*** <br> (4.193) |
| 机械制造业 | -1.5872* <br> (-13.372) | -1.684** <br> (-14.256) |
| 石化产业 | -0.9734 <br> (-12.765) | -0.6752 <br> (-1.789) |
| 电子信息产业 | -1.7954** <br> (-10.678) | -1.8154*** <br> (-11.653) |
| 高新技术产业 | -1.8758** <br> (-10.749) | -1.8751*** <br> (-18.224) |
| 对数似然值 | -575.8573 | -569.307 |

注：括号内为t值，*** 代表在1%水平上显著，** 代表在5%水平上显著，* 代表在10%水平上显著。

(1) 市场需求潜力：其系数为 0.0529，且在 10% 水平上统计显著，表明市场需求潜力是吸引 FDI 加快投资的重要因素。

(2) 产业内已有的 FDI 数量：其参数回归系数为 0.0214，在 5% 的水平上统计显著，表示产业内已有的 FDI 数量越多，越容易吸引新投资者。这是因为产业内已有的外资越多，信息增加，不确定性风险减少，再有跨国公司意识到越迟投资，竞争会加强，市场机会可能变小，因而尚未投资的跨国公司加快投资的概率增加，FDI 等待的时间缩短。

(3) FDI 专门化优势：其系数为 0.1407，统计上显著的正效应，验证了所有权优势的确影响跨国公司进行海外投资的决策。

(4) FDI 产业控制力：其系数为 0.1517，在 5% 的水平上显著，表明 FDI 具有内生化优势，可以通过产业组织、产业结构和产业布局获得定价权及产业链整合优势，对 FDI 投资决策具有显著的正向影响。

(5) 劳动力成本：此项系数为负（-0.9614），且在 1% 水平上显著，说明中国劳动力成本优势仍是影响 FDI 投资决策的一个显著力量。

(6) 对外开放程度：此项系数为 0.0012，且统计上不显著，即对 FDI 投资决策没有显著影响，这主要是因为 FDI 对中国的投资动机主要是针对国内市场。

(7) 规制条件：此虚拟变量的系数显著，说明稳定、公平的投资环境是增加 FDI 投资概率的一个重要诱因。

(8) 不同产业 FDI 投资时点的差异的虚拟变量：有色金属业、建材业、汽车业、电子信息产业、高新技术产业和机械制造业的虚拟变量有很强的显著性，但农业、轻工业、石化产业的虚拟变量不显著，说明相对来讲在这些产业 FDI 投资的概率较低，投资等待的时间较长。

下面进一步分析 9 个产业 FDI 投资时点的差异，实证结果见表 8-6。

由表 8-6 可知，电子信息产业、高新技术产业、汽车业、有色金属业和农业 FDI 投资的概率较高，分别为 73.38%、69.78%、65.31%、60.35%、59.78%。机械制造业、建材业、石化产业 FDI 投资的概率较低，分别为 56.44%、55.61%、55.38%，轻工业 FDI 投资的概率最低，只有 43.57%。此外影响投资时点的因素中，市场潜力均显著影响 FDI 的投资概率；产业内已有的 FDI 数量在农业、轻工业、建材业和机械制造业均有显著影响，但在电子信息产业、高新技术产业、有色金属业和汽车业则不显著；

表 8-6 不同产业影响 FDI 投资决策因素差异

| 项目 | 农业 | 轻工业 | 建材业 | 有色金属业 | 汽车业 | 机械制造业 | 石化产业 | 电子信息产业 | 高新技术产业 |
|---|---|---|---|---|---|---|---|---|---|
| 常数项 | 4.6154*** (7.5141) | 7.1215*** (13.218) | 5.7638*** (11.654) | 2.3476*** (5.5117) | 4.1735*** (8.2158) | 5.8812*** (11.6054) | 1.6974*** (2.5982) | 6.5607*** (9.2519) | 6.0125*** (3.6054) |
| 市场需求潜力 | 0.0856** (2.2762) | 0.0722** (1.7564) | 0.0621* (1.7893) | 0.0915** (2.2762) | 0.1168** (1.9754) | 0.0621* (1.7658) | 0.0735** (2.9261) | 0.0587** (1.9547) | 0.1267* (1.8630) |
| 产业内已有的 FDI 数量 | 0.3015*** (6.2391) | 0.0788*** (3.0425) | 0.0516*** (2.6347) | 0.0715 (0.9239) | 0.0908 (1.0252) | 0.0516 (2.6322) | 0.0815 (1.2359) | 0.0775 (2.0253) | 0.0814 (1.6374) |
| 专门化优势 | 0.2523** (2.9764) | 0.4516*** (5.1058) | 0.7132*** (3.1783) | 0.2375*** (4.2764) | 1.6754*** (3.1631) | 0.6736*** (2.9720) | 0.9543*** (6.7655) | 0.8412*** (5.3376) | 0.7510*** (6.7832) |
| FDI 产业控制力 | 1.2518*** (11.1913) | 0.5978*** (6.4988) | 0.4562*** (3.5872) | 0.7534*** (14.9137) | 1.2371*** (6.7935) | 0.8732*** (3.8456) | 0.4566*** (14.9187) | 0.8418*** (6.9581) | 0.9002*** (3.8752) |
| 劳动力成本 | -0.5142** (-2.3156) | -0.0918* (-1.9253) | -0.1872** (-2.7394) | -0.0942 (-1.2435) | -0.3718** (-1.9253) | -0.5833*** (-2.7634) | -0.8142 (-1.6356) | -0.0768 (-0.7257) | -0.8872 (-1.7634) |
| 对外开放程度 | 0.0657*** (2.1363) | 0.0314** (3.7824) | 0.0702*** (2.7535) | 0.0227** (3.1337) | 0.0414** (6.7584) | 0.0812** (7.7453) | 0.0947*** (3.6133) | 0.0531*** (4.5784) | 0.0612*** (5.4721) |
| 规制条件 | -0.0372* (-1.8512) | -0.0245** (-2.3625) | -0.0531** (-3.2743) | -0.0079 (-1.8552) | -0.0048 (-1.3215) | -0.0339** (-0.7243) | -0.0272* (-1.8652) | -0.0048 (-1.3825) | -0.0039 (-0.2437) |
| Scale (σ) | 0.3860*** (7.1769) | 0.5786*** (7.4862) | 0.4032*** (6.4357) | 0.1690*** (2.7569) | 0.7721*** (7.4627) | 0.4873*** (6.1357) | 0.5362*** (7.7619) | 0.5643*** (7.6426) | 0.7055*** (6.4735) |
| 平均预测概率 | 0.5978 | 0.4357 | 0.5561 | 0.6035 | 0.6531 | 0.5644 | 0.5538 | 0.7338 | 0.6978 |
| 对数似然值 | -89.65 | -128.52 | -263.71 | -115.58 | -167.12 | -113.44 | -109.28 | -148.52 | -203.44 |

跨国公司专门化优势对汽车业的影响最大，其系数值为 1.6754，较其他产业都高；FDI 产业控制力对农业和汽车业的影响最突出，其系数值分别为 1.2518 和 1.2371，远高于其他产业系数值；劳动力成本在电子信息产业、高新技术产业、石化产业和有色金属业不显著，说明在技术密集型产业，劳动力成本对 FDI 投资决策的影响力不大；规制条件对农业、轻工业、建材业、机械制造业和石化产业的 FDI 投资决策都有影响，2006 年之后对外资优惠政策的取消显著影响了这些产业的 FDI 投资决策；对外开放程度在所有产业均得到正向显著效应，意味着开放度越高，FDI 投资的机会越大，这说明出口与 FDI 投资是互补关系而不是替代关系，即 FDI 企业的出口比率越高，其国际化程度越高，进一步对中国尽早投资的概率也越大。

## 第二节　FDI 投资决策优化模型及其模拟

本节研究 FDI 投资的最优时机决策问题，对 FDI 产业控制力怎样影响 FDI 投资决策进行具体的分析。假设 FDI 项目投资等待期间 FDI 产业控制力演化的速度服从泊松分布，FDI 产业控制力演化的幅度服从均匀分布，构建基于 FDI 产业控制力的跨国公司 FDI 投资决策的优化模型，并对模型进行模拟，分析投资时机（最优等待时间）与东道国市场条件、FDI 初始产业控制力及控制力变化特征等参数之间的关系，比较由此模型得到的投资决策与由 NPV 方法所得结论的区别，进而给出最优投资时机决策准则，为 FDI 投资决策提供新的思路和决策方法。

### 一　基本模型

跨国公司进行海外 FDI 投资具有不可逆性和延迟投资的特性。具有 FDI 项目投资机会的跨国公司相当于持有一个期权，持有这一期权的跨国公司会利用投资延迟学习自身或其他企业经验，积累海外市场知识，降低投资的不确定性，增加盈利能力，这便是等待期权的价值。当进行投资时即执行这一期权，期权价值丧失，这一丧失的期权价值是一种机会成本，应作为投资成本的一部分。传统的 FDI 投资决策准则使用净现值（NPV）方法。有学者从不同角度对其进行了修正，例如中国学者张诚（1995）认为财务分析在体现海外投资项目对企业总体和长期利润的贡献方面仍存在缺陷，故企业在海外投资决策时应同时兼顾项目的财务和非财务分析，提出了在财务分析的基础上还要对海外投资项目进行战略价值判断的思路。周智勇等（2014）为解决评价指标单一赋权问题，用变异系数法构建了基于动态组合赋权的矿业资源海外投资风险评价模型。但这些修正并没有对 FDI 的延迟投资行为给出合理的解释。已有研究表明，跨国公司海外投资时的谨慎行为可以由跨国公司面对的各种不确定性来解释，研究者依据对不确定性因素的不同看法，建立了不同的模型研究投资时间滞后问题。例如，Akkoyun 采用延时实物期权价值理论建立了天然建筑石材资源的投资决策模型及蒙特卡洛模拟。这里参考 Farzin 等（1998）对技术投资的处理方法研究跨国公司进行海外投资最优延迟时间决策准则，对此问题最重要的解释是投资获利能力本身的不确定性。跨国公司 FDI 投资的获利能力可以认为是本书研究的 FDI 产业控制力，FDI 项目获得的产业控制力越强，其获利能力也越强。FDI 产业控制力的不确定性包括控制力变化速度的不确定性和控制力变化程度的不确定性。

为了构建跨国公司 FDI 投资决策的优化模型，做如下假设。

假设 1：跨国公司只进行一次性 FDI 投资，投入的固定成本为 $I$。

生产函数的形式：

$$y(v, \theta) = \theta v^a \tag{8-5}$$

这里，$v$ 为投入数量，$a$（$0 < a < 1$）是常产出弹性，$\theta$ 是东道国 FDI 产业控制力，这一参数的值具有随机性。

假设 2：跨国公司会利用投资延迟学习自身或其他企业经验，积累海外市场知识，降低投资的不确定性，提升 FDI 项目产业控制力（获利能力），其产业控制力提升变化为一随机过程，考虑在（$t, t+dt$）内，FDI 项目获取产业控制力变化的速度 $\lambda$ 服从泊松分布，FDI 项目获取产业控制力变化的幅度 $u$ 在（$0, \bar{u}$）上服从均匀分布，所以 FDI 产业控制力演化的过程可表示为：

$$d\theta = \begin{cases} u, & \lambda dt \\ 0, & 1-\lambda dt \end{cases} \tag{8-6}$$

## 第八章　FDI产业投资决策特性研究

FDI 投资是风险中性的，处于完全竞争市场，FDI 项目产出的价格为 $P$，未来收益流的贴现率为 $r$。跨国公司如何选择正确的投资时机？一种极端情况是，一旦有了投资机会就立即投资，这可能带来巨大的沉没成本，另一种情况是等待，则会产生丧失投资收益的机会成本。因此，跨国公司面临最优投资时机的选择，急于投资，FDI 产业控制力（盈利能力）处于较低位，面临收益不能充分抵补投资的风险。直觉告诉我们，一定存在一个 FDI 产业控制力的临界值（阈值）$\theta^*$，当 $\theta > \theta^*$ 时进行 FDI 项目投资才是可行的。

若进行 FDI 投资，东道国 FDI 产业控制力变为 $\theta$，假设投资是一次性，且永续存在，项目的价值为 $V(\theta)$，$w$ 为 FDI 项目在生产中投入的固定单位成本，定义 FDI 项目的利润流为 $f(\theta)$。

$$f(\theta) = P\theta v^a - wv \tag{8-7}$$

对（8-7）式两边求偏导 $f'(\theta) = aP\theta v^{a-1} - w = 0$，求利润流最大化下 FDI 项目的最佳产出为：

$$v^* = \left(\frac{aP\theta}{w}\right)^{\frac{1}{1-a}} \tag{8-8}$$

将（8-8）式代入（8-7）式得：

$$f(\theta) = (1-a)\left(\frac{a}{w}\right)^{a/(1-a)} P^{1/(1-a)} \theta^{1/(1-a)} = \varphi\theta^b \tag{8-9}$$

定义：

$$\varphi = (1-a)\left(\frac{a}{w}\right)^{a/(1-a)} P^{1/(1-a)} \tag{8-10}$$

$$b = \frac{1}{1-a} > 1 \tag{8-11}$$

FDI 项目价值为：

$$V(\theta) = \int_{t=0}^{\infty}(P\theta v^a - wv)e^{-rt}\mathrm{d}t = \int_{t=0}^{\infty}f(\theta)e^{-rt}\mathrm{d}t = \int_{t=0}^{\infty}\varphi\theta^b e^{-rt}\mathrm{d}t = \frac{\varphi\theta^b}{r} \tag{8-12}$$

FDI 项目的最终盈利等于 $V(\theta) - I$。

## 二 NPV 方法最优投资时机的确定

在 NPV 方法中，跨国公司按现金流的净现值超过投资的成本来进行投资决策。记 $V(\theta)$ 为获得的收益值，$\theta$ 为 FDI 产业控制力，$\theta_0$ 为初始的 FDI 产业控制力。记 NPV 方法下的最优投资时机在 $\theta_{NPV}^*$ 处，有等式成立：

$$V(\theta_{NPV}^*) - I = V(\theta_0) \qquad (8-13)$$

其中：$V(\theta_{NPV}^*)$ 为在 FDI 产业控制力 $\theta_{NPV}^*$ 下的现金流，$V(\theta_0)$ 为在 FDI 产业控制力 $\theta_0$ 下的现金流。

应用（8-12）式，可以得到：

$$\frac{\varphi(\theta_{NPV}^*)^b}{r} - I = \frac{\varphi(\theta_0)^b}{r} \qquad (8-14)$$

整理得：

$$\theta_{NPV}^* = \left(\frac{\varphi\theta_0^b + rI}{\varphi}\right)^{\frac{1}{b}} \qquad (8-15)$$

其中，$\varphi = (1-a)(a/w)^{a/(1-a)} P^{1/(1-a)}$，$b = 1/(1-a) > 1$，$w$ 为 FDI 项目在生产中投入的单位产出成本，$P$ 为产品的价格，$a$ 为产出弹性。

## 三 延迟决策方法最优投资时机的确定

现实中，大多数跨国公司的 FDI 投资不是按净现值标准进行决策的。跨国公司会等到 FDI 项目盈利能力提升到了一定程度才进行投资，这种等待产生了一定的等待成本，这个损失的等待成本是一种机会成本，应该作为 FDI 投资成本的一部分予以考虑。因此，忽略了等待期望值的净现值准则是不准确的，本节构建一个能更准确地反映跨国公司 FDI 投资决策行为的优化模型。

记跨国公司的盈利能力为 $f(\theta)$，在 FDI 产业控制力为 $\theta_0$ 时进行投资生产的收益为 $f(\theta_0)$。如果跨国公司进行 FDI 投资带来东道国 FDI 产业控制力变化后的 $\theta$ 值仍小于 $\theta^*$，即带来的 $\theta$ 增量 $0 \leq u \leq \theta^* - \theta$，跨国公司不会进行 FDI 投资，只有当 FDI 投资后带来东道国 FDI 产业控制力

变化使得 $\theta$ 超过 $\theta^*$，即 $\theta^* - \theta < u \leq \bar{u}$ 时，FDI 投资才是可行的。

FDI 投资带给东道国 FDI 产业控制力变化，跨国公司要根据由变化后的 FDI 产业控制力，来决定 FDI 投资还是继续等待。所以根据 FDI 产业控制力变化的程度分为两种情况。

（1）FDI 投资虽然使得东道国 FDI 产业控制力得到提高，但仍然低于 $\theta^*$，跨国公司不予 FDI 投资，如果 FDI 产业控制力改变后还是很低，落在 $[0, \theta^* - \theta]$ 内，那么，企业还是不进行投资，期望收益是 $\int_0^{\theta^* - \theta} F(\theta + u) \frac{1}{\bar{u}} du$。

（2）FDI 投资使得东道国 FDI 产业控制力即盈利能力提高到满意程度，跨国公司进行 FDI 投资。FDI 产业控制力落在 $[\theta^* - \theta, \bar{u}]$ 内，那么，跨国公司就进行 FDI 投资。记 $V(\theta + u)$ 为进行 FDI 投资的收益流，投资成本为 $I$，进行 FDI 投资后的利润就是 $V(\theta + u) - I$，所以，密度函数是 $[V(\theta + u) - I] \frac{1}{\bar{u}}$，在 $[\theta^* - \theta, \bar{u}]$ 下期望利润就是 $\int_{\theta^* - \theta}^{\bar{u}} [V(\theta + u) - I] \frac{1}{\bar{u}} du$。

从 $t$ 到 $t + dt$ 的投资收益为 $f(\theta_0) dt$。如果跨国公司等待一定时间后再进行 FDI 投资，FDI 产业控制力可以演化到 $\theta + d\theta$，等待的期望收益是 $E[F(\theta + d\theta)]$，并要以 $\frac{1}{1 + rdt}$ 进行贴现。所以，FDI 投资决策问题的目标函数为：

$$F(\theta) = f(\theta_0) dt + \frac{1}{1 + rdt} E[F(\theta + d\theta)] \quad (8-16)$$

而：

$$E[F(\theta + d\theta)] = F(\theta) + \lambda dt \left\{ \int_0^{\theta^* - \theta} F(\theta + u) \frac{1}{\bar{u}} du + \int_{\theta^* - \theta}^{\bar{u}} [V(\theta + u) - I] \frac{1}{\bar{u}} du - F(\theta) \right\} \quad (8-17)$$

将（8-17）式代入（8-16）式，并忽略高阶无穷小量，得到：

$$(1 + rdt) F(\theta) = f(\theta_0) dt + F(\theta) + \lambda dt \left\{ \int_0^{\theta^* - \theta} F(\theta + u) \frac{1}{\bar{u}} du + \right.$$

$$\int_{\theta^*-\theta}^{\bar{u}} [V(\theta+u) - I] \frac{1}{\bar{u}} du - F(\theta) \} \qquad (8-18)$$

上式两端同除以（r + λ）并整理得：

$$F(\theta) = \frac{f(\theta_0)}{r+\lambda} + \frac{\lambda}{r+\lambda} \{ \int_0^{\theta^*-\theta} F(\theta+u) \frac{1}{\bar{u}} du +$$

$$\int_{\theta^*-\theta}^{\bar{u}} [V(\theta+u) - I] \frac{1}{\bar{u}} du \} \qquad (8-19)$$

当 $\theta = \theta^*$ 时，为最优 FDI 投资时机：

$$F(\theta) = \frac{f(\theta_0)}{r+\lambda} + \frac{\lambda}{r+\lambda} \int_0^{\bar{u}} [V(\theta+u) - I] \frac{1}{\bar{u}} du \qquad (8-20)$$

应用（8-9）式和（8-12）式重新整理（8-20）得：

$$F(\theta^*) = \frac{\varphi \theta_0}{r+\lambda} + \frac{\lambda \varphi}{\bar{u}r} \frac{(\theta^*+\bar{u})^{b+1}}{(r+\lambda)(b+1)} - \frac{\lambda \varphi}{\bar{u}r} \frac{(\theta^*)^{b+1}}{(r+\lambda)(b+1)} - \frac{\lambda}{r+\lambda} I \quad (8-21)$$

对于 $\theta = \theta^*$，FDI 项目现在投资还是延迟等待是无差别的，即（8-22）式成立：

$$F(\theta^*) = V(\theta_{NPV}^*) - I = \frac{\varphi (\theta^*)^b}{r} - 1 \qquad (8-22)$$

将（8-22）式代入（8-21）式得：

$$\frac{\lambda \varphi}{\bar{u}r(b+1)} [(\theta^*+\bar{u})^{b+1} - (\theta^*)^{b+1}] - \frac{(r+\lambda)\varphi}{r}(\theta^*)^b + \varphi \theta_0^b + rI = 0$$

$$(8-23)$$

这便可以确定 FDI 最佳投资时机对应的 $\theta^*$ 值。

（8-23）式表明了 FDI 最优投资时机对应的 FDI 产业控制力 $\theta^*$ 与反映市场状况的产出价格 $P$、单位成本 $w$、固定投资 $I$、利率 $r$ 有关，与描述 FDI 产业控制力演化特征的速率 $\lambda$ 及提升程度 $\bar{u}$，以及代表 FDI 投资属性的初始 FDI 产业控制力 $\theta_0$ 和 FDI 项目的产出弹性 $a$ 之间的关系。

### 四 模型模拟

为了深入研究最优投资时机的 FDI 产业控制力与各参数之间的关系，使用 Matlab 数学软件对（8-15）式和（8-23）式进行模拟，来说明用以确定最优投资时机的 $\theta^*$ 如何受各个参数的影响。对比由 NPV 方法得到的结论与由决策模型得到的结论之间的差别。

### (一) 参数设定

设置一组合理参数：依据一般企业的投入产出效率令产出弹性 $a = 0.7$；依据一般企业的利润要求令投入的单位成本 $w = 50$，产出价格 $P = 200$；令初始 FDI 产业控制力 $\theta_0 = 15$；令等待时期东道国 FDI 产业控制力演化的速度 $\lambda = 1$；设 FDI 项目使得在东道国的产业控制力提升的程度 $\bar{u} = 0.2$；设贴现率 $r = 0.1$，此值较目前的银行利率高，企业以此作为贴现率，表明了一种慎重的投资态度；依据产出价格的一定比例设 FDI 投资的成本 $I = 16000$。用这些参数来求解 (8-15) 式和 (8-23) 式，得到最优投资时机的 FDI 产业控制力分别为 $\theta^*_{NPV} = 15.34$ 和 $\theta^* = 16.42$。$\theta^*_{NPV} < \theta^*$，意味着在净现值准则下，公司会较早进行 FDI 投资，这样的 FDI 投资决策是次优的。由此可以计算出公司的等待期权价值是 $V(\theta^*) - I - V(\theta_0) = 55045.52$。

### (二) 模拟图形及分析

**1. $\theta^*$ 与东道国市场状况的关系**

由图 8-1 至图 8-4 可见，最优阈值 $\theta^*$ 与产品价格 $P$ 成反比，而与单位投入成本 $w$、所需初始投资 $I$ 及贴现率 $r$ 成正比。在东道国，产品价格 $P$ 越高，单位投入成本 $w$ 越低，所需初始投资 $I$ 越少，贴现率（银行利率）越低，延迟投资带来的利润损失越大，因此加快投资导致最优阈值 $\theta^*$ 较小。NPV 方法计算的最优阈值 $\theta^*_{NPV}$ 小于延迟投资的最优阈值 $\theta^*$，这是符合直觉的，因为没有考虑等待期权价值，净现值（NPV）方法会导致跨国公司过早地进行 FDI 投资。

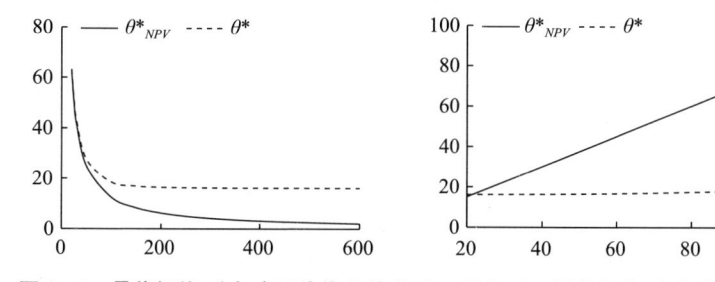

图 8-1 最优阈值 $\theta^*$ 与产品价格 $P$ 的关系

图 8-2 最优阈值 $\theta^*$ 与单位成本 $w$ 的关系

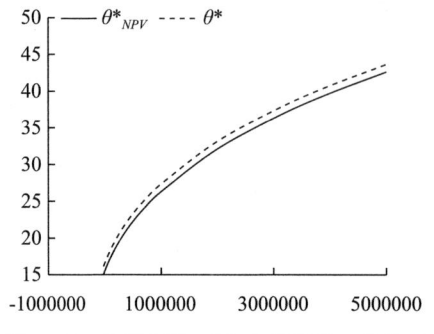

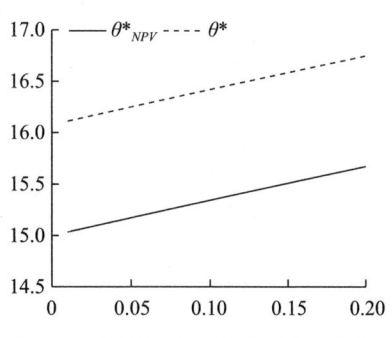

图 8-3　最优阈值 $\theta^*$ 与初始投资 $I$ 的关系　　图 8-4　最优阈值 $\theta^*$ 与贴现率 $r$ 的关系

2. $\theta^*$ 与 FDI 项目特征的关系

图 8-5 表明最优阈值 $\theta^*$ 与 FDI 项目投资机会来临时的 $\theta_0$ 具有正向的关系，这由等待期权一定是正值决定的，延迟投资会带来更多的信息，学习到更多在东道国投资经验，降低投资风险，因此，提升了 FDI 项目产业控制力（获利能力）的阈值。

图 8-6 表明，在所有条件相同的情况下，对于具有较高产出弹性的 FDI 项目来说，等待的投资时间会相对较少，$\theta^*$ 与产出弹性 $a$ 成反比。$a$ 的较大值意味着一个较高的利润流，所以只要求较低的 FDI 产业控制力阈值。产出弹性是一个生产效率指标。对于一个具体的生产函数，产出弹性独立于 FDI 产业控制力。在 $a \to 1$ 的极端情形下，最优投资时机对应的 FDI 产业控制力阈值 $\theta^*$ 是无限的，这意味着 FDI 不会有最优投资时机；在 $0 < a < 1$ 的情形下，$a$ 越低，越倾向于滞后进行 FDI 投资。

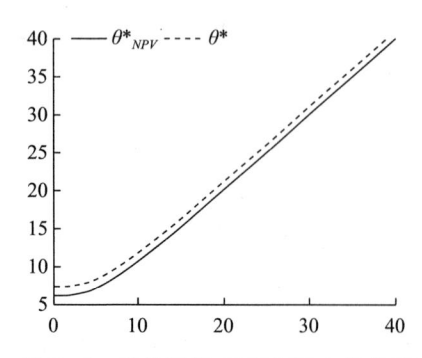

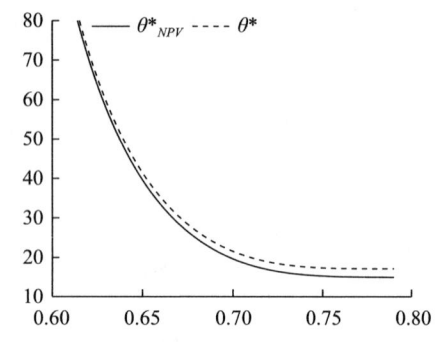

图 8-5　最优阈值 $\theta^*$ 与初值 $\theta_0$ 的关系　　图 8-6　最优阈值 $\theta^*$ 与产出弹性 $a$ 的关系

3. $\theta^*$ 与 FDI 产业控制力演化特征的关系

由图 8-7 及图 8-8 可见，FDI 延迟投资的最优阈值 $\theta^*$ 与等待期间

FDI 产业控制力的演化速率 $\lambda$ 及 FDI 控制力提升程度 $\bar{u}$ 均呈正向关系。因为这两个参数的提升越大，表明投资的盈利能力提升得越高，足以弥补由于延时投资造成的利润损失。

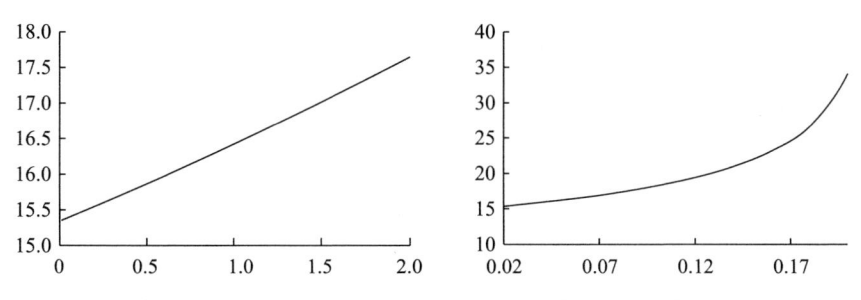

图 8-7　最优阈值 $\theta^*$ 与演化速率 $\lambda$ 的关系　　图 8-8　最优阈值 $\theta^*$ 与演化幅度 $\bar{u}$ 的关系

## 第三节　本章小结

本章的理论研究及实证结果可以归纳为如下三点。

（1）本章利用风险率存活模型实证量化不同产业 FDI 投资时机和影响其投资决策的因素，结果发现随时间的积累，FDI 投资的风险函数（投资概率）增长，并呈现长期上升的趋势。

（2）实证结果显示，产业市场需求潜力、产业内已有的 FDI 数量、专门化优势、FDI 产业控制力、对外开放程度均对 FDI 投资决策有显著正向效应。即某一产业具有的这些生态特征越明显，会缩短 FDI 进入的时间，即加快对此产业的投资。对 9 个细分产业的 FDI 投资决策行为检验表明，在不同产业影响 FDI 投资时机的因素有所不同。所有因素对农业、轻工业、建材业、机械制造业有显著影响，但产业内已有的 FDI 数量这一因素对有色金属业、汽车业、石化产业、电子信息产业和高新技术产业的 FDI 投资决策影响不显著，劳动力成本因素对有色金属业、石化产业、电子信息产业和高新技术产业的 FDI 投资决策影响不显著，规制条件对有色金属业、汽车业、电子信息产业和高新技术产业的 FDI 投资决策影响不显著。

（3）本章建立延时投资决策模型对跨国公司 FDI 投资的最优时机决策问题进行研究，数值模拟的结果表明跨国公司进行 FDI 投资的时机与反映东道国市场状况的产出价格 $P$、单位投入成本 $w$、初始投资 $I$、利率 $r$ 有关，与描述 FDI 产业控制力演化特征的增速 $\lambda$ 及提升程度 $\bar{u}$，以及代表 FDI 投资属性的初始值 $\theta_0$ 和 FDI 项目的产出弹性 $a$ 等因素有直接关系。本章指出由 NPV 方法得到的投资决策会使跨国公司较早进行 FDI 投资。本节建立的决策模型得到的模拟结果，与现实中 FDI 投资决策过程相符，很好地解释了跨国公司 FDI 投资时间滞后的现象。

# 第九章　基于 FDI 产业控制的产业安全评价

本章在论证 DEA 用于产业安全评价可行性分析的基础上，建立了有效利用外资提升产业安全的评价模型，并据此对现实 FDI 控制模式下的产业相对安全性进行了实证分析。实证分析结果说明整体上 FDI 具有提高中国产业竞争力、促进产业发展的作用，是建设者而不是破坏者，提高利用 FDI 效率的空间很大。本章同时指出某些产业利用外资的效率不高，存在危及产业安全的隐患。

## 第一节　评价产业安全基本思路

全面、客观、公正、科学地评价和认识某一产业的安全程度，需要建立模型进行定性定量分析。建立产业安全评价模型的方法并没有一定的模式，但一个理想的模型应能反映系统的全部重要特征，且模型具有可靠性和实用性。

建模的一般方法包括机理分析和测试分析方法。机理分析是根据对现实对象特征的认识，分析其因果关系，找出反映其内部机理的规律，所建立的模型具有明确的物理或现实意义。而测试分析方法，是将研究对象视为一个黑箱系统，不用考虑系统的内部机理，只运用统计分析方法，将系统的输入输出数据按照一定的准则进行拟合，找出数据拟合最好的模型。测试分析方法常在内部机理无法直接寻找时使用。

现实中建模时常将这两种方法结合起来使用，即采用机理分析方法建立模型的结构，用系统测试分析方法来确定模型的参数。本章就采用这一思路，先运用机理分析方法，针对 FDI 产业控制问题提出一套综合评价指标体系，在此基础上建立 FDI 产业控制与产业安全间的关系模型，通过测量系统的输入输出数据，确定模型参数，从而分析得到对于 FDI 产业控制影响产业安全的评价结论。具体步骤如下。

步骤一：明确评价目标。本书从 FDI 产业控制力的角度评价 FDI 威胁产业安全的程度，主要从产业组织、产业结构和产业布局的角度，研究产业体系 FDI 控制所形成产业安全威胁问题，以期分析产业层面 FDI 控制的关键点、关键环节、综合安全效应问题，找出提升产业安全的关键。

步骤二：建立 FDI 威胁产业安全的评价指标体系。评价指标体系是实施产业安全评价的基础，任何评价行为都要运用一定的指标来进行。产业安全评价取决于诸多因素，具有综合性特征，一般情况下，单一或较少的指标难以反映全面，需要建立一个多层次、多准则、多指标的比较完善的指标体系，它是一个反映 FDI 控制产业安全各个侧面的由一系列相关指标组成的评价指标集，选择的指标要具有可行性与有效性，即对应的数据便于收集且适应进行 FDI 产业控制、产业安全管理的需要。

步骤三：选择评价方法。目前已经存在的产业安全评价方法很多，本章根据 FDI 控制产品定价权和产业发展影响产业安全的现实需要，确定一种既科学又能达到评价目的的计算方法，并全面论证其可行性。

步骤四：构建评价模型。基于所选择的计算方法，构建 FDI 控制产业安全评价模型，该模型应该能够满足可靠性和实用性的评价要求。

步骤五：应用模型，分析得到评价结果。判断其可靠性、合理性、应用性，如果符合实际，那么可以得到产业安全的评价结论，通过作用于 FDI 产业控制实践，产生经济、社会效益，如果不符合实际，则重新建模。

## 第二节 产业安全研究方法的选择

产业安全是一个总括性、复合多维的概念，FDI 产业控制的特点是多输入、多输出、渠道复杂，具有多个属性指标，精确的输入、输出数据较难及时获得，且涉及变量众多。

综观各产业安全评价方法，传统的评价方法有模糊数学综合评价方法、层次分析法、BP 神经网络评价方法等。相对于本书的研究目的，模糊数学综合评价和层次分析法的缺点是权重的设定主观性强；应用 BP 神经网络评价方法的难点在于，一是大量样本的取值较难获得，二是训练时需要输入的各个样本的产业安全性难以确定。

与之相比，美国著名运筹学家 A. Charnes 和 W. W. Cooper 等学者在"相对效率评价"概念基础上发展起来的数据包络分析法（Data Envelopment Analysis，DEA）的优点在于，它以凸分析和线性规划为工具，利用观察到的有效样本数据，对同一类型的各评价或决策单元（Decision Making Units，DMU）的相对输入－输出转化有效性进行评定和排序，也可以进一步分析各评价或决策单元非有效性的原因及其改进方向，可以为决策者提供重要的管理决策信息。

DEA 有效性评价是一种非参数的客观评价方法，根据输入、输出动态地调整模型权重指标，使模型具有可变性，符合动态评价的要求。该方法特别能够处理具有多种输入、多种输出指标的评价问题，适合用于 FDI 产业控制影响产业安全的研究。

## 一 研究方法简介

数据包络分析法是以相对效率概念为基础，用于评价具有相同类型的多输入、多输出的决策单元是否技术有效的一种非参数统计方法。其基本思路是把每一个被评价单位作为一个决策单元（Decision Make Unit，DMU），再由众多 DMU 构成被评价群体，通过对输入和输出比率的综合分析，以 DMU 的各个输入和输出指标的权重为变量进行评价运算，确定样本有效前沿面，并根据各 DMU 与有效前沿面的距离情况，确定各 DMU 是否达到输入－输出转化的有效性，同时还可用投影方法指出非 DEA 有效性或弱 DEA 有效的原因及应改进的方向和程度。

## 二 DEA 用于 FDI 产业控制安全评价的可行性分析

（1）产业系统是一个多目标的动态系统，对其进行安全性评价需要从不同的侧面、用不同的指标加以描述，而这些指标的量纲可能不同。另外，目前中国还没有建立起一套 FDI 产业控制数据中心系统，因此分布在产业链多环节多主体间的准确数据难以及时获得。而 DEA 则不用考虑量纲同一化问题，它可以处理多输入、多输出决策单元的相对有效性评价问题，且不用对指标进行烦琐的无量纲转化，也不需要预先估计参数，对产业安全的评价也就更准确、有效。

(2) 对于本书所涉及的产业系统而言，产业安全度高，意味着系统面对着国内外环境的变化，能用较少的代价（如市场、股权、采购权等让渡给 FDI）获得产品定价权较大的提高和产业的高速发展。用 DEA 的术语可表达为：把 FDI 产业组织控制、FDI 产业结构控制、FDI 产业布局控制等因素作为系统的输入，把定价权（为 1 - FDI 定价权）和产业发展（产业产值增长率、产业消费增长率）等作为输出，产业的利用外资效率评价指数 $\theta$ 即可用来衡量各时期的产业安全性状态。$\theta$ 值越大，表示产业系统越能用较少的让渡换得产业的较强的定价权和较高的发展速度，因此，利用外资的效率高，产业安全性提高；反之，则产业安全性降低。因此，当 $\theta = 1$，表示利用外资最有效，产业的安全性得到提高；$\theta = 0$，表示利用外资无效，产业发展处于危机状态。$\theta$ 越接近 1，利用外资的效率越高，产业发展安全状态越好；反之，利用外资的效率越低，产业发展安全状态越差。

(3) 在应用 DEA 模型进行评价时，被评价的问题必须符合 DEA 应用的基本条件。比如选取的决策中心（DMU）必须具有相同的目标、任务和外部约束条件等基本特征。根据本书各产业的具体情况确定符合具体产业内容的模型如下：将 9 个产业分别作为 DMU，通过 DEA 可以对 9 个产业的 FDI 控制的评价结果加以统计分析，比较各产业利用外资效率的变化，了解 FDI 产业控制影响产业安全的主要因素，从而便于采取措施，提高产业可持续发展能力。通过增减某个指标，辨析利用外资效率/产业安全性的变化，得出利用外资效率/产业安全性对某输入、输出指标的依赖情况，从而得出提升利用外资效率/产业安全性的关键所在，并调整指标体系。

(4) DEA 可以为利用外资效率/产业安全性的提升提供明确的改进方向和调整量。由于产业系统是多主体的复杂系统，存在效益背反现象，产业系统的若干功能要素之间存在"成本损益权衡"的矛盾。某一功能要素的优化和利益取得的同时，可能会引起另一个或几个功能要素的利益损失，进而影响整个产业系统的安全。DEA 可以体现系统整体上 FDI 控制影响利用外资效率/产业安全性状况，为改进产业系统安全提供有价值的参考。

## 第三节 基于 DEA 的 FDI 控制影响产业安全综合评价模型构建

### 一 决策单元利用外资效率/产业安全性评价的 DEA 模型

我们将需要评估的 9 个细分产业作为决策单元（DMU），它体现为一个由多个细分产业所构成的系统链条。运用 DEA 评价利用外资效率/产业安全性的流程思路一是确定 FDI 产业控制的指标体系结构，二是运用 DEA 评价单个决策单元的产业安全指标，并进行排序。

1. 评价决策单元利用外资的总有效性

在 DEA 模型多种方法中，A. Charnes，W. Cooper and E. Rhodes（CCR）在 1978 年发表在 European Journal of Operational Research 上的论文"Measuring the Efficiency of Decision Making Units"中给出了一种广为应用的方法。它应用对偶定理将 DEA 转为线性规划，是一种具有多输出的评价方法。CCR 的 DEA 方法阐述如下。

假设 $n$ 个决策单元（DMU），每个 DMU 有 $m$ 个输入指标：$x_j = (x_{1j}, x_{2j}, \cdots, x_{mj})$ 和 $s$ 种输出指标 $y_j = (y_{1j}, y_{2j}, \cdots, y_{sj})$，$(j = 1, 2, \cdots, n)$，则第 $j$ 个 DMU 之输入 – 输出转换效率值 $h_j$ 可表示如下：

$$\begin{cases} h_j^* = \max \dfrac{\sum_{r=1}^{s} u_r y_{rj}}{\sum_{i=1}^{m} v_i x_{ij}} \\ \\ \text{s. t.} \ \dfrac{\sum_{r=1}^{s} u_r y_{rj}}{\sum_{i=1}^{m} v_i x_{ij}} \leq 1 \\ \\ 0 < \varepsilon \leq u_r, v_i; \ i = 1, \cdots, m; \ r = 1, \cdots, n \end{cases} \quad (9-1)$$

$h_j^*$——第 $j$ 个决策单元的相对利用外资效率/产业安全性值，每个决策单元都有相应的利用外资效率/产业安全性评价指标；$x_{ij}$——第 $j$ 个决策单元对第 $i$ 种类型输入的输入总量，$x_{ij} > 0$；$y_{rj}$——第 $j$ 个决策单元对第 $r$ 种类型输出的输出总量，$y_{rj} > 0$；$v_i$——对第 $i$ 种类型输入的一种度量,权系数;$u_r$——对第 $r$ 种类型输出的一种度量,权系数;$\varepsilon$——极小正数(一般设定为 6~10),为非阿基米德无穷小量。

应用 DEA 模型,目的是求第 $j$ 个 DMU 利用外资效率/产业安全性的最大化。设定利用外资效率/产业安全性的最大值为 1,所以限制各个 DMU 的有效性 $h_j^*$ 在 0 和 1 之间。在各个 DMU 的可能解集合 ($u_r$, $v_i$) 当中,寻找对 DMU 最佳的加权值 ($u_r^*$, $v_i^*$),尽量使这个 DMU 的有效性指标 $h_j^*$ 最大。而 $h_j^*$ 如果得到其最大值为 1,表示该决策单元达到有效利用外资提升产业安全性;$u_r^*$、$v_i^*$ 分别为输入与输出总和的权重,由于每个 DMU 都有机会进入目标及限制函数中,将产生 $n$ 个线性规划($n$ 个 DMU),而所有的限制条件都相同。因此 DEA 方法所得到的各个 DMU 的利用外资效率值可以相互比较,也就是所得到的是相对利用外资效率/产业安全性。

由于(9-1)式为分数规划形式,不容易求解,且可能有无穷多解,根据 Charnes-Cooper 变换,把它转化为线性规划模式,以方便求解。

$$h_j^* = \max \sum_{r=1}^{s} u_r y_{rj} \qquad (9-2)$$

$$\text{s. t.} \sum_{j=1}^{n} v_i x_{ij} = 1, \ j = 1, 2, \cdots, n$$

$$u_r \geq \varepsilon > 0, \ r = 1, 2, \cdots, s$$

$$v_i \geq \varepsilon > 0, \ i = 1, 2, \cdots, m$$

把(9-2)式转换成对偶形式,可以减少约束式的个数,并且更为简洁。

$$\min h_j^* = \theta - \varepsilon \left( \sum_{i=1}^{m} S_{ij}^- + \sum_{r=1}^{s} S_{rj}^+ \right) \qquad (9-3)$$

$$\text{s. t.} \ \theta x_{ij} - \sum_{j=1}^{n} \lambda_j x_{ij} - S_{ij}^- = 0$$

$$y_{rj} - \sum_{j=1}^{n} \lambda_j y_{rj} + S_{rj}^+ = 0$$

$$\lambda_j, \ S_{ij}^-, \ S_{rj}^+ \geq 0; \ i = 1, 2, \cdots, m; \ r = 1, 2, \cdots, s; \ j = 1, 2, \cdots, n$$

式中 $\theta$ 代表总体利用外资效率/产业安全性,$\lambda_j$ 代表第 $j$ 个评估产业的输入权数,$S_{ij}^-$ 代表输入指标的松弛变量,$S_{rj}^+$ 代表输出指标的松弛变量,$\varepsilon$ 为一非阿基米德无穷小量。用该模型可以评价某一产业的技术和规模综合利用外资效率,称为总体利用外资有效性。设该模型的最优解为:$\lambda_j^*$,$S^{-*}$,$S^{+*}$ 和 $\theta^*$,根据 Halme 等(1999)可以得出如下结论。

若 $\theta^* = 1$,则 $DMU_j$ 为弱 DEA 有效。其经济意义是:在保持输出基本不变的情况下,将输入尽量缩小,如果已经无法缩小,则说明 $DMU_j$ 对输入-输出进行了有效的转化;如果可以缩小,则说明 $DMU_j$ 必不是有效的转化。以此从输入的角度评价 $DMU_j$ 的效率。

若 $\theta^* = 1$,且 $S^{-*} = 0$,$S^{+*} = 0$,则 $DMU_j$ 为 DEA 有效。

若存在 $\lambda_j^*$,使得 $\sum_{j=1}^{n} \lambda_j^* = 1$ 成立,则 $DMU_j$ 为利用外资规模效益不变。

若不存在 $\lambda_j^*$,使得 $\sum_{j=1}^{n} \lambda_j^* = 1$ 成立,则当 $\sum_{j=1}^{n} \lambda_j^* < 1$ 时,$DMU_j$ 为利用外资规模效益递增。

若不存在 $\lambda_j^*$,使得 $\sum_{j=1}^{n} \lambda_j^* = 1$ 成立,则当 $\sum_{j=1}^{n} \lambda_j^* > 1$ 时,$DMU_j$ 为利用外资规模效益递减。

2. 评价某一细分产业纯技术利用外资有效性

R. D. Banker,A. Charnes 和 W. W. Cooper 在 1984 年给出了一个具有非阿基米德无穷小的 BCC 模型:

$$\min h_j^* = \theta - \varepsilon \left( \sum_{i=1}^{m} S_{ij}^- + \sum_{r=1}^{s} S_{rj}^+ \right) \quad (9-4)$$

$$\text{s.t.} \quad \sigma x_{ij} - \sum_{j=1}^{n} \lambda_j x_{ij} - S_{ij}^- = 0$$

$$y_{rj} - \sum_{j=1}^{n} \lambda_j y_{rj} + S_{rj}^+ = 0$$

$$\lambda_j, S_{ij}^-, S_{rj}^+ \geq 0; \quad i = 1, 2, \cdots, m; \quad r = 1, 2, \cdots, s; \quad j = 1, 2, \cdots, n$$

该模型计算出的某一产业的利用外资有效性是纯技术有效,反映产业利用外资的纯技术状况。设该模型存在最优解:$\lambda_j^*$,$S^{-*}$,$S^{+*}$ 和 $\sigma^*$,则:若 $\sigma^* = 1$,则 $DMU_j$ 为弱 DEA 纯技术有效;若 $\sigma^* = 1$,且 $S^{-*} = 0$,$S^{+*} = 0$,则 $DMU_j$ 为 DEA 纯技术有效。

根据 DEA 的理论,某一细分产业总体利用外资有效性 $\theta^*$、纯技术有效 $\sigma^*$ 和纯规模有效 $s^*$ 这 3 个参数之间存在内在关系,产业利用外资的纯规模有效性用如下的公式计算：

$$s^* = \frac{\theta^*}{\sigma^*} \quad (9-5)$$

## 二 投影分析模型

如果目标值小于1，那么这个DMU没有达到有效利用外资提升产业安全的最大化。借助投影分析，可以找出将非DEA有效的产业转变为DEA有效时，在投影方面应做的改进工作。此时根据DEA模型可以对输入输出的各个变量进行调整，以便其利用外资有效性值为1，也就是实现提升产业安全最大化的调整方法为：

$$x'_{ij} = \theta^* x_{ij} - S_{ij}^{-*}, \quad i = 1, 2, \cdots, m \quad (9-6)$$
$$y'_{rj} = y_{rj} + S_{rj}^{+*}, \quad r = 1, 2, \cdots, s$$

那么建议输入输出变量改进的值为：

$$\Delta x_{ij} = x_{ij} - x'_{ij}$$
$$\Delta y_{rj} = y'_{rj} - y_{rj}$$

(9-6) 式可以转为其对偶形式如下：

$$\min_{\lambda_j} h_j + \varepsilon (\sum_{i=1}^{m} S_{ij}^- + \sum_{r=1}^{s} S_{rj}^+) = g_j \quad (9-7)$$

$$\text{s.t.} \quad h_j y_{rj} + S_{rj}^+ = \sum_{j=1}^{n} \lambda_j x_{rj}$$

$$x_{ij} - S_{ij}^- = \sum_{j=1}^{n} \lambda_j x_{ij}$$

$$\lambda_j, S_{ij}^-, S_{rj}^+ \geq 0; \quad i = 1, 2, \cdots, m; \quad r = 1, 2, \cdots, s; \quad j = 1, 2, \cdots, n$$

在（9-7）式中，如果 $S_{ij}^{-*} = 0$，$S_{rj}^{+*} = 0$（对于所有的 $i$ 和 $r$），那么我们可以说这个DMU的利用外资提升产业安全有效性值为1，也即达到提升产业安全最大化。

由上所述，DEA模型不仅提供了评价各决策单元（每一细分产业）是否达到了利用外资效率最大化的方法，而且提供了为了达到最大化有效利用外资提升产业安全性，各变量的改进方向和改正量。依据DEA法，可以对多个产业利用外资效率进行综合评价。

## 第四节　FDI影响产业安全评价模型的应用

虽然为保证产业安全限制外资产业控制，法律规定合资企业外资股权占比不超过50%，但有报道认为在很多产业，无论技术、品牌还是研发，外资实际控制力远远高于股权占比。以汽车产业为例，一汽大众、上海大众、东风、华晨、上海通用、长安福特、北汽现代、北京吉普、广州本田、广州丰田、天津一汽丰田、长安标致雪铁龙等公司，外资股权均不超过50%，不包括外资中小企业，外商在华投资和合资控制的53家大型汽车公司，销售额1万亿元以上的，占汽车市场总销售额的70%以上。此外，中国汽车零部件市场FDI市场占有率也为60%以上。在汽车电子、发动机零部件和摩托车配件等高技术含量领域，外资企业市场占有率亦为70%以上，外国品牌销售占90%以上。汽车制造行业橡胶轮胎，法国米其林和新加坡佳通轮胎等外商独资和已被外商控股的轮胎企业，其产能与利润占中国汽车轮胎市场80%以上。因此，限制外资股权占比并不能限制外资产业控制，仅仅用市场占有率、利润占比等表象指标也并不能完全真实反映外资对产业控制的实力，外资对行业龙头企业的疯狂并购和对流通领域的不断渗透，对产业发展的威胁更令人担忧。

### 一　构建产业安全评价模型的输入-输出系统

（1）每一产业在每年随FDI流入数量和质量的不同呈现不同的FDI控制态势，产业利用外资的效率不同导致产业安全状态的表现不同。我们将每一细分产业作为一个决策单元DMU，构造输入-输出系统。选择输入-输出指标主要考虑以下方面：首先，所选择的指标能够满足评价的要求，客观反映产业受控状况；其次，从技术上尽量避免输入-输出内部指标间具有较强的线性关系。输入指标由规模指标和效率指标构成，表示FDI在量的扩张和质的提升上对产业总体竞争力和发展的影响。设置输入指标为：FDI市场集中度、资本进入壁垒、拥有发明专利控制力、研发费用控制力、新产品产值控制力、流通渠道控制力、市场控制力、利润控制力、产业结构合理化控制力、产业技术进步控制力、产业关联效应控制力、贸易额控制力、贸易结构控制力、产业布局控制力。输出指标由对产业发展权控制程度的内资企业产品定价权（1 – 外资企业产品定价权）、内资企业产业链构建控制力（1 – 外资产业链构建控制力）和产业产值增长率表示。构建出输入 – 输出系统如表 9 – 1 所示，共有 14 个输入指标，3 个输出指标。

（2）为了使指标具有可比性，对输入 – 输出指标进行量化，消除量纲和数量级的影响。设 $x_{ij}$ 和 $y_{ij}$ 分别为第 $j$ 个待评产业的第 $i$ 个输入指标和第 $r$ 个输出指标，$x_{ij}$ 和 $y_{ij}$ 变换为：

$$x'_{ij} = x_{ij} / \sum_{j=1}^{n} x_{ij}, i = 1, 2, \cdots, m; j = 1, 2, \cdots, n$$

$$y'_{ij} = y_{ij} / \sum_{j=1}^{n} y_{rj}, r = 1, 2, \cdots, s; j = 1, 2, \cdots, n$$

评价原始数据整理如表 9 – 1 所示。

## 二 DEA 模型建立

本书选择需要评估的 9 个细分产业作为决策单元，则评价第 $j$ 个决策单元综合效率的具有阿基米德无穷小的 CCR 模型为：

$$\min \left[ \theta - \varepsilon \left( \sum_{r=1}^{3} S_r^+ + \sum_{i=1}^{14} S_i^- \right) \right]$$

$$s.t. \begin{cases} \sum_{j=1}^{9} \lambda_j x_{ij} + S_i^- = \theta x_{i0} \\ \sum_{j=1}^{9} \lambda_j y_{rj} - S_r^+ = y_{r0} \\ S_i^- \geq 0, S_r^+ \geq 0 \\ \lambda_j \geq 0; j = 1, 2, \cdots, 9 \end{cases}$$

根据 DEA 模型，对决策单元 2015 年的输入 – 输出情况列方程如下：

$$\begin{cases} \min [\theta - 10^{-6}(S_1^- + \cdots + S_{14}^- + S_1^+ + S_2^+ + S_3^+)] \\ 15.84\lambda_1 + 1.35\lambda_2 + 20.77\lambda_3 + 27.45\lambda_4 + 35.12\lambda_5 + 31.5\lambda_6 + 3.22\lambda_7 + 41.02\lambda_8 + \\ \quad 45\lambda_9 + S_1^- - 15.84\theta = 0 \end{cases}$$

表 9-1 各评价单元 2015 年的输入-输出指标数据

| | 评价单元<br>产业 | DMU1<br>农业 | DMU2<br>轻工业 | DMU3<br>建材业 | DMU4<br>有色金属业 | DMU5<br>汽车业 | DMU6<br>机械制造业 | DMU7<br>石化产业 | DMU8<br>电子信息产业 | DMU9<br>高新技术产业 |
|---|---|---|---|---|---|---|---|---|---|---|
| 输入指标 | FDI市场集中度 | 15.84 | 1.35 | 20.77 | 27.45 | 35.12 | 31.5 | 3.22 | 41.02 | 45 |
| | 资本进入壁垒 | 3.71 | 0.47 | 5.11 | 6.35 | 10.25 | 5.34 | 3.21 | 11.27 | 15.66 |
| | 拥有发明专利控制力 | 5.22 | 1.22 | 4.31 | 5.87 | 72.5 | 22.45 | 15.32 | 41.55 | 30.45 |
| | 研发费用控制力 | 8.22 | 2.33 | 15.64 | 13.27 | 28.45 | 16.28 | 12.75 | 19.43 | 12.37 |
| | 新产品产值控制力 | 20.86 | 23.27 | 25.31 | 22.45 | 55.1 | 41.22 | 17.54 | 25.97 | 31.66 |
| | 流通渠道控制力 | 16.02 | 9.14 | 17.53 | 7.42 | 27.33 | 10.08 | 2.39 | 15.77 | 16.58 |
| | 市场控制力 | 28.54 | 9.07 | 18.11 | 20.69 | 41.63 | 27.65 | 9.44 | 12.88 | 32.74 |
| | 利润控制力 | 33.65 | 14.21 | 22.43 | 25.72 | 43.75 | 31.57 | 11.65 | 15.98 | 19.75 |
| | 产业结构合理化控制力 | 7.01 | 2.55 | 3.51 | 5.36 | 9.43 | 3.57 | 2.11 | 2.16 | 6.72 |
| | 产业技术进步控制力 | 7.57 | 3.56 | 7.12 | 8.46 | 25.06 | 12.88 | 5.72 | 33.17 | 47.62 |
| | 产业关联效应控制力 | 5.2 | 1.44 | 2.71 | 3.54 | 9.46 | 5.79 | 1.99 | 14.92 | 11.68 |
| | 贸易额控制力 | 10.08 | 5.17 | 6.83 | 7.81 | 12.04 | 3.51 | 4.27 | 26.5 | 29.85 |
| | 贸易结构控制力 | 5.16 | 1.12 | 4.52 | 5.09 | 7.45 | 6.38 | 5.86 | 31.47 | 33.61 |
| | 产业布局控制力 | 7.12 | 2.75 | 2.91 | 4.23 | 9.58 | 6.24 | 3.31 | 6.55 | 7.88 |
| | 产业产值增长率 | 3.9 | 6.08 | 7.48 | 12.48 | 7.65 | 11.73 | 8.27 | 12.25 | 10.2 |
| 输出指标 | 产业链构建控制力 | 80.58 | 79.05 | 75.67 | 74.2 | 68.6 | 77.5 | 79.42 | 75.62 | 71.79 |
| | 产品定价权 | 64.5 | 85 | 81.5 | 75 | 56.8 | 67.5 | 70.5 | 70 | 70 |

$$\begin{cases} 3.71\lambda_1 + 0.47\lambda_2 + 5.11\lambda_3 + 6.35\lambda_4 + 10.25\lambda_5 + 5.34\lambda_6 + 3.21\lambda_7 + 11.27\lambda_8 + \\ \quad 15.66\lambda_9 + S_2^- - 3.71\theta = 0 \\ 5.22\lambda_1 + 1.22\lambda_2 + 4.31\lambda_3 + 5.87\lambda_4 + 72.5\lambda_5 + 22.45\lambda_6 + 15.32\lambda_7 + 41.55\lambda_8 + \\ \quad 30.45\lambda_9 + S_3^- - 5.22\theta = 0 \\ 8.22\lambda_1 + 2.33\lambda_2 + 15.64\lambda_3 + 13.27\lambda_4 + 28.45\lambda_5 + 16.28\lambda_6 + 12.75\lambda_7 + 19.43\lambda_8 + \\ \quad 12.37\lambda_9 + S_4^- - 8.22\theta = 0 \\ 20.86\lambda_1 + 23.27\lambda_2 + 25.31\lambda_3 + 22.45\lambda_4 + 55.11\lambda_5 + 41.22\lambda_6 + 17.54\lambda_7 + 25.97\lambda_8 + \\ \quad 31.66\lambda_9 + S_5^- - 20.86\theta = 0 \\ 16.02\lambda_1 + 9.14\lambda_2 + 17.53\lambda_3 + 7.42\lambda_4 + 27.33\lambda_5 + 10.08\lambda_6 + 2.39\lambda_7 + 15.77\lambda_8 + \\ \quad 16.58\lambda_9 + S_6^- - 16.02\theta = 0 \\ 28.54\lambda_1 + 9.07\lambda_2 + 18.11\lambda_3 + 20.69\lambda_4 + 41.63\lambda_5 + 27.65\lambda_6 + 9.44\lambda_7 + 12.88\lambda_8 + \\ \quad 32.74\lambda_9 + S_7^- - 28.54\theta = 0 \\ 33.65\lambda_1 + 14.21\lambda_2 + 22.43\lambda_3 + 25.72\lambda_4 + 43.75\lambda_5 + 31.57\lambda_6 + 11.65\lambda_7 + 15.98\lambda_8 + \\ \quad 19.75\lambda_9 + S_8^- - 33.65\theta = 0 \\ 7.01\lambda_1 + 2.55\lambda_2 + 3.51\lambda_3 + 5.36\lambda_4 + 9.43\lambda_5 + 3.57\lambda_6 + 2.11\lambda_7 + 2.16\lambda_8 + 6.72\lambda_9 + \\ \quad S_9^- - 7.01\theta = 0 \\ 7.57\lambda_1 + 3.56\lambda_2 + 7.12\lambda_3 + 8.46\lambda_4 + 25.06\lambda_5 + 12.88\lambda_6 + 5.72\lambda_7 + 33.17\lambda_8 + \\ \quad 47.62\lambda_9 + S_{10}^- - 7.57\theta = 0 \\ 5.20\lambda_1 + 1.44\lambda_2 + 2.71\lambda_3 + 3.54\lambda_4 + 9.46\lambda_5 + 5.79\lambda_6 + 1.99\lambda_7 + 14.92\lambda_8 + \\ \quad 11.68\lambda_9 + S_{11}^- - 5.20\theta = 0 \\ 10.08\lambda_1 + 5.17\lambda_2 + 6.83\lambda_3 + 7.81\lambda_4 + 12.04\lambda_5 + 3.51\lambda_6 + 4.27\lambda_7 + 26.50\lambda_8 + \\ \quad 29.85\lambda_9 + S_{12}^- - 10.08\theta = 0 \\ 5.16\lambda_1 + 1.12\lambda_2 + 4.52\lambda_3 + 5.09\lambda_4 + 7.45\lambda_5 + 6.38\lambda_6 + 5.86\lambda_7 + 31.47\lambda_8 + \\ \quad 33.61\lambda_9 + S_{13}^- - 5.16\theta = 0 \\ 7.12\lambda_1 + 2.75\lambda_2 + 2.91\lambda_3 + 4.23\lambda_4 + 9.58\lambda_5 + 6.24\lambda_6 + 3.31\lambda_7 + 6.55\lambda_8 + 7.88\lambda_9 + \\ \quad S_{14}^- - 7.12\theta = 0 \\ 3.90\lambda_1 + 6.08\lambda_2 + 7.48\lambda_3 + 12.48\lambda_4 + 7.65\lambda_5 + 11.73\lambda_6 + 8.27\lambda_7 + 12.25\lambda_8 + \\ \quad 10.20\lambda_9 - S_1^+ = 3.90 \\ 80.58\lambda_1 + 79.05\lambda_2 + 75.67\lambda_3 + 74.2\lambda_4 + 68.6\lambda_5 + 77.5\lambda_6 + 79.42\lambda_7 + 75.62\lambda_8 + \\ \quad 71.79\lambda_9 - S_2^+ = 80.58 \end{cases}$$

$$\begin{cases} 64.5\lambda_1 + 85.0\lambda_2 + 81.5\lambda_3 + 75.0\lambda_4 + 56.8\lambda_5 + 67.5\lambda_6 + 70.5\lambda_7 + 70.0\lambda_8 + \\ \quad 70.0\lambda_9 - S_3^+ = 64.5 \\ \lambda_j \geqslant 0, \ j = 1, 2, \cdots, 9, S_1^-, \cdots, S_{14}^-, S_1^+, S_2^+ \geqslant 0 \end{cases}$$

## 三 数据处理结果分析

根据表 9-1 的数据,分别采用 CCR 模型和 BCC 模型利用 SPSS16.0 计算各产业的总体利用外资效率 $\theta^*$、纯技术利用外资有效性 $\sigma^*$ 和纯规模利用外资有效性 $s^*$,并判断各产业利用 FDI 规模有效状况,具体计算结果见表 9-2。表中的 $\omega_1$, $\omega_2$, $\cdots$, $\omega_{14}$ 为各输入指标的影子价格,$u_1$, $u_2$, $u_3$ 为各输出指标的影子价格,$S_1^-$, $S_2^-$, $\cdots$, $S_{14}^-$, $S_1^+$, $S_2^+$, $S_3^+$ 分别为 CCR 模型约束条件中各松弛变量,$\lambda_j$ 代表第 $j$ 个评估产业的输入权数,根据其值可以判断 DMU 的利用外资规模有效状况。

表 9-2  9 个细分产业利用外资效率 DEA 评价结果

| 指标 | 农业 | 轻工业 | 建材业 | 有色金属业 | 汽车业 | 机械制造业 | 石化产业 | 电子信息产业 | 高新技术产业 |
|---|---|---|---|---|---|---|---|---|---|
| $\theta^*$ | 0.7549 | 0.7861 | 0.7965 | 0.9012 | 0.9657 | 0.8433 | 0.7572 | 1 | 0.9712 |
| 排序 | 9 | 7 | 6 | 4 | 3 | 5 | 8 | 1 | 2 |
| $\sigma^*$ | 0.8426 | 0.7865 | 1 | 0.9368 | 0.9697 | 0.9555 | 0.8572 | 1 | 1 |
| $s^*$ | 0.8959 | 0.9994 | 0.7965 | 0.9619 | 0.9959 | 0.8825 | 0.8834 | 1 | 0.9712 |
| $\omega_1$ | 0.1452 | 0.0735 | 0.0324 | 0.0012 | 0.0028 | 0 | 0.0263 | 0 | 0 |
| $\omega_2$ | 0.0104 | 0.1372 | 0.13058 | 0.1304 | 0.1692 | 0.1682 | 0.0417 | 0 | 0 |
| $\omega_3$ | 0.1209 | 0.0033 | 0 | 0.0032 | 0.0248 | 0.0412 | 0.0522 | 0.0412 | 0.0435 |
| $\omega_4$ | 0.0145 | 0.0063 | 0 | 0.0373 | 0.0821 | 0.0254 | 0.0698 | 0.0254 | 0.0028 |
| $\omega_5$ | 0.0143 | 0.0088 | 0.0061 | 0.1185 | 0 | 0.0243 | 0.0719 | 0 | 0.0047 |
| $\omega_6$ | 0.1873 | 0.0003 | 0.0232 | 0.0413 | 0.0054 | 0.0014 | 0.0825 | 0.0014 | 0.0354 |
| $\omega_7$ | 0.0208 | 0.0028 | 0.0032 | 0 | 0.1438 | 0.0037 | 0.0858 | 0.0037 | 0.0012 |
| $\omega_8$ | 0.2156 | 0.1901 | 0 | 0.1185 | 0 | 0 | 0.1043 | 0.0243 | 0.0465 |
| $\omega_9$ | 0.0345 | 0.0063 | 0.1092 | 0.0413 | 0.0273 | 0.1316 | 0.0863 | 0.1316 | 0.0839 |
| $\omega_{10}$ | 0.0021 | 0 | 0.1547 | 0 | 0.0236 | 0 | 0.1086 | 0.0073 | 0.0049 |
| $\omega_{11}$ | 0.0237 | 0.0514 | 0.2473 | 0.1146 | 0.0341 | 0.0379 | 0.1220 | 0.379 | 0.0613 |

续表

| 指标 | 农业 | 轻工业 | 建材业 | 有色金属业 | 汽车业 | 机械制造业 | 石化产业 | 电子信息产业 | 高新技术产业 |
|---|---|---|---|---|---|---|---|---|---|
| $\omega_{12}$ | 0.0061 | 0.0474 | 0.2297 | 0.0389 | 0.0356 | 0.0037 | 0.1392 | 0.0037 | 0.0076 |
| $\omega_{13}$ | 0.0238 | 0.0297 | 0.1588 | 0.0022 | 0.0296 | 0 | 0.1349 | 0 | 0.1816 |
| $\omega_{14}$ | 0.0417 | 0.5876 | 0 | 0.0086 | 0 | 0.0325 | 0.1982 | 0.0325 | 0.0687 |
| $u_1$ | 0.0316 | 0.1216 | 0.2598 | 0 | 0.0963 | 0 | 0.2393 | 0 | 0.0349 |
| $u_2$ | 0.0734 | 0.4018 | 0 | 0.03932 | 0 | 0 | 0.2402 | 0 | 0.0012 |
| $u_3$ | 0.1328 | 0.0758 | 0 | 0.0821 | 0.2761 | 0 | 0.1924 | 0 | 0.0936 |
| $S_1^-$ | 0.0267 | 0.2472 | 0.0117 | 0 | 0.1185 | 0 | 0.1761 | 0 | 0 |
| $S_2^-$ | 0.0499 | 0 | 0.15249 | 0 | 0.0413 | 0 | 0.2089 | 0 | 0 |
| $S_3^-$ | 0.0293 | 0 | 0 | 0.6535 | 0.0027 | 0 | 0 | 0 | 0.0053 |
| $S_4^-$ | 0 | 0 | 0 | 0 | 0 | 0 | 0 | 0 | 0 |
| $S_5^-$ | 0 | 0 | 0 | 0 | 0 | 0 | 0 | 0 | 0 |
| $S_6^-$ | 0.0936 | 0 | 0.1108 | 0 | 0 | 0 | 0 | 0 | 0.0293 |
| $S_7^-$ | 0 | 0 | 0 | 0.4368 | 0 | 0 | 0.0354 | 0 | 0 |
| $S_8^-$ | 0.093296 | 0 | 0 | 0 | 0.1091 | 0.0029 | 0 | 0 | 0 |
| $S_9^-$ | 0 | 0.0612 | 0 | 0.0936 | 0 | 0.0446 | 0 | 0 | 0.0422 |
| $S_{10}^-$ | 0.0931 | 0 | 0.0696 | 0 | 0 | 0.0572 | 0 | 0 | 0 |
| $S_{11}^-$ | 0.0932 | 0 | 0 | 0.0932 | 0.0196 | 0 | 0.1711 | 0 | 0 |
| $S_{12}^-$ | 0.0296 | 0 | 0.0074 | 0 | 0 | 0.0517 | 0 | 0 | 0 |
| $S_{13}^-$ | 0 | 0 | 0 | 0 | 0 | 0 | 0.2346 | 0 | 0.0963 |
| $S_{14}^-$ | 0 | 0 | 0.0329 | 0 | 0 | 0 | 0.1296 | 0 | 0 |
| $S_1^+$ | 0 | 0 | 0 | 2.3477 | 1.2759 | 0 | 0.3296 | 0 | 0 |
| $S_2^+$ | 0 | 0 | 0 | 1.2733 | 0.2854 | 0 | 0 | 0 | 0 |
| $S_3^+$ | 0 | 0.0108 | 0.7462 | 0 | 0 | 0.0936 | 0 | 0 | 0 |
| $\sum \lambda_j$ | 0.9217 | 0.8543 | 0.9231 | 0.9874 | 1.1429 | 1 | 0.9654 | 1 | 0.9637 |

## 四 模型结果分析

1. 产业利用外资有效性分析

从表 9-2 的评价结果可以看出，电子信息产业评价结果为 DEA 有效,即利用外资效率最高,提升产业安全状态达到最优;其他产业的DEA值均小于1,为非DEA有效,即产业利用外资处于非有效状态。总体来看,9个细分产业的利用外资效率从高到低排列为:电子信息产业、高新技术产业、汽车业、有色金属业、机械制造业、建材业、轻工业、石化产业、农业。

根据表9-2可知,电子信息产业$\theta^*$值和$\sigma^*$值都等于1,松弛变量$S_1^-$,$S_2^-$,…,$S_{14}^-$,$S_1^+$,$S_2^+$,$S_3^+$的值等于0,结合模型(9-1)和模型(9-2),可知该产业为DEA利用外资有效,说明在当前的FDI产业组织控制、产业结构控制和产业布局控制水平下,电子信息产业处在利用FDI总体有效和纯技术前沿面上,相对于其余产业利用FDI的效率最高,对产业安全的提升幅度最大。高新技术产业的$\sigma^*$值等于1,但$\theta^*$值不为1,$S_1^-$,$S_2^-$,…,$S_{14}^-$,$S_1^+$,$S_2^+$,$S_3^+$的值不全为0,结合模型(9-2)可知,该产业为利用外资弱有效,处在纯技术效率前沿面上。由表9-2可知,建材业虽然利用外资的技术有效性达到最高值1,但总体有效性排名靠后,这主要是因为规模安全较低,只有0.7965,可见利用外资规模效率低是制约这一产业通过利用外资提高安全性的瓶颈之一。其他产业DEA有效值不等于1,即不为DEA有效,$\theta^*$值越小说明该产业利用外资效率越低,对产业安全性的提升越小。

2. 非DEA有效的产业在样本前沿面上的投影和影子价格分析

根据DEA理论,非DEA有效的产业在利用外资规模效率前沿面上的投影是DEA有效的,即通过适当的调整非DEA有效的产业输入和输出的数值可使其达到DEA有效,因而通过投影分析可以为各产业利用外资策略提供参考。具体投影结果见表9-3。

下面以高新技术产业为例进行分析,如表9-3所示,高新技术产业在利用外资样本前沿面上的投影点为:$x_1 = 45.0$,$x_2 = 15.66$,$x_3 = 24.93$,$x_4 = 10.51$,$x_5 = 23.28$,$x_6 = 13.23$,$x_7 = 28.18$,$x_8 = 15.31$,$x_9 = 5.42$,$x_{10} = 37.52$,$x_{11} = 9.98$,$x_{12} = 21.39$,$x_{13} = 23.53$,$x_{14} = 6.79$,$y_1 = 12.69$,$y_2 = 87.74$,$y_3 = 92.18$,因此,高新技术产业在保持目前输出水平不变的情况下要达到DEA利用外资有效,应当缩减其相应的输入值,即FDI拥有发明专利控制力减少22.11%,FDI研发费用控制力减少17.65%,FDI新产品产值控制力减少35.98%,FDI流通渠道控制力减少25.30%,

表 9-3　各非 DEA 有效的产业投影结果汇总

| | | 农业 | 轻工业 | 建材业 | 有色金属业 | 汽车业 | 机械制造业 | 石化产业 | 高新技术产业 |
|---|---|---|---|---|---|---|---|---|---|
| 有效DMU输入指标 | $x_1$ | 12.47 | 1.25 | 20.58 | 27.45 | 29.85 | 31.5 | 2.78 | 45.0 |
| | 减少（%） | 26.99 | 8.12 | 0.92 | 0 | 17.65 | 0 | 15.79 | 0 |
| | $x_2$ | 3.54 | 0.34 | 5.06 | 6.12 | 9.41 | 4.99 | 3.06 | 15.66 |
| | 减少（%） | 4.58 | 35.89 | 0.92 | 3.69 | 8.98 | 6.96 | 4.924 | 0 |
| | $x_3$ | 3.98 | 0.69 | 4.31 | 5.07 | 55.79 | 19.54 | 14.19 | 24.93 |
| | 减少（%） | 30.99 | 74.61 | 0 | 15.78 | 29.94 | 14.87 | 7.93 | 22.11 |
| | $x_4$ | 7.36 | 2.12 | 15.64 | 11.44 | 23.32 | 14.29 | 11.49 | 10.51 |
| | 减少（%） | 11.56 | 10 | 0 | 15.99 | 21.95 | 13.89 | 10.89 | 17.65 |
| | $x_5$ | 15.45 | 12.16 | 23.84 | 18.69 | 55.11 | 35.29 | 15.13 | 23.28 |
| | 减少（%） | 34.98 | 91.28 | 6.15 | 20.09 | 0 | 16.78 | 15.90 | 35.98 |
| | $x_6$ | 11.28 | 4.77 | 15.80 | 6.51 | 21.86 | 9.45 | 2.23 | 13.23 |
| | 减少（%） | 41.99 | 91.42 | 10.94 | 13.95 | 25 | 6.67 | 6.99 | 25.30 |
| | $x_7$ | 19.71 | 10.70 | 16.32 | 20.69 | 30.16 | 14.41 | 17.36 | 28.18 |
| | 减少（%） | 44.86 | 3.45 | 10.91 | 0 | 37.99 | 91.88 | 11.91 | 16.18 |
| | $x_8$ | 22.73 | 13.41 | 22.43 | 20.74 | 43.75 | 31.57 | 10.04 | 15.31 |
| | 减少（%） | 47.99 | 5.98 | 0 | 23.99 | 0 | 0 | 15.96 | 29.0 |
| | $x_9$ | 5.79 | 2.06 | 3.34 | 4.92 | 8.21 | 3.40 | 1.97 | 5.42 |
| | 减少（%） | 20.94 | 23.75 | 4.96 | 8.83 | 14.88 | 4.98 | 6.93 | 23.93 |
| | $x_{10}$ | 6.57 | 3.56 | 6.59 | 8.46 | 19.69 | 11.49 | 5.11 | 37.52 |
| | 减少（%） | 15.20 | 0 | 7.97 | 0 | 27.27 | 12.05 | 11.99 | 26.92 |
| | $x_{11}$ | 4.53 | 1.39 | 2.55 | 3.19 | 7.64 | 5.03 | 1.86 | 9.98 |
| | 减少（%） | 14.77 | 3.43 | 5.97 | 10.95 | 23.85 | 14.98 | 6.69 | 16.94 |
| | $x_{12}$ | 9.20 | 5.14 | 6.69 | 7.52 | 11.15 | 3.13 | 3.67 | 21.39 |
| | 减少（%） | 9.55 | 0.58 | 1.99 | 3.78 | 7.88 | 11.90 | 16.35 | 39.54 |
| | $x_{13}$ | 4.01 | 1.09 | 4.39 | 5.02 | 7.09 | 6.38 | 5.01 | 23.53 |
| | 减少（%） | 28.67 | 1.92 | 2.95 | 1.21 | 4.94 | 0 | 16.97 | 42.79 |
| | $x_{14}$ | 4.81 | 2.67 | 2.91 | 3.92 | 9.58 | 6.01 | 3.12 | 6.79 |
| | 减少（%） | 47.94 | 2.84 | 0 | 7.78 | 0 | 3.84 | 5.99 | 15.91 |

续表

| | | 农业 | 轻工业 | 建材业 | 有色金属业 | 汽车业 | 机械制造业 | 石化产业 | 高新技术产业 |
|---|---|---|---|---|---|---|---|---|---|
| 有效DMU输出指标 | $y_1$ | 4.16 | 7.54 | 8.41 | 12.48 | 9.11 | 11.73 | 10.15 | 12.69 |
| | 增加（%） | 6.25 | 19.45 | 11.02 | 0 | 16.02 | 0 | 18.56 | 19.65 |
| | $y_2$ | 89.31 | 81.36 | 75.67 | 83.43 | 68.6 | 77.5 | 88.02 | 87.74 |
| | 增加（%） | 9.77 | 2.84 | 0 | 11.07 | 0 | 0 | 9.77 | 18.18 |
| | $y_3$ | 83.87 | 86.39 | 81.5 | 88.38 | 77.81 | 67.5 | 84.96 | 92.18 |
| | 增加（%） | 23.10 | 1.61 | 0 | 15.14 | 27.00 | 0 | 17.02 | 24.06 |

FDI市场控制力减少16.18%，FDI利润控制力减少29.0%，FDI产业结构合理化控制力减少23.93%，FDI技术进步控制力减少26.92%，FDI产业关联效应控制力减少16.94%，FDI贸易额控制力减少39.54%，FDI贸易结构控制力减少42.79%，FDI产业布局控制力减少15.91%。该组数据表明，高新技术产业各输入要素并没有充分发挥利用外资的作用。首先，FDI对高新技术产品的贸易额控制力很强，说明FDI在中国布局的企业只是其全球价值链的一个低端环节，财富外流严重；其次，FDI对新产品产值的控制力很强，有待于进一步增强FDI技术溢出效应加快内资企业新产品的开发；最后，FDI技术进步的控制力太强，说明内资企业的劳动生产率水平相比外资企业的劳动生产率水平差距还比较大，引进FDI提高技术增长的作用没有成分体现。此外，流通渠道的承载能力没有被充分利用，销售渠道过于受外资控制。因此，削弱FDI贸易额和贸易结构控制力，依靠技术进步和加强管理逐步提高FDI的溢出效益和提高内资竞争力，成为提高利用外资效率、提升产业安全性的有效途径。

计算结果显示，高新技术产业各输入输出的影子价格为：$\omega_1 = 0$，$\omega_2 = 0$，$\omega_3 = 0.0435$，$\omega_4 = 0.0028$，$\omega_5 = 0.0047$，$\omega_6 = 0.0354$，$\omega_7 = 0.0012$，$\omega_8 = 0.0465$，$\omega_9 = 0.0839$，$\omega_{10} = 0.0049$，$\omega_{11} = 0.0613$，$\omega_{12} = 0.0076$，$\omega_{13} = 0.1816$，$\omega_{14} = 0.0687$，$u_1 = 0.0349$，$u_2 = 0.0012$，$u_3 = 0.0936$，其中FDI市场集中度控制力的影子价格$\omega_1$和FDI资本进入壁垒的影子价格$\omega_2$的数值为0，说明在理想情况下达到相同的输出（产值增长、产业链构建控制和定价权），FDI市场集中度控制力和资本进入壁垒这两个输入有剩余，则单独降低

FDI 市场集中度控制力和/或资本进入壁垒的一单位数值不影响 DEA 利用外资效率。应当注意，高新技术产业 FDI 贸易结构控制力的影子价格 $\omega_{13} = 0.1816$，在所有影子价格中居于首位，表明 FDI 贸易结构控制力对外资利用效率有比较大的影响，即相对于其他输入指标，减少一单位 FDI 贸易结构控制力会引起利用外资效率较快的增长。

3. 产业利用外资 FDI 规模有效性分析

表 9 - 2 中给出了各 DMU 的利用外资规模有效性状况，电子信息产业安全的 $\sum_{j=1}^{n} \lambda_j^*$ 值为 1，即利用 FDI 的规模有效性不变，汽车业的 $\sum_{j=1}^{n} \lambda_j^*$ 值大于 1，即规模有效性递减，其他产业利用 FDI 的规模有效性递增。按照产业经济学的规模经济理论，合理地引进 FDI 规模应处在规模有效性递减阶段，分析结果显示大多数产业的利用外资均未达到合理的规模有效状态，利用外资的空间还很大。

## 第五节 本章小结

数据包络分析法是进行产业有效利用外资、提升产业安全性比较分析的有效手段，该方法可以确定经验利用 FDI 规模有效前沿面，给出各产业总体利用外资有效、技术有效、纯规模有效、各产业利用 FDI 规模有效前沿面上的投影、输入 - 输出的影子价格等，同时可以确定各产业的规模利用外资有效状况，并根据计算所得的最终结果进行优劣排序，对比 DEA 有效的产业，可以分析出非 DEA 有效的产业输入 - 输出的调整方向，给决策者提供利用外资有效性评价、利用外资规模有效性分析等方面的定量管理信息，使决策更加可靠。

从最终的评价结果看，各产业利用 FDI 的效率相差不大。计算结果表明，总体有效性属于 0.9 ~ 1 范围的有电子信息产业、高新技术产业、有色金属业、汽车业 4 个产业，处于 0.8 ~ 0.9 范围的是机械制造业，其他 4 个产业的利用外资有效性也在 0.75 以上，利用外资有效性最低的是农业，其值为 0.7549，最大值与最小值之间总有效性值相差 0.2451，可见在总有效性分布上不存在严重的两极分化。另外，通过进一步对比表 9 - 1 和表 9 - 3 中的数据，我们发现调整前后的利用外资有效性数据相差不大，说明一部分产业由 FDI 控制力可以进一步通过有效利用外资提高产业的安全水平，提高利用 FDI 效率的空间很大。

从影子价格分析对非 DEA 有效的产业进行调整，可知产业中外商投资呈明显的上升趋势。这对促进产业经济发展整体上是正向的，产业利用外资的效率及产业安全的程度是不断提高的。对高新技术产业的分析表明 FDI 市场控制力、FDI 技术进步控制力、FDI 新产品产值控制力是阻碍有效利用外资的极大障碍。高新技术产业要达到 DEA 有效，即通过有效利用外资提升产业安全，要用技术进步提高劳动生产力增强内资企业的竞争优势，必须发挥强劲的国内市场需求和渠道能力源，提高贸易额和贸易结构控制力和增加渠道利用率。

利用外资规模有效性分析。对表 9-3 进行利用外资规模有效性分析可得：所有非 DEA 有效的产业均为技术无效，规模效益递增。这说明各输入之间的组合没有达到最优，存在输入剩余或者输出亏空。根据经济学的规模经济理论，有效率的生产状态应处于第二阶段，即边际产量小于平均产量且边际产量大于零的阶段，此时规模收益递减。中国各产业利用外资大多还处于 FDI 规模收益递增阶段，这表明利用 FDI 的空间还很大。

# 第十章　FDI 安全审查的制度构建

本章重新审视《外国投资法》对安全审查"部门清单"标准和"控制"标准的规定，认为应加强《外国投资法》安全"审查范围"的制度供给，完善"部门清单"标准、对"控制"概念做严格界定、增加"安全港条款"以及利用好"根本安全例外"条款等是减少外资引入不利影响的有效手段。

## 第一节　对外资安全审查的认识[①]

无疑，在一个市场经济中，谁拥有的资本控制权越大当然也就意味着其在经济生活中的发言权越大。随着外资规模的增加，特别是其在中国经济中比重的增加，它们当然会要求更多的经济控制力，也必然会获得更多的控制力。需要说明，外资控制分为市场结构控制（或称高度集中的市场结构）和行为控制（或称垄断行为）两个方面。市场结构控制是社会化大生产和技术进步的过程中资本积聚和集中的结果，能产生规模经济和组合经济效益，而行为控制是指人为排除或者限制市场竞争的行为。行为控制可以分为滥用市场支配地位强制交易或限制竞争的行为、反竞争的协议垄断行为和反竞争的兼并控制行为。

这里有一个概念需要澄清，外资在某一行业的高度集中和控制力的增强并不等同于外资垄断，高度集中的市场结构是垄断行为的基础，以及高度集中的市场结构通常带有垄断行为，但高度集中的市场结构与垄断行为并不一一对应，只有当高度集中的市场结构产生垄断行为之后，形成的才是垄断结构。

上述分析外资集中的市场结构对经济竞争力提升的作用隐含着这

---

[①] 本节部分内容引自作者 2009 年发表在《国际贸易》上的文章《从外资控制作用机理看我国的外资安全审查》，有修改。

样一个命题，即高度集中结构并没有妨碍竞争机制的作用，否则，高度集中结构对经济竞争力提高的作用再大，也会被缺乏竞争机制而引起的消极作用所抵消。规模经济和组合经济都存在一定的临界点，超过临界点，就要导致规模效益递减和交易费用上升。正如科斯在1937年出版的《企业的性质》一书中认为的，作为一种对市场的替代，企业的规模是有界限的，绝不会出现整个国家成为一个企业的情形。高度集中的市场结构提高生产效率的前提是它没有超越规模经济和组合经济所要求的界限。市场结构达到一定的集中高度时，势必产生垄断行为，而当企业采取垄断行为时，实际上降低了这些积极效应，企业不会在实现上述积极效应上止步，其垄断行为会不断深化，进一步抵消上述积极效应。

利用外资是发展中国家加速经济发展的重要措施。然而，从历史和现实看，中外绝大多数经济学家对大规模外资的流入持谨慎态度，即认为，尽管研究表明外商直接投资对发展中东道国的技术提升、增加就业、产业发展具有重要意义，但直接将外资企业纳入东道国发展进程极有可能以国家经济体制和发展决策权为代价。外资企业因其强大的经营实力会造成对某一行业或产业的垄断，占领市场，弱化东道国企业竞争力，影响产业结构升级、就业和福利分配，进而影响和制约东道国的政治和经济政策，影响东道国主权安全。正是基于这些看法，限制外资在关键行业的进入、限制外资的股权份额、防止外资行业垄断成为各国保护国家经济安全的指向。也同样是基于上述认识，我国的有关外资国家经济安全审查规则制定工作在紧锣密鼓地进行。

有效的外资经济安全审查必须根植于全面的理论认识和现实基础，这才能在实践中行之有效，否则，基于思维定式或片面模仿国外的做法，就会使得审查工作要么软弱无力，难以奏效，要么即使奏效，也可能效果不明显。另外，外国直接投资与国家经济安全的相关问题会随着时间的推移而演进，我们今天关注的问题往往与改革初期面临的问题完全不同。例如，在20世纪90年代之前的十几年，大部分来华的外国直接投资是"绿地"投资，即外国投资者在华从零开始建立业务。鉴于这种外国直接投资的性质，大家的关注点是外资可能在中国市场对某些产品和服务实行垄断，进而使与这些产品和服务相关联的关键技术受到外国控制。当时在许多部门

（如化工、汽车），外国公司拥有的技术是不提供给中国企业的，所以对外资实施行业准入控制和股权控制是限制外资控制力和防范外资风险的有效策略。但是，20世纪90年代中期以来，很多内资企业已经（但不总是）在相关技术领域取得了领先地位，大多数外国直接投资在中国是采取兼并、收购、接管内资企业的方法，行业龙头成为收购目标，收编民族品牌、霸占内资核心技术的恶意收购时有发生。如果对外资与国家经济安全问题不能从历史的、系统的、动态的角度去理解，势必对外资经济安全审查造成错误导向。

长期以来，人们对外资作用的看法仍停留于新重商主义和依附理论的认识层面，对外资控制的消极作用往往看得过重，而对外资在经济全球化条件下对东道国经济竞争力提升和经济安全运作的积极作用估计不足。这种认识层面的问题会影响到外资安全审查工作，会有可能产生"把洗澡水和婴儿一块倒掉"的危险。

## 第二节 中国FDI"安全审查范围"规定的变更

对FDI安全审查一般需要经过"审查条件"和"审查因素"两个阶段。"审查条件"是指在何种情况下要对外国投资进行安全审查，属于国家安全审查的先决问题，由"审查范围"规定。"审查因素"是审查机构用以衡量是否批准外资进入的诸多因素。"审查条件"和"审查因素"是安全审查中不同阶段的两个法律问题，满足"审查条件"的FDI方需进行安全审查，经过"审查因素"的衡量，若不构成对国家安全的不利影响，则可批准外资进入东道国。

### 一 中国FDI安全审查对部门清单的规定

自2006年商务部第10号令《关于外国投资者并购境内企业的规定》（以下简称《10号令》）起，国家陆续发布了2009年第6号令《关于外国投资者并购境内企业的规定》（以下简称《6号令》），2011年的《国务院办公厅关于建立外国投资者并购境内企业安全审查制度的通知》（国办发［2011］6号，以下简称《安审通知》），2015年1月商务部的《中华人民共和国外国投资法（草案征求意见稿）》（以下简称《征求意见稿》),2015年4月国务院的《自由贸易试验区外商投资国家安全审查试行办法》(以下简称为《试行办法》)(见图10-1),这一系列的制度规定都是以"审查范围"界定国家安全审查的条件。因此,中国是属于设立"审查范围"的国家,"审查范围"模式仍是目前采用的审查条件。

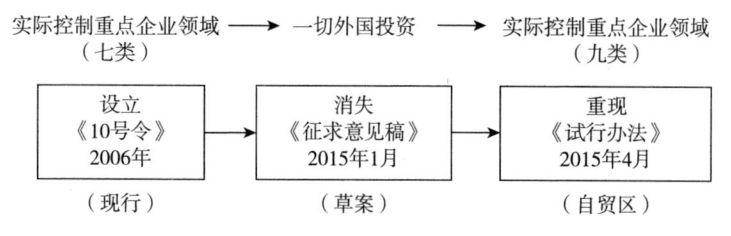

```
实际控制重点企业领域 ──→ 一切外国投资 ──→ 实际控制重点企业领域
      (七类)                              (九类)

  ┌─────────┐      ┌─────────┐      ┌─────────┐
  │  设立    │      │  消失    │      │  重现    │
  │《10号令》│ ───→ │《征求意见稿》│ ──→ │《试行办法》│
  │ 2006年  │      │ 2015年1月│      │ 2015年4月│
  └─────────┘      └─────────┘      └─────────┘
    (现行)           (草案)          (自贸区)
```

**图10-1 "审查范围"的三次变更**

2006年的《10号令》所规定的"审查范围"采用了"实际控制重点领域"的基本思路。"重点领域"和"控制"的认定是审查条件的两个重要标准。这里列举的重点领域并不局限于具体的产业部门,而是以"重点行业"、"驰名商标"和"中华老字号"三项的"实际控制"作为"审查范围",但对于"重点行业"、"驰名商标"、"中华老字号"和"实际控制"的认定未做说明。2009年的《6号令》中也未明确。

2011年的《安审通知》做了两项重要改变。其一,《安审通知》改变了《10号令》与《6号令》中"审查范围"的划定方式,取消了"驰名商标"和"中华老字号"两项,对"重点行业"所包括的范围做出了列举规定。具体包括国防安全单位、重要农产品、重要能源和资源、重要基础设施、重要运输服务、关键技术、重大装备制造企业,其中国防安全单位不需要达成"实际控制",其他企业保留应当"实际控制"的规定。其二,《安审通知》提出了关于"实际控制"的认定标准,包括收购者所拥有的股权份额和决策权利两方面。

可见,从《10号令》到《6号令》,再到《安审通知》,"实际控制重点领域"规定了外资审查条件的标准。审查范围只包括"重点领域":外国投资者并购境内关系国家安全的军工及军工配套企业、重要农产品、重要能源和资源、重要基础设施、重要运输服务、关键技术、重大装备制造等企业,且实际控制权可能被外国投资者取得。对于"实际控制"从股权份额和决策权利两方面予以了具体规定。依据《安审通知》外国投资者取得实际控制权的情形有:"外国投资者及其控股母公司、控股子公司在并购后持有的股份总额在 50% 以上；数个外国投资者在并购后持有的股份总额合计在 50% 以上；外国投资者在并购后所持有的股份总额不足 50%，但依其持有的股份所享有的表决权已足以对股东会或股东大会、董事会的决议产生重大影响；其他导致境内企业的经营决策、财务、人事、技术等实际控制权转移给外国投资者的情形。"

2015 年 4 月的《试行办法》继续使用"审查范围"，同时在原有重点控制类别上加入"重要文化"和"重要信息技术产品和服务"两类，使得"审查范围"达到 9 类。由于自贸区的试验性，这预示着中国下一步对于外资管理体制的改革风向。而中国商务部于 2015 年 1 月 19 日公布《中华人民共和国外国投资法（草案征求意见稿）》（以下简称《征求意见稿》），于第四章专章规定了国家安全审查制度，采用"负面清单"管理模式。《征求意见稿》历史性地取消了《安审通知》中的"审查范围"。审查条件由"实际控制重点领域"扩大到"一切危害或可能危害国家安全"的投资。

安全审查新规对外国投资者界定没有提及，则默认采用传统的认定方式，但该传统的认定方式定义较窄，与现有制度衔接不足。关于审查的标准，即如何判断并购威胁或可能威胁国家经济安全，《安审通知》没有给出答案，只有笼统地不得损害国家经济安全的要求，这固然是为商务部留下了极大的自由裁量的空间，但缺乏透明度，也缺乏可操作性，一定程度上会损伤外商对我国投资的积极性。实践中也存在外资通过产业结构控制、产业组织控制、产业布局控制等方式规避产业政策而得以投资我国限制性、禁止性产业的情况。

## 二 中国 FDI 安全审查对"控制"的规定

《征求意见稿》对"控制"的规定表现在三个方面：权益比例、决策权利和合同信托方式。

（1）权益比例 50%。《征求意见稿》规定的股权比例为 50% 以上的"股权、股份、财产份额、表决权和其他类似权益"。这一数值在各国的数据中居于首位。澳大利亚在《外国并购与收购法案》中规定了 15% 的比重，德国的比例为 25%，法国、日本、墨西哥、新西兰和俄罗斯也均采取了低于或等于 50% 的规定（见表 10-1）。

表 10 – 1　各国股权比例的对比

| 澳大利亚 | 德国 | 法国 | 日本 | 墨西哥 | 新西兰 | 俄罗斯 |
| --- | --- | --- | --- | --- | --- | --- |
| 15% | 25% | 33% | 10% | 49% | 25% | 50% |

资料来源：OECD 报告。

表 10 – 1 说明：在认定"控制"的规定方面，至少在股权比例这项，中国的规定要比其他国家宽松。有美国学者指责中国的安全审查范围过于宽泛，认为中国将安全审查制度当作对美国维护国家安全措施的反措施，当然，客观的数据比对已然在事实上对这一观点做出了反驳。但对于 50% 的比例国内学者也认为不妥。50% 作为《反垄断法》对于垄断行为的界定标准，目的是维护有序的市场竞争，而国家安全审查制度为保护国家安全，国家安全在价值上要高于市场竞争，理应给予更高程度的保护（甘培忠，2015）。

（2）决策权利。"征求意见稿"对于股东决策的规定体现在三个方面。

第一，有权直接或者间接任命该企业董事会或类似决策机构半数以上成员；

第二，有能力确保其提名人员取得该企业董事会或类似决策机构半数以上席位；

第三，所享有的表决权足以对股东会、股东大会或者董事会等决策机构的决议产生重大影响。

对于以上三款规定，最具争议性的是第 3 款对"重大影响"在认定上具有的模糊性。这种模糊性将不利于引进外资中充分发挥外资的有利影响，对外资进行安全审查的目的是吸引外资与有效利用外资，因此，在相关制度设计上应注意国家安全和投资保护之间的平衡。

可见，《征求意见稿》通过引入控制标准，增强了对日益复杂的投资者本质与真实身份的灵活判断，降低了外国投资者规避法律的可能性，同时，排除了对国内公民控制的实体进行不必要的监管。

## 第三节　设置 FDI 安全审查范围的国际经验
### ——以美国安全审查为例

目前国际上通行的对 FDI 安全审查有两种代表性的立法模式。其一，以美国为代表的国家设立的"审查范围",通常的做法是在"审查范围"项下规定若干与国家安全密切相关的重点领域,在"重点领域"内的投资需接受安全审查。其二,以澳大利亚为代表的国家不设立"审查范围",其不对审查条件做明确规定,保留对安全审查条件的自由裁量权。中国属于设立"审查范围"的国家,这里以美国为例对审查制度进行分析。美国对 FDI 采用设立"审查范围"的立法模式,以"实际控制重点领域"作为"审查范围"的划定基本,则"重点领域"(又称"部门清单"或"部门标准")与"控制"即构成了审查条件的两大标准。

## 一 美国"部门清单"标准的设定

"部门清单"标准是指在对外资安全审查时要识别一般部门和敏感部门,对敏感部门予以特别关切。OECD 报告显示,美国、法国、日本、韩国、墨西哥、俄罗斯均各自划分了敏感部门。其中美国在 2007 年的《外国投资和国家安全法》(以下简称"FINSA")中并未采取部门清单,在 2008 年的《外国人兼收、并购、接管美国企业条例》,也即 FINSA 的"实施细则"中,才将军工部门、能源部门、关键基础设施、金融、关键技术 5 项列入敏感部门清单(严剑锋,2015)。

美国外国投资委员会(Committee on Foreign Investment in the United States, CFIUS)对外资审查侧重于交易结构内的控制因素,而非交易形式。CFIUS 2015 年度报告显示:2009 年至 2014 年,发生"涵盖交易"第一位的领域为制造业,其占总量的 41%,在制造业中居于榜首的领域为计算机与电子产品;居于第二位的是金融与信息服务业,所占比重为 32%,其中又以专业科学与技术服务为最。此外报告还将关键技术一项专章予以呈报。这些频繁遭遇审查的部门与"实施细则"中列明的 5 项敏感部门具有高度的一致性。

此外,大量被 CFIUS 叫停的并购案件,也反映了部门清单对"涵盖交易"认定的重要性。在中海油收购尼克森石油公司(Nexen Oil Company)一案中,该起并购因以下三个理由而遭遇安全审查(Jiang, 2014):①尼克森公司设立于美国领土内;②尼克森公司于墨西哥湾拥有深钻权(deep drilling right);③收购将导致中海油获得在美国石油领域和天然气领域的经营权。

第三项理由中的石油和天然气领域便属于美国进行安全审查的敏感领域——能源部门。在引发热烈讨论的华为并购3C（3COM）公司一案中，3C网络安全公司同样属于"实施细则"所划定的敏感领域——关键技术。以上两个案例均反映了"部门清单"是美国认定"涵盖交易"的重要考量。

实践中部门标准会因某个具体部门的解释问题发生争议。例如在华为并购三叶公司（3Leaf）一案中，华为认为其不构成对美国企业的并购，因此不属于CFIUS的管辖权范围。华为给出的理由是，华为的收购仅涉及知识产权（intellectual property）和重要人力资源（key personnel）两方面，而不是"并购"所要求的实体（entities）和物质资产（physical assets），因此不属于对美国分离科技（discrete technology）企业的并购。这一案件对安全审查制度的启示是：部门清单如果仅划分领域，易导致收购行为是否属于该领域的争议。对此有观点提出应对部门清单予以改进。具体做法是：依旧保持清单（list）的方式，但新的清单不仅要具体到部门，且要将所列之项具体到企业，即将可能影响国家安全的重要企业列到清单之上。采用这种方法虽然在认定投资行为是否属于清单所含范围的问题上避免了争议，但如何选定应该列举的企业缺乏其现实可行性。

需要强调，"部门清单"标准并非只有部门这一项考虑。实践中敏感部门的周边地域也会因为地理位置上临近而成为安全审查的对象。在西北有色地质勘查局所属的西色国际投资有限公司并购内华达州金矿公司一案中，美国国家安全审查第一次使用了"地域原因"（geographic reason）作为认定安全审查的条件。CFIUS禁止并购的理由是：被收购的金矿靠近美军重要的军事基地。有"美国国家安全审查第一案"之称的三一集团关联公司美国罗尔斯公司（Rallas）诉奥巴马一案中，CFIUS禁止并购的原因也极为相似：三一集团的并购对象在地理位置上接近美军军事基地。这两起案子均体现了"部门清单"标准在军事领域从"部门"扩大到了"地域"。

## 二 美国"控制"标准的设定

《征求意见稿》首次将"控制"作为界定"外国投资者"身份的标

准,"控制"的认定是安全审查条件除确立"部门清单"标准外的第二项标准。

按照部门和投资者身份的差别,各国对"控制"标准设置有不同的门槛。美国对于"控制"标准的立法采取:"列举式"加"兜底条款"。美国在"实施细则"中将"控制"解释为"对企业的重要事务行使特定权力的能力",并就"重要"的认定从抽象的概念具体到10项事务列举加以说明(见表10-2)。①从事出售、租赁、抵押、质押或其他任何有形或无形标的资产转移的实体,无论其是否属于一般业务;②重组、合并或解散的实体;③关闭、搬迁或有重大变更的生产、操作或研发机构的实体;④进行主要投资、发行股票或债券,或股息支付的实体,或者实体的营业预算审批;⑤企业选择的新生产线或风险投资;⑥企业签署、终止或没有完成的重要合同;⑦企业管理非公有制的技术、金融或其他具有专有信息的实体的政策或程序;⑧办公人员或高级管理人员的任免;⑨获取敏感技术或美国政府机密信息人员的任免;⑩公司章程的修改,构成协议,或其他组织文件中描述的①至⑨项事宜。

表10-2 《外国人兼收、并购、接管美国企业条例》中"重要事务"一览

| | |
|---|---|
| 重大财产 | 包括以买卖、租赁、抵押等方式的对重大财产的处分 |
| 企业重组 | 包括企业的重组、并购和解散 |
| 企业机构 | 包括对生产、经营、研究、发展机构的关闭和重新选址等 |
| 重大投资 | 包括重大支出与投资、发行股票或债券、分配红利、审批经营预算 |
| 经营战略 | 包括选择经营范围和商业冒险 |
| 重要合同 | 包括订立、终止、不履行重要合同 |
| 重要信息 | 调整非公开的技术、财务和所有权信息的政策和程序 |
| 人事任免 | 任免主管和高级经理 |
| | 任免能获得敏感信息或美国政府保密信息的成员 |
| 章程修订 | 对企业章程、组成协议或涉及以上9项事务的组织性文件的修订 |

另外,交易包括有限合伙、合营、公司重组、表决权信托机制、少数股股东保护、多次实施交易、贷款交易、可转换表决权工具、多人持有所有者权益等。由于交易结构的复杂性,"控制权能够通过包括持有具有表决权股的多数股份或者占有支配地位的少数股份、董事会代表、代

理投票、特殊股份、合同安排、正式或非正式的协同行动安排或其他方式等取得"（黄晋，2015）。美国的外资安全审查制度在界定"控制权"时并不以股权数量或董事席位数量为标准，而是从功能角度或者从所有权允许外国实体影响被收购美国企业决策能力的程度进行界定。

美国在"实施细则"中还就反向认定"控制"提了三类规定，即何种情况不构成"控制"。

第一类是少数股东保护机制（Minority Shareholders Protections）。"实施细则"列举了包括禁止稀释小股东股权等在内的6种情况。规定在这6种情形以及其他经CFIUS审查认可的情况下，投资者行使相关权利不被视为"控制"的表现。这6种情况是：①阻止企业出售或承诺的全部或绝大部分资产的实体或自愿申请破产清算；②防止一个企业与多数投资者或其附属机构签署合同；③阻止企业给多数投资者或其附属机构提供担保；④当企业发行的额外证券分享企业收益时，购买企业增加的收益，以防止投资者利益按比例被稀释；⑤提供相关企业管理这些股票的文档，以防止少数股东持有的特定类股票的现有法律权利或偏好改变；⑥阻止公司章程修正，机构协议，或其他前面①至⑤条描述的相关事宜的管理文件。

第二类是附加条件的投票权数量界定。即同时满足以下两个条件的并购交易不认定为"控制"：一是投资者在并购企业取得具有投票权（voting interest）的股权不超过10%，二是该并购属于被动的投资（passive investment）。这两个条件互为附加条件。

这里需明确，首先，将10%认为是"控制"的正向认定标准这一观点是错误的，即并非达到10%的股权就属于"控制"。"实施细则"指出：投票权虽然是控制企业的一种手段，但不能仅凭投票权数量就得出"控制"的结论。其次，10%的股权属于"投票权"（voting interest）而不是"所有权"（ownership interest）。所有权及所有权产生的影响虽是考虑"控制"的一个方面，但不是此处所指的对象。最后，关于所有权和控制的关系问题，有评论者提出CFIUS应对所有权数量制定界限（threshold），虽然该观点并未被CFIUS采纳，但考虑到以私募股权基金（private equity fund）为代表的经济结构下，所有权和控制的关系时常难以分离，"实施细则"特别举出了两个实例，用以说明所有权与界限的关系，在此予以列出。

实例 1：有限合伙企业 A（limited partnership）包括两个有限合伙人（limited partners）和一个普通合伙人（general partner）。有限合伙人分别拥有 49% 的份额，普通合伙人单独拥有 2% 的份额。普通合伙人单独（solely）拥有对合伙企业和由合伙企业运营的基金 A（fund）的决定权。在这种情况下，该普通合伙人同时控制有限合伙企业和基金 A。

实例 2：还是上例，但不同的是两个有限合伙人拥有对由普通合伙人发起否决重大投资（major investment）的否决权并且有权选定基金在投资组合公司（portfolio company）董事会代表人（representatives）的权利。在这种情况下，两位有限合伙人和普通合伙人均控制有限合伙企业 A 和基金 A。

条件 2 规定的被动投资者是指如果投资者在主观上没有计划（plan）或意图（intent）去实施控制，客观上实施没有与主观相反的行为，则应认定为被动投资。比如：投资者没有行使除按比例（pro rata）投票之外的主动性权利（affirmative rights）和行使保护少数股东权利之外的被动性权利（negative rights），则该投资者属于第二个条件所规定的被动投资。

第三类是针对"新增份额"（additional interest）的收购。如果外国投资者收购的股份属于新增份额并且被收购的企业是已由 CFIUS 审查完毕的对象，则该投资者对于新增份额的收购不属于"控制"。

## 第四节  对"外国投资法"立法工作的思考

外资安全审查制度是指国家对可能危害国家安全的外商投资行为进行审查，并采用限制性措施来规制该行为的法律制度。在"审查范围"的基础上建立安全审查制度，是一国利用国际规则维护国家利益的手段。2011 年 OECD 报告，世界上已有 11 个国家建立了外资安全审查制度。如美国突出"外资并购"的安全审查制度，加拿大涵盖国家安全的外资联合审查制度，德国、法国"维护公共秩序和国家安全相结合"的外资审查制度，俄罗斯突出"战略产业"保护的外资安全审查制度，韩国突出"外资经营行为审查"的外资国家安全审查制度，印度涵盖国家安全审查的外资自动准入和政府准入制度等,均是基于本国的国情在保持外资开放和国家公共利益的平衡下形成的各具特色的外资审查制度。

《征求意见稿》采用"负面清单"的外资准入模式,意味着放宽了对外资准入管理。将国家安全审查的范围扩大到一切外国投资,需要针对不同监管环节宽严相济,这使得安全审查对引入外资的消极影响降到最低,将积极影响发挥到最大。

(1)继续完善安全审查"部门标准"。从国际经验来看,完善的方向,可以从以下几方面入手。首先,应根据最终公布的"负面清单"审慎考虑影响国家安全的"重要部门",在实现"正面清单"向"负面清单"转变时,国家安全审查方面要做好相应的制度供给。其次,考虑到《征求意见稿》首次将"网络安全"和"文化安全"明确列入了国家安全审查考虑的因素,因此在划定"审查范围"上,也应该就这两个领域所涉及的部门有所侧重。比如,2016年国家新闻出版广电总局、工业和信息化部出台的《网络出版服务管理规定》禁止外资投资"网络出版服务",并以"网络出版物"对"网络出版服务"加以规定。但第2条对"网络出版物"认定的兜底条款的设置其实就说明该概念界定具有模糊性,需要自由裁量的补充。不难预料在实践中对是否属于"网络出版物"易产生争议,将网络出版领域明确列入审查范围,国家安全审查或可成为国家新闻出版广电总局审查之外的第二道屏障。最后,应谨慎扩大"地域标准"的适用范围和"企业清单"的使用。

(2)对安全审查"控制"标准的认定更应注重控制权。应把"部门清单"标准和"控制"标准灵活地结合起来。适当放宽外国私人投资者的控制标准,增加投资开放度。但以主权财富基金的形式投资能源、基础设施等重要领域的外资,战略控制意识及能力更强,潜在的安全威胁更大,应作为重点防范的对象。从内容上看,衡量控制与否的标准并不完全取决于股权比例的数量,外资是否有影响战略性公司重大事项的决定权也是重要的考量因素。此外,可借鉴国外的做法,对认定不同身份投资者"控制"的股权比例予以区分。按照多边规则的要求将区域经济组织的内部和外部成员予以区别对待。属于下列两种情形之一者认定为"重大控制权人"。第一种情形是满足下列三个条件之一者:①直接或间接持有25%以上股份;②直接或间接持有25%以上投票权;③直接或间接任免董事会多数股东的权利。第二种情形是,拥有实施或实际实施重大影响或控制的权利。"拥有实施重大影响和控制的权利":从决定权、否定权和例外情况三方面予以规定。"实际实施重大影响和控制":有一项原则性规定和非董事会成员、非现任股东两项具体性规定。在对"控制"进行正向认定的同时,辅之反向认定补充,规定不构成"控制"的情况。可参考美国的"少数股东保护机制"、"附条件的投票权数量"和"新增份额豁免例外"等做法。

(3) 设立"安全港条款"。"安全港条款"是指如果并购交易已经得到了 CFIUS 或美国总统的批准,除非存在特殊情况,该交易便不得被重复审查 (reopen)。特殊情况包括:①提交了与审查或调查相关的虚假性或误导性的信息;②遗漏重要信息;③投资者违反了缓冲协议。该条款将重新审查的标准设置提高,使得投资者可以获得二次审查的豁免权。

尽管商务部 2011 年第 8 号公告《实施外国投资者并购境内企业安全审查制度的规定》(以下简称《安审规定》) 的第十条规定: 所有经"联席会议"批准的并购交易,如果此后发生调整并购交易、修改有关协议文件、改变经营活动以及其他变化,则如果属于国家安全审查的范围,需要向商务部重新提出安全审查申请。这实际上是一种附条件的"安全港条款"。即只要已经批准的并购交易不发生重大变更,则原则上不做重复审查。但《安审规定》的第十条只规定了在何种情况下商务部有权做重复审查,但这并不表示商务部不再保留在其他情况下再做审查的权力。

因此,为了促使投资者主动提出审查申请,以保护中国的国家安全,"安全港条款"的设立具有必要性。在《征求意见稿》将审查范围扩大到所有的外国投资的前提下,"安全港条款"或可成为实现东道国国家安全与投资者利益相平衡的手段之一。

(4) 利用好"根本安全例外"条款。除了使用安全审查制度维护国家利益,还可以借助双边投资保护协定条款维护本国利益。根据 UNCTAD 的统计,已有超过 200 个双边投资保护协定 (Bilateral Investment Treaty, BIT) 订立了"根本安全例外"条款。"根本安全例外"通常又被称为"不排除措施条款",援引根本安全例外条款,东道国可以在国家利益受到威胁时采取措施,即使该种措施违背条约义务,在一定程度上损害外国投资者的利益,东道国也可免责。因此,"根本安全例外"条款具有转移风险的作用,将本应由东道国承担的风险转移到外国投资者身上,以维护东道国利益。该条款是安全审查制度在外资准入阶段的体现。

## 第五节 对外资并购进行国家经济安全审查的指向①

从理论上讲,外资控制的经济体的经济安全度既可能低于也可能高于内资企业控制的经济体的安全度,因为两者在客观上都有影响经济安全的正反因素。内资控制的经济体以自力更生发展经济为主,外资企业不多,因而有助于建立自己的工业体系,但在经济发展初期,资源和技术短缺,内资企业大多缺乏规模经济效益和组合经济效益,因而又抑制了经济竞争力的提升;利用外资发展本国经济虽然在客观上使得东道国资源得以有效整合,提高了经济的整体竞争能力,但外资企业会借助资源、技术管理优势形成行业控制力,因而在某一时点或某一时段内具有规模经济效益和组合经济效益,但这种效益受到垄断行为的损害和抵消,提升其与政府讨价还价的能力,损害东道国的利益,而且外资控制必然有要超出规模经济和组合经济所要求的界限冲动,从而外资企业会进行垄断进一步损害东道国利益。因此,比较内资控制和外资控制的国家安全状况,要考虑到国家经济竞争力、规模经济、组合经济、规模、范围以及垄断行为等多种因素的综合影响。无论是从发达国家还是发展中国家的实践看,政府通过规制来管理和引导外国投资,从而趋利避害,都是维护国家经济安全的必要做法。

跨国并购作为对外直接投资的一种形式,是跨国公司实施全球经营战略的一种重要方式。跨国并购的实施者通常的目的是强化市场地位、降低成本、提高效率、优化资源配置,但也有目标是通过世界范围内的产业结构调整和产业技术转移,影响世界经济格局和国际经济秩序,改变经济规则。因此,外资并购安全审查是非常必要的,但关键是审查外资并购的方面,即存在一个外资并购审查的指向问题。从各个国家的实际情况看,有的国家指向外资并购带来的市场结构控制,有的国家指向

---

① 本节内容引自作者2009年发表在《国际贸易》上的文章《从外资控制作用机理看我国的外资安全审查》,有修改。

外资并购产生的控制行为,有的国家则是兼而有之。结合我国实际和党的十八大建立安全高效的开放型经济体系的要求,笔者认为当前的外资并购安全审查工作应着力于以下几个方面。

(1) 审查应针对控制性行为而不是控制性结构。市场结构控制是外资企业追求规模经济、组合经济和技术创新的结果,如果反对控制市场结构,也就意味着对规模经济、组合经济和技术创新的抑制,整个经济也就失去了增长的源泉。从大力发展规模经济的角度出发,我国应鼓励外资企业走兼并、合并、收购等扩张道路,推动产业的适度集中,这是实现经济增长方式从粗放型向集约型根本转变的客观要求。我国多年靠要素投入维持的数量扩张型粗放型经济增长造成了重复生产建设,相对于市场需求,生产能力严重过剩。根据国家统计局提供的资料,目前有900多种产品的生产能力利用率在60%以下,而再建生产规模依然很大。在这一背景下,我国主要产业生产的适度集中,能够有效地推动规模经济和组合经济,降低成本,增强市场竞争力。然而,这与外资审查在客观上形成一对矛盾,因为外资企业不会满足于规模经济和组合经济,一旦条件允许,他们必然会采取垄断行动,并最终超出规模经济和组合经济所要求的界限,从而破坏规模经济效益和组合经济效益。笔者认为,外资审查应考虑到各种不同的情况,予以区别对待。第一,在并购没有达到规模经济效益和组合经济效益所要求的市场结构时,外资并购应审查其控制性行为,而不管其控制性结构;第二,当并购具有规模经济效益和组合经济效益时,审查也应只对控制性行为;第三,如果并购超越了规模经济和组合经济所要求的市场结构,则审查不仅要针对控制性行为,而且要针对其控制性结构,使其恢复到规模经济和组合经济所要求的市场结构。

在审查分析一项特定的并购交易是否导致外资"控制"时,要重点关注该外国并购方公司对财产的处理、对日常运营的筹划、对公司合同的处置、公司自身存续的重大事件以及与以上各项活动相联系的公司章程的修改等一些重大事项。审查外资"控制"行为不仅考虑其拥有的企业股份数量,即便是持有少数股,但其只要是通过在董事会占有席位、代理投票、特殊股份、合同安排、正式或非正式的协同安排等方式而拥有直接或间接决定有关公司的重要事项的权力,无论该项权力为直接或间接行使，或行使与否，都在控制性行为审查之列。审查外资控制性行为还包括外资是否会污染环境，对生态环境造成破坏的污染转移，操纵某个经济部门，甚至掌控国家的经济命脉，对国家的科技文化教育甚至政治外交施加影响等。

尽管控制性结构和控制性行为没有必然联系，大部分产业组织学家都认为，控制结构下的大企业开展控制行为的可能性大，所以大型并购应该成为审查的重点监视对象。还有些法学家和经济学家主张控制行为不好确认，取证困难，与其规制控制行为，不如直接规制控制结构。无论外商的行为如何，具有市场力量本身就是规制实施的初步依据。这种做法表面上是维护民族经济，实际上是对经济竞争力的打击和抑制，因为经济竞争力在很大程度上讲就是市场份额的竞争，拥有较高的市场份额正是具有竞争力的表现。所以，外资审查的指向应该是控制性行为。

（2）审查应关注单个交易项目而不是整体行业。为确保行业安全，政府部门花费大量时间和资源来界定"重点行业和关键性领域"，制定了严格的行业准入限制和外资控股比例，并颁布相应的"行业发展政策"来保护它们，学者们研究开发了很多行业或经济系统的安全测度指标体系，但是一项外国投资活动会产生什么样威胁，要视兼并、收购、接管或投资项目具体情况而定，不可能制定一个统一的标准来指导一项交易达到这些标准时是否要进行安全审查。比如国家发改委的一项研究指出外资审查重点应放在涉及国民经济命脉的18个行业和关键领域内的重大外资并购项目。其中有军工国防科技、电网电力、石油石化、电信、煤炭、民航、航运、金融、文化9个命脉行业，以及重大装备制造、汽车、电子信息、建筑、钢铁、有色金属、化工、勘察设计、科技9个关键领域。这种行业性的审查规定过于笼统，实际工作中有时不具有操作性。比如外资收购核能能源企业会引发对行业安全的担忧，对这项收购提起审查是理所应当的，但若外资收购能源行业的一个电力分配公司，会引发国家安全问题吗，外国拥有一家风力发电厂又如何呢。再例如电子、医药、运输（包括港口）和金融行业，外国人通过收购内资公司实现独资或参股是很常见的，并没有引起国家经济安全问题。因此，外资并购的安全审查重点应该针对具体每一项交易，说明一家外资公司并购何种类型的公司或子公司会产生何种国家安全风险，否则保护国家经济安全的努力很可能沦落为内资企业用以在国际竞争中保护自己的牺牲品。这还会让对方认为是借国家安全名义阻挠外国竞争，影响到双边投资协定、各种自由贸易协定等国际协议的实施，破坏中国的投资开放政策，最终影响经济的持续发展。

（3）对交易项目进行有效的风险评估。使用一种风险分析机制来定量评估一项特定交易的国家经济风险是十分必要的。传统的经济理论告诉了我们很多威胁经济安全的原因和解决危机的办法，但20世纪90年代以来多次发生的经济危机和金融危机给予这些理论以"证伪"，尤其是美国的次贷危机造成的全球性经济衰退出现了许多新特点，说明进出口状况、债务状况、经济发展速度、就业状况、外汇收支、外汇储备等传统衡量经济安全状态的指标不再完全适用，与日益一体化的世界经济相比较，宏观经济学的某些理论已经远远滞后了。所有这些变化，促使人们去重新认识现代经济运行体系下潜藏着的不稳定根源。

国家经济安全，是指一国最为根本的经济利益不受危害和威胁。其主要内容包括：整体上一国经济主权独立、基础稳固、运行健康、增长稳定、发展持续；不会因为某些问题的演化而使整个经济受到过大的打击和遭受过多的损失；能够避免或化解可能发生的局部性或全局性的危机，在国际经济生活中具有一定的自主性、防卫力和竞争力。根据外国投资者可能的行为动机需要从以下几个方面对一项外资交易进行国家经济安全审查：直接或间接破坏国家的关键设施，妨碍国家法律政策的制定、实施和执行，涉及敏感行业机密性数据信息、工作内容，涉及国家的关键技术或产品，非法向国外转移我国法律禁止的技术，削弱内资在重要的防御、情报或关键性基础行业的技术领导地位，危及政府和私人部门的网络安全，从事危害国家利益帮助外国提供军事和经济情报的间谍活动，削弱关键性基础行业国际竞争力。

（4）建立敏感岗位的就业安全标准。评估外资企业是否可能从事经济间谍活动或将敏感信息泄密是国家经济安全审查的一项重要内容。设立敏感岗位的就业标准，对涉外企业中从事敏感信息方面的人员进行审查是有效消除潜在安全隐患的方法。比如在电信业，对外资企业有关网络操作和数据处理的人员要进行背景调查，与敏感岗位工作人员签署安全审查协议，以减少这类风险。国际上大多采用的方法是对涉及敏感活动的雇员限定其国籍,但因为外资企业的国际化经营需要在全世界寻找人才,对其雇员进行国籍限定可能会因此失去优秀的人才,而且也不必然能增强安全,因为信息可能是外国雇员泄露,也可能是中方雇员被收买将信息传给敌对方。另外可行的做法是允许雇佣外籍人员,但对所雇外籍人员要委托其母国对其进行安全方面的资质审查,当然这需要建立国与国之间的国际合作关系,双方相互认可所雇对方籍雇员母国对其公民进行安全审查的合法性和合理性。

## 第六节 本章小结

本章重新审视了中国FDI安全审查的条件,《中华人民共和国外国投资法(草案征求意见稿)》新规对以下情况进行安全审查:"外国投资者并购境内军工及军工配套企业,重点、敏感军事设施周边企业,以及关系国防安全的其他单位;外国投资者并购境内关系国家安全的重要农产品、重要能源和资源、重要基础设施、重要运输服务、关键技术、重大装备制造等企业,且实际控制权可能被外国投资者取得的。"

对外商投资安全审查的目的在于限制外国投资者对涉及国计民生具有战略意义的商业公司进行控制。因此,外商投资安全审查对象是作为投资方的外国投资者和作为被投资方的商业公司。目前中国外商投资安全审查制度还默认采用传统的认定方式,但该传统的认定方式定义较窄,且实践中存在FDI通过产业组织控制、结构控制、布局控制结构等方式规避产业政策而得以投资我国限制性、禁止性产业的情况,威胁中国经济安全。

鉴于此,笔者认为,应当对中国安全审查制度加以完善。对非股权方式的控制增加规制手段,在对"控制"进行正向认定的同时,辅之反向认定补充,规定不构成"控制"的情况。可参考美国的"少数股东保护机制"、"附条件的投票权数量"和"新增份额豁免例外"等做法。在实体上和程序上平衡投资自由化和国家安全的关系,尤其是完善"部门清单"标准、对"控制"概念做严格界定、增加"安全港条款"以及利用好"根本安全例外"条款等是减少外资引入不利影响的有效手段。

# 第十一章　FDI产业全息动态监管研究

本章根据安全系统论、安全信息论和安全控制论，以互联网为工具，结合农业产业安全工作实际设计出农业产业全息动态监管系统，以外资企业生产经营行为信息为输入，经过信息的收集、存储、筛选、整理、隐患信息监控与风险控制系统的反馈管理，实现产业安全运行或实现产业损害最小化。

## 第一节　中国FDI产业监管现状分析

中国大多数产业依然处于幼稚产业发展期，从事产前、产中和产后经营的各类内资企业大多处在成长阶段，尚不具备与实力强大的跨国公司竞争的实力。投资中国的外资企业很容易依靠其竞争优势，扼杀处于成长期的内资企业，或通过大肆兼并收购龙头企业，控制产业发展进程与发展方向，因此，在引进利用外资的过程中，危及产业安全的事例时有发生。从对外资的监管角度看，主要存在以下几方面的问题。

（1）现有的《外商投资产业指导目录》与一般的产业安全理念存在冲突。例如，在2015年修订的《外商投资产业指导目录》的鼓励类农业领域投资中，第9条为"防治荒漠化及水土流失的植树种草等生态环境保护工程建设、经营"。在实务中，外资常常集中大面积长时间直接租种农民土地，导致了大量失地农民出现。全国最大的林业利用外资项目是由泰国顺和成集团公司投资的广东汕尾营林造纸项目，合同外资金额6.22亿美元，官方及媒体都重点宣传它所进行的造林工程。此投资一度成为外商投资我国农业的成功范例，认为它促进了当地林业的发展，带动了周围地区和相关行业的共同发展。然而，趋利动机使得外资投资的重心一定是最赚钱的育林之后的纸业生产加工、购销、流通等环节。它在粤西、粤北建了2家各50万吨木浆造纸大型项目，用于制浆造纸、木材建设项目预算达到5.1亿美元，因此，从个案和具体时间段观察，可能有利于促进农民增收,但从长远和全局考虑,它削弱了农民从全产业链条获取利益的能力,导致农民利益流失,农户后续自我发展动力和能力不足。

(2) 对外资运营阶段的监管薄弱。对外资的监管包括两个阶段,外资准入阶段和外资运营阶段,监管必须涵盖外资运营的全过程。尽管2015年新修订的《外商投资产业指导目录》对外资鼓励类、允许类和限制类投资有明确的规定,但外资运营阶段缺乏安全审查的参照,导致在签订引资合同的过程中,各级政府往往急功近利,违规操作,不走规定的程序。如对外商投资企业资信条件和经营能力评估只是走过场。在后续管理上,对企业的经济责任、行政、刑事责任规定不到位,导致实际操作中惩罚不到位,给外商投资企业以可乘之机。控制了中国80%的进口大豆货源的四大粮商ADM、邦基、嘉吉和路易·达孚对我国本土压榨企业的大肆并购充分说明了这一点。ADM在中国通过其控股的托福公司收购华农集团30%的股份,加上已经参股的13个加工厂,2015年总加工能力达到1500万吨;邦基收购了山东三维、江苏华农;嘉吉已在东莞、南通等地收购多家加工厂,总加工能力达到250万吨。由于没有建立专门的针对外商投资恶意并购的专门审查机构,实际操作中经常出现应当交谁管、谁都不管的问题。

(3) 缺乏可靠有效的风险评估方法和体系。目前各种基于内外影响因素建立安全评价指标体系进行安全性测度和评价的研究,由于受指标选择的系统性、相关性、可测性、科学性、规范性等方面的制约,严重影响评价的准确性和一致性,常常会误导外资监管工作。产业安全工作主要依靠各级管理部门对外资的现场巡视检查,否则难于及时发现产业危害隐患。实际工作中由于难于准确地评价和控制管理人员的监管安全工作成果,造成部分管理人员工作责任心不强,使得部分产业危害隐患不能被及时发现。有效利用外资急需一种科学的产业安全评价方法和具有可操作性的有效的外资监控方法。

(4) 产业危害隐患信息的存储和处理手段落后,信息利用效率低。产业危害隐患信息的存储和处理多用手工记录,手段落后,难于及时分析各外资企业投资经营行为的隐患情况,也就无法及时了解各外资企业投资经营行为有无产业危害隐患、隐患的严重程度、隐患的整改状况等情况，难于做到有针对性的监控管理。各级管理部门缺乏有效的信息共享机制，对于发现的产业危害隐患，只是谁发现谁记录，即使在行业内部、区域范围、外资企业不同管理部门之间，数据的共享都无从谈起，不便于进行共享查询和综合分析；数据库设计只以提供一套结果为目标，缺乏对历史数据的整合，不能为数据的深入利用提供接口和界面，也不利于汇总分析。若一旦发生产业危害，在产业危害追究过程中，还容易发生部门间相互扯皮，推诿责任等问题。

（5）监管的实时性和动态性不足，未发挥互联网作用。目前，在政府及地方行业部门外资监管工作中，都建立了计算机局域网，但由于缺乏有效的方法和合适的软件，未能很好地发挥计算机网络在监管工作中的作用。同样由于产业危害的存储和处理手段落后，难于及时了解各外资企业投资经营行为的产业危害隐患情况，也就很难及时处理产业危害隐患。为此，本章设计了"产业全息动态监控"方法，以及时对产业危害隐患进行动态分析与处理。

## 第二节　全息动态监管原理

本部分根据安全系统论、安全信息论和安全控制论，以互联网为工具，结合产业安全工作实际提出产业全息动态监管的新方法，可以在动态监控和反馈控制的基础上，实现产业监管的闭环控制系统。其基本原理与信息流程如图 11-1 所示。

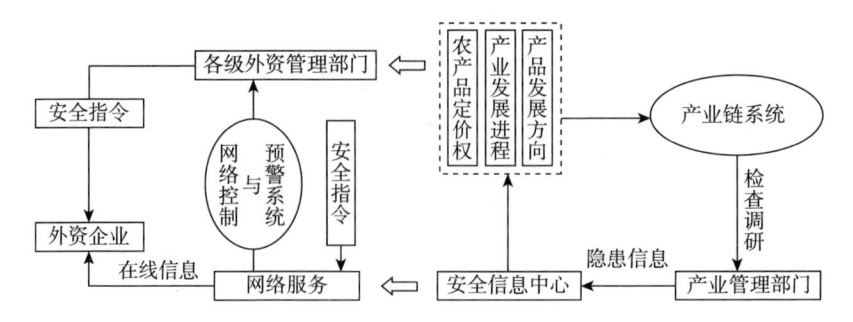

图 11-1　产业全息动态监控原理与信息流程

产业全息动态监控，包括信息系统、风险管理系统和监管部门与监管人员工作绩效评价三个子系统。

## 一 信息系统

信息系统包括监管信息的收集,隐患信息的筛选、整理和存储,监管信息的存储和管理,监管信息的传输、查询和分析,警示指令信息的发布与查询等。具体工作程序如下:

(1) 监管信息的收集。自上而下下达对外资企业生产经营状况的检测、评估指标,监管人员按照要求的指标对检测对象检测相关数据,按照规定的格式填写"安全动态监控汇报表",由下向上逐级上报至各级外资管理部门。汇总形成外资监测评估报告,并抄送统计、财政部门和发改委以及外资管理部门相关领导。

(2) 隐患信息的筛选、整理和存储。对于监管人员填写的安全动态监控汇报表,由信息中心负责收集并进行分类、整理,将其中反映的产业危害隐患进行分类、筛选和登记。信息的分析整理要注意几点:一是变量的定义与表格的解释、说明要简单明了,一目了然;二是统计分析结果要简洁易懂;三是数字含义简明,尽量用平均数、比例数;四是相关说明应简明扼要,点其要害,指出变量间的因果关系。尽量使用线图和框图理清相互关系。安全信息中心对于每一信息汇报表进行分类、筛选和处理,包括发现的隐患、发现时间、发现人员和隐患处理情况等。

(3) 监管信息的存储和管理。信息存储和管理最有效的手段是建立数据库,用计算机取代传统的手工管理模式,以有效提高数据共享和信息利用效率。

(4) 监管信息的传输、查询和分析。安全信息输入计算机后,通过信息反馈,可使各级外资管理部门了解外资企业的生产经营情况,发现经营中的问题,预测可能出现的问题,对外资企业提出针对性的改进意见。互联网可以实现国家、省、市、县对同一项目监管信息的共享,在各个层面上随时可以查询外资企业生产经营状况、盈利能力、产品的市场占有率、产业组织控制、产业结构控制、产业布局控制、定价权控制等,以及对本行业发展的影响等,有利于发现问题并在第一时间提出监管的建设性意见,落实情况也能得到及时反馈。所以,监管网络中的各计算机能够实时反映隐患地点、发现时间、处理时间、责任人员和处理状况等信息,能够实时、动态监控产业危害隐患的发现和处理情况、监管人员的工作情况以及隐患责任人的工作成效。经网站管理员授权的人员，如各级外资管理部门领导、有关科室和监管人员均可方便地从网上查询有关信息，对隐患地点、隐患整改情况以及各个监管人员发现隐患的情况进行分析和评价。

同时，监管系统软件中提供趋势图分析、比重图分析和主次图分析模型，对隐患信息等进行直观、形象的动态统计分析，帮助相关领导准确掌握监管工作的发展状况。

(5) 警示指令信息的发布与查询。各级外资管理部门的主要监管人员，在监管互联网上查询、分析近期安全状况后，可以通过互联网准确、快速地发布安全警示指令信息；各级工商、税务部门、涉事外资企业则可能通过监管互联网快速、准确地接受安全警示指令信息，使安全警示指令的运行渠道更加科学、快捷。

## 二　风险管理系统和监管部门

产业危害隐患信息的监控与管理，主要完成如下两方面的工作。

(1) 外资企业投资经营行为的监控与管理。对于处于不同产业链条、不同区域的外资企业的生产经营状况，监控系统自动进行监测与管理。即若某一外资企业投资经营行为的产业危害隐患指标长期居高不下，则计算机给出预警提示，要求立即查明原因，并及时处理。

(2) 产业危害隐患的监控与管理。这主要包括两个方面。第一，产业链发展危害隐患的监测管理。若处于某一产业链位置的危害隐患在短期内重复出现，则计算机给出预警提示，要求立即查明原因，并及时处理。第二，到期产业危害隐患的监测管理。若某一产业危害隐患已到限定的处理截止日期但尚未处理，则给出预警提示，要求及时处理（见图11-2）。

具体运作程序包括以下几点。

第一，对外资企业局部状态反馈：对外资企业的各种状态信息进行实时监测，及时辨识可能的产业损害风险，并进行预警提示。风险辨识就是发现、识别产业链系统中的危险源，它是危险源控制的基础，风险辨识的目的是通过对产业链系统的调查、分析，界定出系统中哪些环节、区域存在外资控制风险，其风险的性质、可能的产业损害程度，存在状

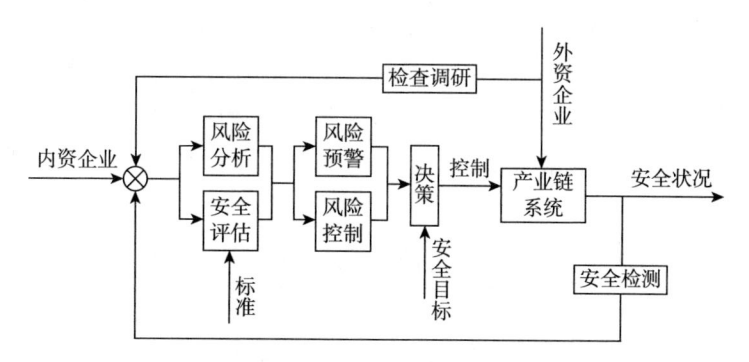

图 11 – 2　风险控制预警系统

况等，以便有效地控制事态的发展，使危险源不至于转化为产业损害安全事故。并在辨识的过程中采取一定的安全管理与风险控制措施。

第二，产业链系统闭环反馈控制：依据产业链系统检测信息，运用系统分析方法，找出可能的产业损害风险及原因，将信息及时反馈到各相关部门，设计必要的措施防止类似损害的重复发生。

第三，建立多级递阶控制体系：在产业链安全控制系统内建立各级管理部门的多级递阶控制体系，在各控制层次之间上层要督促下层贯彻执行有关方针、政策、规程和管理规定，同时，采取可行的措施提高下属层次的自组织能力、自我控制能力。对各级管理层实施自组织控制的要求包括：一是了解外资企业产业控制的结构信息，如产业控制模式、严重度、可能的产业损害概率、防范措施等；二是掌握外资产业控制状况的动态信息，如接近临界状态的重大危险源、外资管理中存在的问题、产业损害隐患的整改情况等；三是熟练掌握风险分析技术并能熟练应用解决实际问题；四是熟悉互联网信息工具及信息传输风险，实现控制决策优化。

### 三　监管人员工作绩效评价

对各级监管部门和监管人员绩效的管理与评价，主要有如下两个方面的工作。

第一，对每一监管人员，生成一张监管人员发现隐患表，表明该监管人员一定时期内发现隐患的数目及其准确情况，以便对监管人员履行监管工作的情况进行分析。

第二，对某一具体的产业危害隐患，可以生成一张产业危害隐患发现情况分析表。表中主要说明该隐患的发现人员及发现时间，同时说明该隐患所在位置的责任人，若未发现产业危害隐患，则将其作为监管人员履行监管工作情况的评价依据；若一旦发生产业危害，则该表可作为追查产业危害责任者的依据。

## 第三节　全息动态监管系统应用中的几个问题

一个有效的监管系统需要完成三个方面的工作内容：一是识别威胁产业安全的关键元素；二是具有健全的风险管理系统运作流程和操作程序，包括计划—实施—检查—纠正；三是提供有效的外资企业警示和防范及应对措施，防止其经营行为伤害到本国产业安全，另外，每一个层面均需要积极的安全文化支持。为此，进一步强调监管系统应用中需要注意的几个问题。

### 一　关于制订监管系统目标和监管计划

监管系统的总目标是：防止外资把控产品定价权，控制财富的流量，威胁产业的生存安全；防止外资把控产业的发展进程和方向，威胁产业的发展安全。外资企业审查总体目标需要分解为一系列不同层次的细分计划和目标实施。为满足产业安全的整体目标要求，需要一整套的监管计划，各产业部门制定的各种监管计划需要具有一致性。

监管计划有效的先决条件是具体、可测度、可操作和可实现。监管目标必须明确谁做什么，什么时间做和做成什么样的结果。因此，要定期对比监管标准进行检查。对于外商投资企业领域的监控是多层次的、全方位的，既包括全行业的、重点行业的检测，也包括不同地区的、不同区域的检测，以反映不同层次结构的状况。定期公布所有数据并进行综合汇总、综合分析，同时对于有重大利害关系的部门、机构、行业、企业应当规定重点提醒。计划和目标的进度为产业内各层级安全状况提供了一个有用的信息。

### 二　关于风险管理系统

风险管理系统的有效运作需要具备以下三方面的条件。

(1) 完备性。完备性指的是监管系统有能力提供与目的要求相符的结果。主要有两个方面需要考虑。

一是系统的"技术性能"是否能满足应用所需。监管系统必须有明确的目标和工作范围,能够完成"计划—实施—检查—纠正"过程,系统中的每个监管层级有明确的职责,系统中的监管人员具备相应的能力。

二是监管系统能够完成"计划—实施—检查—纠正"这一任务本身是不够的。系统还必须是"技术性能足够"的,或是与应用目的相适宜的。例如,进行产业危害调查如果调查系统不确定产业危害的根源系统的价值就要打折扣。同样地,一个监管系统旨在监管产品定价被外资控制的风险,如果只考虑改变外资股权结构或市场占有率,但不考虑改变如研发投资、产业组织结构、技术创新或知识产权问题,监管系统的价值也是有限的。监管系统的执行程序应该是具有可操作性的,程序还应该与产业管理其他方面业务的程序兼容。

(2) 一致性。无论风险控制系统运作程序设计的如何好,如果这些运作程序不具有一致性,就不能带来预期的结果。至关重要的是监管人员能按照过程流程图设计的实现过程执行,这需要他们掌握风险控制系统运作流程具体应该怎样操作。因此,对每一流程需要设立"性能标准",规定谁做什么,什么时间做和结果应是什么。执行后的"效果"提供了确定风险控制系统运作流程是否具有一致性及一致性程度的信息。

(3) 协调性。高层监管人员需要信息来确定整个产业链监管体系要素是否到位和操作是否有效,而不仅仅是孤立的某一部分工作状况。所以需要考量协调性方面的各种信息。这应该包括在不同部门各协调层面管理安排或风险控制系统的信息。

### 三 关于外资企业安全审查信息

首先,审查内容要完整。对外资的审查包括两个阶段,外资准入阶段和外资运营阶段,强化审查不仅要重视外商投资者准入阶段,而且要做到运营阶段的监管,必须涵盖外资进入的全过程。外资企业准入审查应包括以下几个方面:一是对企业资质进行审核,查验企业是否具备应有的经营能力、资金实力、技术力量和管理团队等;二是对投资经营项目进行审核,是否符合产业政策,是否符合当地的产业规划,是否有利于产业安全和生态环境保护；三是对重要产品、重要基础设施、关键技术等企业进行详细列举并按需更新，将真正关乎产业安全的企业纳入安全审查，为外资提供明确的指引，便于实践操作。对外资运营状况的审查应包括：一是审查外资企业在竞争市场的经营行为，查验是否存在不正当竞争、违反规范的行为；二是评估外商投资企业进入对生态环境的影响，是否影响到可持续发展原则；三是评估其对国内中小企业的影响，是否符合有序开放原则，是否有损国内产业的保护和支持原则。

其次，审查要依据标准进行，进行准确的风险评估。通过评估产业安全度和产业成熟度，明确监督管理的对象、范围、权限、法律责任，使监管规范化、动态化、专业化，有法可依，有理可循，将对外资企业的监督管理落到实处。

最后，要把投资双方共同置于法律的监督之下，实现全面监督。对监管的理解必须是全面的，涉及产业发展的各个方面的主体，不仅包括对外商投资者的监管，也包括对中方引资企业的监督，从本质上看，注重合资企业中对中方的监督管理也是强化监督管理的题中之意，防范对中方股权代表滥用职权损害中外双方利益，健全制约和防范机制，明确各方应尽的法律责任。

可见，该监管系统体现出如下几方面的优点。

(1) 以互联网技术和信息技术为依托进行安全监管，提高了监管的现代化水平和监管效率。

(2) 更及时地发现和处理产业危害隐患。对产业危害隐患的发现和处理过程进行了全息的动态监控，使产业危害隐患的发现更加及时、迅速，产业危害隐患的处理更加全面、彻底，并使过去不易发现的一些隐患，也得到及时的发现和处理。

(3) 提高外资综合监管水平。随着互联网监管和积极的产业安全文化意识的提高与产业危害隐患处理力度的增强，外资企业规范自律、履行社会责任、服务我国农业产业发展的理念将得到更好的贯彻，内资涉农企业将会更主动地学习外资先进的技术，更主动地利用外资的溢出效应，使得农业产业健康发展水平将得到显著的提高，同时，将增强各级外资管理部门的产业安全意识，提高监管人员的责任心，形成有效利用外资促进农业产业健康发展的良好氛围。

## 第四节 案例：中国玉米产业 FDI 全息动态监管设计

本部分通过分析 FDI 在玉米种子、生产链、需求链、仓储链上的投资和布局状况，指出 FDI 通过控制种子控制中国粮食生产、通过加强粮源基地建设与收储网络布局控制粮源、通过大规模收购活动控制玉米需求链、通过垂直整合和战略合作实现全产业链控制。同时，本部分通过深入的分析，找出 FDI 控制对中国玉米产业安全的作用维度，并据此设计出玉米产业全息动态监管系统，给出了操作规程及运作流程。

玉米作为中国三大主粮之一，越来越受到大量 FDI 的青睐，2005～2015 年玉米行业的 FDI 以平均 25% 的速度增长。一些专家学者针对 FDI 在中国玉米种植、加工、流通、贸易等环节的迅速扩张，提出了中国玉米产业外资控制的担忧。在此我们以玉米产业作为研究对象建立全息动态监控系统。

### 一 FDI 对中国玉米产业的布局[①]

#### （一）玉米种子领域外资

入侵的主要外国品种：先玉 335，先玉 405，先玉 696，先玉 508，先玉 688，迪卡 1 号，迪卡 007，迪卡 008。

据中国种子协会统计，我国农作物种子常年用量为 125 亿公斤左右，潜在市场价值 800 多亿元，是世界第二大种子市场。世界种业公司美国先锋、美国孟山都、瑞士先正达、法国利马格兰、墨西哥圣尼斯等，早在 20 世纪 80 年代就觊觎中国种业市场，开始陆续在我国东部地区布点。只是由于我国对主要农作物种子经营限制，这些企业直接向我国出口种子的速度缓慢。2000 年底《种子法》颁布，国家取消了对主要作物种子的管制，打破了原国有种子公司一统天下的局面，种子行业开始真正进入市场化的阶段，外资种子公司大举进入中国。有调查显示目前外商投资设立的农作物种子企业共有 76 个，其中经营玉米种子的 5 个，见表 11-1。

---

① 本部分引用了一些网络资料及数据信息，为节省篇幅不一一列出，特向原作者一并表示感谢。

表 11-1 5 家外资合资种子企业的分布情况

| | 公司名称 | 成立时间 | 注册资本 | 外资股权份额 | 主营业务 | 经营覆盖地区 |
|---|---|---|---|---|---|---|
| 美国杜邦先锋 | 铁岭先锋种子研究有限公司 | 1998 年 | | 100% | 专门从事大田作物遗传育种研究 | 在北京、辽宁铁岭、河南新乡及海南都设有研究站 |
| | 山东登海先锋种业有限公司 | 2002 年 | 408 万美元 | 49% | 主要生产和销售杂交玉米种 | 有北京分公司和酒泉分公司,主要经营区域:东北三省、内蒙古春播玉米区及西南玉米区 |
| | 敦煌种业先锋良种有限公司 | 2006 年 | 2500 万美元 | 49% | 主要从事各类农作物种子的研发、繁育、加工、贮备和销售,主要种子产品有玉米、小麦、棉花、瓜类、蔬菜、花卉、牧草、马铃薯 8 大系列、20 多个种类、1000 多个品种 | 公司下设北京分公司和宁夏分公司。销售市场目前涵盖黑龙江、吉林、辽宁、内蒙古、四川、重庆、贵州、广西、云南 |
| 美国孟山都 | 中种迪卡种子有限公司 | 2001 年 | 2000 万元 | 49% | 玉米、油料、蔬菜、花卉、草坪种子和苗木的科研、生产及自产种子销售 | 云南、河南 |
| 瑞士先正达 | 三北先正达种业有限公司 | 2007 年 | 5000 万元 | 49% | 种子销售,先正达 408 | 内蒙古、河北及周边地区 |

1998 年,美国先锋公司在辽宁设立铁岭先锋种子研究有限公司。2001 年 3 月,孟山都与中国种子集团合资成立中种迪卡种子有限公司,开始在中国推广迪卡品牌的玉米。孟山都与中国种子集团分别占 49% 和 51% 股份,经营覆盖云南和河南等地。2002 年末,美国先锋公司与中国最大玉米制种企业——山东登海种业成立了合资公司,主要经营覆盖东北三省、内蒙古春播玉米区及西南玉米区。2006 年,先锋公司与甘肃敦煌种业股份有限公司成立敦煌种业先锋良种有限公司,销售市场目前涵盖黑龙江、吉林、辽宁、内蒙古、四川、重庆、贵州、广西、云南。2007 年 4 月瑞士先正达收购三北种业责任有限公司 49% 的股份,经营覆盖内蒙古、河北及周边地区。先锋公司在 2010 年与辽宁东亚种业、川农

## 第十一章 FDI产业全息动态监管研究

高科种业合作，意在消除其在东北、西南地区的竞争对手，完成在中国玉米种业科研、生产和市场营销布局。

自2000年至2015年，外资企业在中国共审定玉米品种84个，占3.05%，尽管总体份额不大，但一些品种推广速度很快。目前在中国最有影响力的外国玉米品种当属美国先锋公司推出的先玉335，2004年，先锋公司选育的玉米杂交种先玉335通过了中国政府审定。先玉335玉米品种以脱水快、丰产性好和谷物收购价格好的优势，仅用3年时间就迅速成为中国第三大玉米品种，2009年种植面积达1900万亩。在吉林，先玉335品种的市场占有率已经从2006年的3%上升到2009年的51%，种子价格从2006年的15元/公斤涨到2009年的40元/公斤，在国内玉米种子的市场占据了第二位的份额。继先玉335后，先锋公司还计划推出先玉696、先玉508等一系列品种，先锋目前在中国生产和销售7个品种的玉米种子。

孟山都公司在中国的主打玉米种子叫迪卡007和迪卡008。迪卡007经国家农业部和国家动植物检验检疫局审批并且隔离种植合格后，于1997年引进广西，参加玉米新品种预备试验；1998～1999年参加广西玉米新品种区域试验；2000年申报并通过广西品种审定；2001年在广西布点试种200多亩，2002年起在全区推广种植；2009年在全区种植约110万亩，占当年玉米种植总面积760万亩的14.5%左右。迪卡008玉米品种于2005年引进广西并参加广西玉米新品种预备试验，试验代号为MT001；2006年参加广西玉米新品种区域试验，2008年申报并通过广西品种审定，审定编号为桂审玉2008007号；2008年下半年起在广西推广种植，2009年在全区种植面积约26万亩，占当年玉米种植总面积760万亩的3.4%左右。广西每年需要1万余吨玉米种子，孟山都迪卡系列种子占到30%左右的市场份额。另外，美国孟山都公司专为中国选育的优良玉米杂交种迪卡1号，目前已完成国家黄淮海夏玉米区和河南省玉米区域试验的全部程序，它也是针对中国黄淮海夏玉米区力推的主打品种。

目前，美国的孟山都、杜邦先锋和瑞士先正达3家公司的转基因玉米，已在中国进行田间试验。如果没有问题，三大国外种子公司就会不停地逼迫中国政府打开转基因玉米种植之关。此外，孟山都、先锋、先正达、利马格兰和拜耳等外资企业与中国科研单位合作，通过交换品种资源以及挖掘人才等多种形式，大量搜集、改良中国优异资源，试图从源头上控制中国种业。

从表 11-2 可见，外国玉米种子的市场占有率目前并不高，即便是位于第二位种植面积的先玉系列 2009 年也只有 7.0% 的市场占有率，但发展迅速。

表 11-2　中国主要外国玉米品种的种植面积（2005~2015 年）

单位：万亩，%

| | | 2005 年 | 2006 年 | 2007 年 | 2008 年 | 2010 年 | 2013 年 | 2014 年 | 2015 年 |
|---|---|---|---|---|---|---|---|---|---|
| 先玉系列 | 种植面积 | 26 | 232 | 816 | 1500 | 3200 | 4000 | 4100 | 4200 |
| | 占总播种面积 | 0.07 | 0.54 | 1.84 | 3.35 | 7.0 | 11.45 | 11.06 | 11.02 |
| 迪卡系列 | 种植面积 | 0.02 | 30 | 50 | 90 | 136 | 300 | 320 | 350 |
| | 占总播种面积 | 0.0 | 0.07 | 0.11 | 0.20 | 0.38 | 0.86 | 0.86 | 0.92 |
| 先正达系列 | 种植面积 | - | - | 30 | 71.6 | 80 | 120 | 150 | 180 |
| | 占总播种面积 | | | 0.07 | 0.15 | 0.24 | 0.34 | 0.40 | 0.47 |
| 玉米总播种面积 | | 39537 | 42694 | 44217 | 44796 | 45690 | 34950 | 37076.1 | 38116.6 |

### （二）农资领域的外资

农资领域外资的入侵主要反映在外资对化肥和农药的投资。从当前外商在国内化肥市场上的表现看，主要分为两种：一种是合作方式，另一种是投资方式。

合作方式，主要是选择国内代理商作为合作伙伴，外商只负责资源的供应，产销则完全由代理商做主。这种合作随时间推移会更加稳定。中国主要化肥进口品种是钾肥、磷肥、复合肥。钾肥进口主要是中农、中化两家公司，2006 年在钾肥进口谈判中，国内有些企业试图冲破这种格局，但外商好像吃了定心丸，置之不理；磷肥、复合肥的进口主要是美国的美盛公司、运安公司和瑞士金健公司，这些国际知名的化肥生产商和经销商也都采取的是总代理或区域代理的方式。2007 年，加拿大加阳公司收购了汉枫常绿公司 19.6% 的股份，收购价值大约为 8000 加元，并与后者签订了硫包衣尿素技术专利使用权转让。汉枫常绿公司是加拿大多伦多一家特种肥料供应商。通过上述收购让两家加拿大企业联合加大了在华化肥销售额。加阳公司中国区总裁黄炳辉告诉调研组,目前在中国,加阳公司所有化肥销售代理都通过汉枫常绿公司进行。经过3~4年的推广,加阳公司在华化肥销售额已经达到了1.2亿加元。2009年4月11日,第二大化肥生产商加拿大加阳公司宣布,正式在京设立中国代表处,从事中国区域的化肥销售和采购、生产等业务。这种与国内化肥流通企业合作的方式,基本上已形成了一个相对稳定的产业链条,短时间内不会发生大的变化。

投资方式,主要采取的方法是外商在国内资源优势的地区投资建厂,方式多数是合资,以占据国内资源优势,或者以本身的资源、资金优势参股国内化肥企业,以资本为纽带结成利益共同体,共同参与国内市场的开发。具体见表11-3。

表11-3 2009年中国化肥市场的主要外商直接投资

| 外资名称 | 合资公司名称 | 外资投资额（万美元） | 设计年生产能力（万吨） |
| --- | --- | --- | --- |
| 嘉吉 | 美国嘉吉国际联合集团有限公司,美国嘉吉化工集团（中国）有限公司,山东福美特肥业有限公司,江苏东海嘉吉化肥有限公司,云南三环磷肥生产企业,嘉吉化肥（秦皇岛）有限公司,烟台金洋嘉吉肥料有限公司 | 11000 | 300 |
| 智利SQM | 埃斯科姆米高（四川）化肥有限公司（2008年） | 3000 | 65 |
| 加拿大汉枫常绿有限公司 | 江苏汉枫缓释肥料有限公司 | 2000 | 50 |
| 加拿大斯帕尔公司 | 中加合资宜昌枫叶化工有限公司（2003年） | 2500 | 55 |
| 加拿大加阳公司（Agrium） | 汉枫常绿公司 | 2000 | 50 |
| Potash Corp | 中化化肥 | 持有中化化肥22.06%的股份 | 90 |

加拿大Potash Corp持有中化化肥22.06%的股份,为后者的第二大

股东。同时，Potash Corp 还向中化化肥供应钾肥以在中国进行分销，这也将间接进入中国钾肥市场。

宜昌枫叶化工有限公司成立于 2003 年 12 月，是一家由在加拿大上市的加拿大斯帕尔公司和宜昌磷化工业集团有限公司共同投资建设的中外合资企业，是中加合资百万吨矿肥结合工程的建设主体，控股方为加拿大斯帕尔（BVI）化学公司。中加合资百万吨矿肥结合工程项目分矿山工程和化肥工程两部分，是经国务院总理办公会议讨论通过，由国家计委批准立项的重大矿肥结合工程项目，主要利用湖北宜昌丰富的磷矿资源进行综合开发，生产各种系列的高浓度复合肥。

中加合资宜昌枫叶化工有限公司 100 万吨/年磷复肥工程是中加合资宜昌磷矿矿肥结合工程的化肥工程部分，该工程总投资为 18 亿元人民币，共分三期完成：一期工程使复合肥产能达到 30 万吨/年，二期工程使产能达到 60 万吨/年，三期工程使产能达到 100 万吨/年。

2004 年 4 月在中国投建第一家缓释肥料企业的加拿大汉枫常绿有限公司，于 2004 年 12 月再度于江苏投资建立大型缓释肥料生产企业——江苏汉枫缓释肥料有限公司。该公司总投资 2800 万美元，同时建设硫包衣尿素及高塔造粒两套肥料生产线，均属中国肥料领域的高端生产技术。这两套技术前者来自加拿大核心技术转让，后者为中国先进的高塔造粒技术专利。在中国同时拥有这两条生产线的企业仅此一家。尤其是硫包衣尿素生产线，填补了中国缓释肥料业中硫包衣尿素的巨大市场空白，不仅将硫包衣尿素技术首次应用于实际生产，同时也将极大地改善中国土壤缺硫的情况，是一项非常符合中国肥料市场需求的缓释肥料生产项目，市场前景广阔。

SQM 公司自 20 世纪 80 年代以来就与中国保持贸易往来，现已在北京设有分公司，硝酸钾分销渠道遍布中国各大省份。自 2008 年 5 月以来，该公司在中国投资建厂，与国内著名的专业钾肥生产企业米高集团有限公司各出资 50% 组建合资公司，合作生产钾肥，该项目 2008 年开工，建设工期 9 个月。项目建成投产后，可生产 4 万吨/年农用硝酸钾和 2.2 万吨/年含钾氯化铵，预计年销售收入 26000 万元。

2009 年外资合资企业化肥生产能力占全国化肥总生产能力的 41%。外资在中国通过收购和产业整合的方式进行化肥业务扩张。其原因是一方面中国化肥业企业众多,但是非常分散,效率不高,环保标准低,存在着很大的产业整合、共同投资、转让技术的机会。另一方面,因为化肥等原材料价格不断上涨,建厂利润不是很高,而且中国政府对化肥价格和出口有所控制。

并购方式既加大了国内资源的开发力度,又缩小了与国外先进技术的差距,对国内化肥工业的发展是一种促进和提高,有利于保证国内化肥市场的资源供应。如云南三环磷肥生产企业就是几个国内企业和美国嘉吉公司联合投资生产的,其技术水平和产品质量在国内都较为靠前。对参股国内化肥企业的外商来说,其主要是利用国内企业的属地化优势保证产品在国内有稳固的销售渠道,从而规避了市场风险。短期看对中国的中小化肥企业不失为理智的选择,对国内化肥市场的发展也起着互补的作用,不会产生大的冲击。

但从长远看,如何把外商的资源优势、资金优势、品牌优势与中国的属地化优势有机地结合起来,既可以满足我国农业用肥的需要,又可以使国产化肥的生存空间不受挤压,这是摆在业内人士面前的一个新课题,必须有新的思路、新的举措,迎接新的挑战。

### (三) 玉米加工业领域的外资

外资进入玉米加工链基本上是按照中国的粮食流通格局进入的,外资在南方采取合资方式进入的比较多,但在中部、西部以及东部的玉米主产区外资进入的很少。

外商投资玉米加工的形式主要有独资和合资。一是独资,在全国建厂布局,比如嘉吉、希杰等;二是通过合作并购、投资入股的方式在中国谋求发展和获取利益,如英国饲料营养公司(ABN)、荷兰泰高饲料公司等。由于中国饲料市场巨大,这些跨国集团在中国饲料行业的投资步伐目前仍在继续,并且规模也越来越大,成为中国饲料行业不同所有制、多种经济成分竞争发展中的重要一员。

目前,外资在中国合资、兼并的饲料企业300多家。这些企业规模差异较大,有年产500万吨以上的饲料企业集团,也有年产几百吨的小型企业;有时产80吨以上的大型企业,也有时产2吨的小公司,饲料企业分布不均。东南省份企业相对较多,西北省份饲料企业相对较少,见表11-4。

表 11-4　截至 2015 年玉米加工业入侵的外资

| 外资来源国(地区) | 投资地区及项目数量 | 外资投资额（万美元） | 投资形式 | 设计年加工能力（万吨） |
|---|---|---|---|---|
| 美国 | 四川（2）福建（2）黑龙江（1）湖南（1）江苏（2）天津（1）江西（1）新疆（1）广东（3）广西（3）北京（2）宁夏（1）辽宁（3）山东（5）江苏（3）河北（1）浙江（1）吉林（1）湖北（2） | 180000 | 独资、合资 | 175100 |
| 英国 | 上海（5）湖北（1）安徽（1）河南（1）四川（1）辽宁（1）广西（1） | 100000 | 独资、合资 | 110000 |
| 韩国 | 山东（1）吉林（1）湖南（1）黑龙江（1）江苏（3）河南（1）北京（1）辽宁（1）四川（1）贵州（1）北京（1）天津（1） | 350000 | 独资、合资 | 8000 |
| 法国 | 山东（1） | 50000 | 独资、合资 | 5000 |
| 德国 | 四川（1） | 5000 | 独资、合资 | 1800 |
| 比利时 | 江苏（1）天津（1） | 20000 | 独资、合资 | 4000 |
| 澳大利亚 | 广东（1）江西（1）北京（1） | 40000 | 独资、合资 | 5000 |
| 加拿大 | 江西（1）辽宁（1）山东（1） | 30000 | 独资、合资 | 65000 |
| 荷兰 | 吉林（1）天津（1）深圳（1）江苏（1）重庆（1）湖南（1） | 12000 | 独资、合资 | 4000 |
| 瑞士 | 云南（1）广西（1） | 4000 | 独资、合资 | 8000 |
| 日本 | 黑龙江（1）辽宁（1）天津（2）山东（2）广东（1） | 80000 | 独资、合资 | 100000 |
| 泰国 | 江苏（7）四川（6）广东（5）河南（4）江西（3）福建（3）湖南（3）湖北（3）安徽（3）吉林（3）山东（3）广西（3）浙江（2）辽宁（2）河北（2）黑龙江（2）天津（2）重庆（2）北京（1）甘肃（1）山西（1）新疆（1）陕西（1）山西（1）宁夏（1）湖北（1）云南（2）上海（1）内蒙古（1）深圳（1） | 130000 | 独资、合资 | 704000 |
| 中国台湾 | 辽宁（2）福建（2）浙江（2）江西（1）广东（1）四川（1）山东（1）福建（1）河南（1）深圳（1）贵州（1）黑龙江（1）江苏（1）湖南（2）河北（1）安徽（1）陕西（1）北京（1） | 32000 | 独资、合资 | 9500 |

续表

| 外资来源国(地区) | 投资地区及项目数量 | 外资投资额（万美元） | 投资形式 | 设计年加工能力（万吨） |
|---|---|---|---|---|
| 中国香港 | 福建（4）深圳（1）广西（2）广东（1）北京（1） | 77505 | 独资、合资 | 11000 |
| 新加坡 | 广东（3）江苏（1）山东（2）福建（1） | 80000 | 独资、合资 | 8500 |
| 匈牙利 | 内蒙古（1） | 2000 | 独资、合资 | 385 |
| 印度尼西亚 | 河北（1） | 2000 | 独资、合资 | 200 |
| 合计 | | 1194505 | | 1219485 |

资料来源：根据课题组调研资料整理。

近年来，外资并购合资的中国农产品加工企业的加工能力迅速提升，近5年的平均增长率为15%，2009年，具有外资背景的农产品加工企业年加工能力达到897万吨，占全部农产品加工企业加工能力的10%。

## 二 典型跨国集团在中国玉米产业的布局

### （一）先锋良种国际有限公司

先锋良种国际有限公司（以下简称"先锋公司"）成立于1926年，是世界上最大的玉米种业公司，具有强大的科研实力和优良的服务品质。1999年先锋公司与杜邦合并，同时进入中国市场，2002年先锋公司在中国成立第一家合资公司——山东登海先锋种业有限公司。2006年先锋公司在中国成立第二家合资公司——敦煌种业先锋良种有限公司。

先锋在中国发展的主要历程有以下几方面。

（1）2007年先玉335被中国农业部推荐为新时期四大玉米品种之一。

（2）2007年9月，杜邦公司与中国国家杂交水稻工程技术研究中心签署协议，授权杜邦旗下的先锋良种公司在亚洲地区对中国国家杂交水稻工程技术研究中心的杂交水稻品种进行测试及商业推广。通过实施该项协议，先锋公司和中国国家杂交水稻工程技术研究中心能够改善公众营养状况、提高生活水平和农业整体生产力，从而促进稻农的收入增长。

（3）2007年先锋开始在北京、天津、河北、山西、内蒙古等华北和东北部分地区大规模推广玉米单粒机播技术,并取得理想效果。先锋公司对客户调研发现,东北三省使用先锋种子的农户平均增加收入10%~15%。

(4)从2007年至2009年先锋公司对购买先锋玉米种子和农机的农户给予农机补贴,分别为200万元、500万元、900万元。

(5)先锋公司在引进产品和技术的同时建立了一套完整的服务体系,通过对农民进行示范、培训、田间地头演示以及补贴等多种形式,使农民接受先进种植理念并受益。公司每年培训经销商8000多人,举办农民课堂、现场会等3000多场。在播种期,先锋对播种机手的培训为60多场;在每年的生产季节,通过短信群发的方式,提醒经销商和农民相关注意事项;在收获季节,带领农民下田观察并进行玉米产量测场,这使每年直接受益的农民为10多万人。

(6)2007年12月24日先锋公司与北京未名凯拓农业生物技术公司共同宣布建立合资公司,加快发现与优良品质,如高抗逆性、抗营养贫瘠等功能相关的基因,以提高主要农作物的产量。

(7)2009年3月25日杜邦·先锋公司与中国农业科学院植物保护研究所加强合作促进农作物害虫防治和提高产量。

### (二) 益海嘉里

美国ADM公司和新加坡WILMAR集团共同投资组建的益海嘉里(中国)集团是ADM在中国扩张的典型代表。益海嘉里是集粮油加工、种业开发、仓储物流、内外贸易、油脂化工、大豆蛋白于一体的多元化侨资企业。20世纪80年代末,益海嘉里开始参与中国粮油行业的发展和建设,经过近20年的发展,涉足压榨、精炼、小包装食用油、油脂化工、特种油脂和米面等多种业务和产品系列,在中国建立了布局合理的生产体系和为消费者提供便捷服务的供应网络,见表11-5。

表11-5 益海嘉里集团在中国的分布

| 区域 | 投资项目个数 | 注册资本/投资额(万美元) | 经营范围 | 生产加工能力(万吨) |
|---|---|---|---|---|
| 东北地区 | 50 | 15000 | 收储、饲料加工、油脂化工、内外贸易 | 52000 |

续表

| 区域 | 投资项目个数 | 注册资本/投资额（万美元） | 经营范围 | 生产加工能力（万吨） |
|---|---|---|---|---|
| 华北地区 | 47 | 30000 | 收储、饲料加工、油脂化工、内外贸易 | 78000 |
| 华东地区 | 50 | 15000 | 收储、饲料加工、油脂化工、内外贸易 | 3000 |
| 华中地区 | 20 | 8000 | 收储、饲料加工、油脂化工、内外贸易 | 500 |
| 华南地区 | 5 | 12000 | 收储、饲料加工、油脂化工、内外贸易 | 800 |
| 西南地区 | 2 | 4000 | 收储、饲料加工、油脂化工、内外贸易 | 120 |

注：东北地区：辽宁省、吉林省、黑龙江省；华北地区：北京市、天津市、河北省、山西省、内蒙古自治区；华东地区：上海市、江苏省、浙江省、安徽省、福建省、江西省、山东省；华中地区：河南省、湖北省、湖南省；华南地区：广东省、海南省、广西壮族自治区；西南地区：重庆市、四川省、贵州省、云南省、西藏自治区；西北地区：陕西省、甘肃省、青海省、宁夏回族自治区、新疆维吾尔自治区。

### （三）嘉吉公司

嘉吉公司成立于1865年，从当时仅在美国拥有一座谷仓，到今天在约67个国家拥有160000余名雇员。嘉吉公司和中国的合作关系可以追溯至20世纪70年代初。如今嘉吉在中国拥有4400多名员工，投资成立了34家独资子公司和合资企业。

1987年，嘉吉开始投资中国的农产品加工行业。目前嘉吉在中国已经有了37家独资合资企业，嘉吉以及合资伙伴在中国农业和食品行业投资额达到7亿美元。业务主要包括两类，一是农产品加工，二是提高农产品生产效率的农业化肥、动物饲料等。另外在中国，嘉吉拥有17家饲料厂，提供普瑞纳、嘉吉、安亿科、乐恩贝等饲料品牌。

2004年10月，嘉吉作物营养部和美国IMC公司合作组成美盛公司，主要生产浓缩磷肥和钾肥。目前，美盛在江苏设有氮磷钾复合化肥工厂，在烟台和秦皇岛有复混肥工厂，在云南有一家合资磷肥工厂。嘉吉在中国的业务分布见表11-6。

表11-6　嘉吉在中国业务分布

| 区域 | 投资项目个数 | 注册资本/投资额（万美元） | 经营范围 | 生产加工能力（万吨） |
|---|---|---|---|---|
| 东北地区 | 20 | 15000 | 化肥、饲料加工 | 52000 |

续表

| 区域 | 投资项目个数 | 注册资本/投资额（万美元） | 经营范围 | 生产加工能力（万吨） |
| --- | --- | --- | --- | --- |
| 华北地区 | 27 | 30000 | 化肥、饲料加工 | 78000 |
| 华东地区 | 10 | 15000 | 化肥、饲料加工 | 3000 |
| 华中地区 | 3 | 8000 | 化肥、饲料加工 | 500 |
| 华南地区 | 5 | 12000 | 化肥、饲料加工 | 800 |
| 西南地区 | 2 | 4000 | 化肥、饲料加工 | 120 |

注：东北地区：辽宁省、吉林省、黑龙江省；华北地区：北京市、天津市、河北省、山西省、内蒙古自治区；华东地区：上海市、江苏省、浙江省、安徽省、福建省、江西省、山东省；华中地区：河南省、湖北省、湖南省；华南地区：广东省、海南省、广西壮族自治区；西南地区：重庆市、四川省、贵州省、云南省、西藏自治区；西北地区：陕西省、甘肃省、青海省、宁夏回族自治区、新疆维吾尔自治区。

跨国粮商对于中国农业产业控制到什么程度，可以用下面的数据来说明：益海嘉里在中国拥有226座粮仓，还有批发中心、粮油加工厂、化肥厂、饲料厂和专用码头。法国路易达孚公司在中国拥有35个收购公司、20多座粮库、3家饲料加工厂。美国嘉吉公司在中国拥有32个加工厂、6座粮仓、3个转运站。美国ADM公司在中国主要玉米产区有50座粮仓、6个玉米饲料加工厂、4家养殖场，在中国拥有自己的运输车队，在流经玉米产区的河流上有货运码头。先锋有7个种子合资公司，其先玉335在吉林、黑龙江的种植面积超过全省玉米种植面积的50%。全国71%的玉米饲料企业为外商独资或合资。

从跨国粮商在各环节相对于内资的经营能力所占比重上看，种植环节的种子市场占有率只有7%，收储环节的仓储能力不到15%，加工环节的加工能力也只有10%，还没有形成绝对控制，但发展迅速。特别是外资对玉米饲料加工和收储渠道的控制力增长很快，2005年和2009年平均年增长速度分别达到11%和9%。虽然外资在全局远远还没有形成掌控玉米价格的局面，但玉米收购价格和质量标准，在某些地方已经显示了跨国粮商的话语权，而农民的利益有受到双重损害的威胁。

### 三 外资入侵中国玉米产业的特点

#### （一）通过控制种子控制中国玉米生产

"在这颗简单的种子里，是科技的力量，这将是农民们前所未有接触过的。科技的力量推动我们进入未来,当农民成功了,我们也成功了。"的确,先锋公司就是通过一粒种子的"智造",获取了财富,也"控制了一些中国玉米主产省份的粮食生产"。

1. 用全球化育种模式进行研发实现农业产业源头的技术控制

不断加强自己的技术研发能力,利用品种质量优势控制种子行业是先锋公司制胜的法宝。先锋公司有全球化育种模式,在品种试验设计、试验用种分包和排列、播种、试验标牌和田间记载簿管理、数据采集、收获、数据分析、决策和保存、冬繁和育种材料决选等环节都贯通着机械化和电子化,应用成熟的育种资料分析软件系统,确保程序化和标准化。这种全球化育种模式使得跨国公司始终站在制种技术的制高点(见图11-3)。

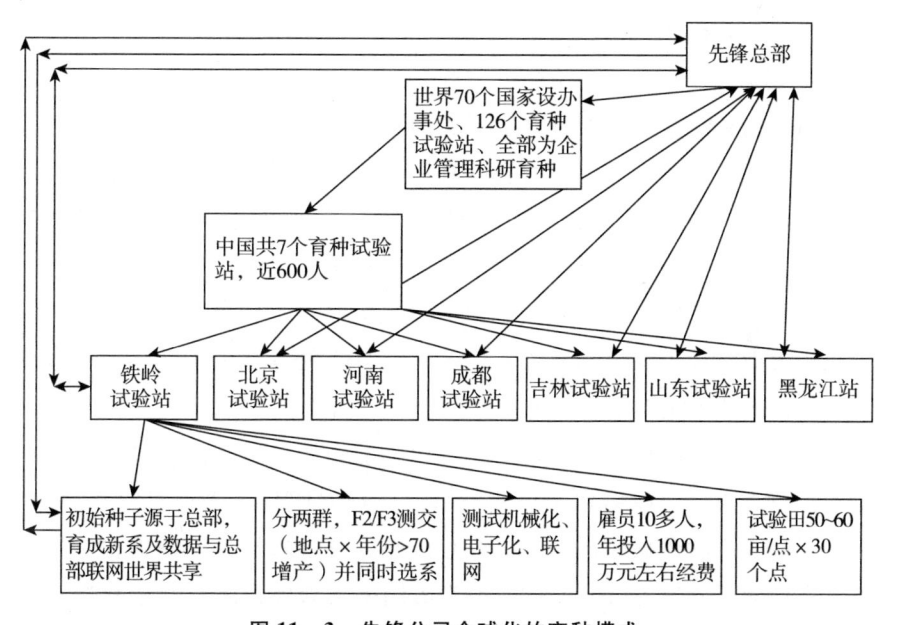

图 11-3 先锋公司全球化的育种模式

2. 建立种植—技术依赖模式

由于薄弱的农业基础与工业基础,中国传统的生产体系在对外开放外资进入的环境下迅速瓦解。先锋、孟山都等跨国公司在对同类种子企业的收购或兼并的过程中,逐步扩大着自身的经营规模。同时创造着一种经济依附模式。跨国公司并购或进行产业整合的目标企业通常是内资大型领先企业,如2006年,与先锋公司合资的甘肃省敦煌种业具有20多年的种业经营历史,是中国大型的种子生产企业之一,产品几乎遍及中国市场,与敦煌种业合作，为先锋在中国生产杂交玉米种子打开了大门。先锋为敦煌提供可以使产出加倍的技术以及种子生产管理培训。而换来的是中国更广阔的种子市场与更接近基层的分销机构。某跨国公司在与国内某高校"作物遗传改良国家重点实验室"的合作项目中，以很低的价格购买了该项目的前期研究成果，承诺分阶段进行研发。而这些前期研究成果是在国家投入上亿元资金建立的研究平台上取得的。跨国公司的这种兼并、收购或合资，实质就是通过市场化的手段掌控种子资源，这造成农民不得不逐渐从跨国公司手中购买种子、农资、机器设备与生产资料用于粮食生产。伴随着国内粮食生产体系的畸形，新的依附模式逐渐被塑造出来，农民不仅只对跨国公司的商业投资产生依赖，而且也会对跨国公司的商业资本与技术投入产生事实上的依赖。

3. 创新营销方式，培育未来市场

先锋创新性地在中国建立了新型的营销方式：县级—乡镇两级的销售体系。其实国内由来已久的省—县—乡镇的三级销售模式，不少大型的种子公司直接把种子卖给省级销售公司，它们之间的交易就此结束。而再由省级销售公司卖到县级销售公司，同样，县级卖给乡镇一级销售公司，最后由乡镇销售公司卖给农户。也就是说，在省—乡镇—农户的三级销售中，种子公司非常省事，卖给省级代理就结束了，并没有追踪和管理，更谈不上延续的服务了。

先锋创新的两级销售体系虽然增大了工作量，但是能直接深入最终端——玉米农户，收集到农户的资料，并且方便日后进行追踪和服务。建立终端农户的数据库，将供应链直接伸到终端农户处，提供相应的服务，在中国听起来是天方夜谭。因为美国是大农业，农民数量只有6万人；中国农民分散、各自经营，农民数量数以亿计。

我们调查了解到，除了卖种子，先锋公司的工作人员还花大力气活动在玉米产区、销区的粮库、农产品加工厂、饲料厂等，推销先玉335的商品玉米，帮农民卖粮。目前国内种子产业还没有形成完整的链条，条块分割比较严重，即科研单位就搞科研，基本不参与生产和市场营销，而很多企业只做生产、销售环节，没有考虑推广以及种子下游产业。而从国外成熟的种子产业链来看，研发—育种—生产和推广—销售—服务—下游产业是一个完整的链条，其中任何一个链条的缺失，都会成为企业经营中的"短板"。种子公司帮着农民卖粮也是产业链中的重要一部分。农民生产的玉米销路好、不愁卖,明年才会继续买企业的种子。先锋公司和国内公司相比,就是努力把产业的每个环节都做好,所以即使国内企业在某个环节上比先锋公司好,但优势比较单一,整体竞争力仍逊于先锋公司。

先锋目前开发的农民客户关系管理系统(GRM)应用于约450家经销商及10000家零售商,以满足细分市场需要,为中国近千万的最终客户——农民提供服务。

(二)加强粮源基地建设与收储网络布局,控制粮源

外资进入中国后,一般会选择在粮食主产区和主销区分别布点,同步进入粮食收储、流通和销售环节,特别是会利用其自身物流运作效率高、管理经验丰富等特点,并参考已有的粮食流通渠道,建立起一个新的、适应自身发展的粮食流通渠道。

随着企业实力增强,粮商巨头开始市场整合,建立农业收储加工基地。它们遵循的原则一是靠近玉米主产区,便于获取粮源;二是尽量靠近市场,以便在降低运输成本的同时能对市场需求做出快速反应(降低流通成本,加快产品的流通时间),从而提升经营效率和灵活性。

(三)通过大规模的收购活动控制玉米需求

无论是哪个企业,要想具有优势,首先就要达到一定的规模。跨国公司的壮大同样离不开大规模的对外直接投资活动。外方利用中方资金不足、在国际资金市场上融资渠道不畅的弱点,运用其雄厚的资金实力及灵活的融资手段,对合资企业进行控制。这种控制的具体方式主要有以下几种。①外方利用其资金规模上的优势,采取高价收购玉米,抢占市场,挤垮中国收储企业,形成其很高的玉米市场占有率,并最终达到对玉米的垄断。一些大型跨国公司曾声称在中国投资要注重市场占有率,在中国的投资可准备3~6年不盈利。这表明这些大型跨国公司非常重视对中国市场的控制,以最终获取长期的高额垄断利润。②利用大型合资项目中方配套资金不足的弱点,乘机投入大量的资金,迫使中方放弃多数股权,以便其获得多数股权,从而控制这些合资项目的经营权。③对于一些市场前景看好的股份合资企业,外方往往还会提出增资扩股以稀

释中方股权比例，形成外方的股权优势，对企业实行控制。另外，外资企业中的外方还利用其管理资源上的优势对企业进行控制，进而控制该行业的生产经营活动。外方合资兼并时无一例外地都要求尽可能高的采购权，目的是利用其拥有的供应和销售渠道对企业的原料进口和产品出口进行控制，并可利用转移价格等手段来控制企业的生产经营活动。

### （四）通过垂直整合和战略合作实现玉米全产业链控制

跨国粮商的攻击力不仅是规模，而且在于上下游产业链的建设，从而得以控制利润的流动。2009年4月，丰益国际挺进素有"豫北粮仓"之誉的河南安阳，其投资2.1亿元，建立了日加工小麦1200吨、年产40万吨的益海嘉里（安阳）食品工业有限公司项目已经开工。

与此同时，由益海嘉里牵头，与郑州拓普物资储运有限公司、郑州铁路金林实业开发公司共同组建河南益嘉铁路物流有限公司，该公司投资1.36亿元建设铁路物流项目。该项目涵盖四条铁路专用线和一个高档货品仓库。其中，一条铁路专用线为益海嘉里项目专用。这意味着丰益国际在河南建成了从粮食加工到流通环节整个产业链条，为其在粮食加工领域的迅速扩张插上了翅膀。

此外，跨国公司对全产业链的控制还表现在通过跨国巨头间联合进行。由于大型跨国公司的实力雄厚、各具优势，因此其各自的市场占有率都很高。如果它们在中国市场相互间展开全面竞争，必然会导致成本的提高。因此，许多跨国公司之间采取合并或联合协议的方式以避免过度竞争。它们主要采用对中国产业市场进行细分或形成各自的市场区域的方式，或者通过在中国市场上共同开发技术、分享利益的战略，构成几家大型跨国公司通过战略联盟同时控制某一产业的格局，以达到寡头垄断控制某产业或市场的目的。

## 四 外资增强产业控制力的典型途径

目前，外资在中国农业产业链各环节的市场份额并不大，但增幅迅速，有可能通过以下恶意行为增强其行业控制力，威胁中国农业产业链的安全。

### （一）打压国内企业，挤占民族企业发展空间

实力雄厚的跨国公司收购中国企业后，大多既不输入先进技术，

也不进行大规模投资，而是设法将中国企业原有的核心技术和品牌控制在手中，并采用以下方式，打压中国企业的发展：一是终止企业运营；二是把并购企业转变成跨国公司的一个加工厂，使其成为其全球生产链上的一环。同时，跨国公司利用自身巨大的品牌优势、雄厚的资本实力、先进的技术和管理水平，对中国其他企业展开攻势，挤占民族企业发展空间。

### （二）控制知名品牌，消灭行业竞争对手

与知名品牌相连的往往是成熟的销售网络、可观的市场份额、忠诚的顾客群体和良好的社会形象，控制知名品牌可以达到控制市场份额和增强竞争主动权的目的。外资并购中国知名企业，一般不愿意出较多资金买断其所有权，而是以较少资金买断其使用权，之后，采用两种方式使中国的知名品牌在市场上消失：一是对国产品牌进行"冷藏"或封存，二是利用中国知名品牌嫁接国外知名品牌。外资采用并购方式将中方品牌招致麾下，可以轻而易举地"收服"在中国的竞争对手。失去知名品牌不仅仅是失去了一个企业，多数情况下还意味着失去市场空间，失去产业发展的良好时机，甚至永久地失去了一个产业。如果大量国内知名品牌和知名企业从市场上销声匿迹，将削弱中国产业发展根基，可能引致产业安全风险。

### （三）控制市场，取得行业垄断地位

外资控股并购最大的负面效应在于控制中国市场，取得行业垄断地位。近年来随着外资进入速度加快，中国局部领域已经形成了外资相对或绝对垄断的趋势。如按种植面积计算，2009年之后外资在吉林省玉米种子行业中所占比重已超过50%。外资在某些地域、领域形成垄断局面后，不仅制定垄断价格和瓜分市场策略，破坏市场秩序，损害农民利益，而且压制民族企业技术进步，制约国内幼稚产业发展，可能引致产业安全风险。

### （四）摧毁企业的技术研发能力

外资并购中国企业后，主要通过两种方式摧毁企业的技术研发能力。一是获得被并购企业的关键技术，二是限制被并购企业的研发活动。外资控股并购中国企业后，大都取消企业原有的研发机构，减少研发费用，

限制研发活动。据国家统计局提供的数据，中国内资企业平均研发费用占主营业务收入的 0.55%，"三资企业" 平均研发费用占主营业务收入的 0.45%，其中中外合资经营企业为 0.50%，外商独资经营企业仅为 0.35%。无论是获取被并购企业的核心技术，还是限制其研发活动，都可能使中国企业丧失自主研发能力，其结果是国家自主创新的基础和路径被破坏，中国将被锁定在国际产业分工格局的不利位置，影响产业的国际竞争力，可能引致产业安全风险。

### 五 玉米产业全息动态监管系统模拟及效果检验

#### （一）玉米产业风险隐患的识别

识别风险隐患，即识别定价权、产业链构建上的外资掌控力，应该从产业组织控制、产业结构控制、产业布局控制的角度对 FDI 在玉米种植、收储、加工、销售各环节全过程的控制进行分析和确认，既要看到当前的隐患，也要预测将会产生的隐患。

具体进行风险隐患的识别时，要从国际经验和国内外同类产业风险案例中找到关键。具体方法有以下两种。

（1）经验判别法。由专业人员根据产业安全经验直接辨识风险隐患，对于比较严重的风险隐患，也可以用专家咨询法进行辨识。具体步骤：①选择 5~9 人的专家，每个专家个体在安静的环境下写出自己的意见；②组织者不分先后地听取并记录这些意见；③召开座谈会，集体逐步讨论这些意见，弄清楚它们的意义；④对归纳意见所形成的条目的重要性做初步投票；⑤在初步投票的基础上进行讨论；⑥最终投票，完成最终评定结果。

（2）系统安全分析法。采用风险类型与影响分析、安全检查表、事件树分析等系统安全分析方法，对风险隐患做系统、全面的分析识别。风险隐患识别采用如表 11-13 所示的 "风险隐患识别情况"，表中的处理措施是处理相应隐患的具体措施，需要根据隐患的实际情况，给出控制对策。

1. FDI 定价权控制的识别

表 11-7 给出了玉米市场价格走势及亩均成本收益情况。

## 第十一章 FDI产业全息动态监管研究

表11-7 玉米市场价格走势及亩均成本收益（2000~2015年）

| 年份 | 平均出售价格（元/吨） | 成本（元/亩） | 收益（元/亩） |
| --- | --- | --- | --- |
| 2000 | 920 | 275 | 280 |
| 2001 | 1000 | 280 | 450 |
| 2002 | 1050 | 300 | 400 |
| 2003 | 1050 | 310 | 420 |
| 2004 | 1250 | 320 | 630 |
| 2005 | 1300 | 325 | 550 |
| 2006 | 1300 | 420 | 550 |
| 2007 | 1550 | 450 | 670 |
| 2008 | 1500 | 525 | 600 |
| 2009 | 1500 | 560 | 620 |
| 2010 | 1800 | 500 | 780 |
| 2011 | 1980 | 600 | 840 |
| 2012 | 2120 | 750 | 675 |
| 2013 | 2240 | 815 | 390 |
| 2014 | 2240 | 835 | 400 |
| 2015 | 2000 | 850 | 370 |

资料来源：根据全国农产品成本收益资料汇编。

由表11-7可以看出，2015年结束了2008年以后连续上涨的态势，中国玉米价格发生了严重下滑。而种植收益从2012年开始便一直下跌。玉米价格受到抑制和种植效益下降导致产业发展缺乏必要的激励和动力，不仅使玉米生产受到影响而萎缩，而且使玉米科研、技术推广、产前产后服务整个产业链的投入意愿疲软，其影响是极其深远的。在黑龙江、吉林、辽宁和内蒙古等春播玉米地区，由于缺乏替代玉米的作物，种植结构调整面临困难，玉米产业萎缩对这些地区的农民收入影响巨大。

值得注意的是，在玉米的价值不断得以开发利用、玉米的需求与日俱增的情形下，为什么玉米的价格会突然大跌？其背后的原因主要是外资通过进口操控玉米定价权，控制利润流向。由表11-8可见，2009年以前中国的玉米进口量没有超过两位数（以万吨计），中国一直为世界主要玉米净出口国。但2010年全年进口玉米达157.32万吨，进口量呈井喷式增长,进口比 2009 年增长达 1762%。且 2010 年以后进口数量一直保持较高水平。

表 11-8  玉米进口数量及增长率 (2000~2015 年)

| 年份 | 玉米进口量（万吨） | 同比增长率（%） |
| --- | --- | --- |
| 2000 | 0.028 | |
| 2001 | 3.611 | 12796.43 |
| 2002 | 0.63 | -82.55 |
| 2003 | 0.009 | -98.57 |
| 2004 | 0.232 | 2477.78 |
| 2005 | 0.206 | -11.21 |
| 2006 | 6.52 | 3065.05 |
| 2007 | 3.52 | -46.01 |
| 2008 | 4.92 | 39.77 |
| 2009 | 8.45 | 71.75 |
| 2010 | 157.32 | 1761.78 |
| 2011 | 175.0 | 11.24 |
| 2012 | 540.0 | 208.57 |
| 2013 | 340.0 | -37.04 |
| 2014 | 250.0 | -26.47 |
| 2015 | 458.0 | 83.2 |

资料来源：根据全国农产品成本收益资料汇编。

从进口来源国看,2010~2015 年,进口绝大部分来自美国,占中国进口总量的 97.1%;从老挝、泰国、缅甸的进口份额迅速下降,分别只占进口总量的 1.7%、0.7% 和 0.5%。进口省份趋于分散,依次为广东、山东、北京、福建、云南、海南、四川、江西、上海、湖南、广西、浙江,分别占进口总量的 57.5%、19.4%、10.5%、5.7%、2.6%、1.4%、1.3%、0.5%、0.4%、0.4%、0.3%、0.1%。

从进口玉米的用途来看,玉米主要用作原料深加工。在现代科学技术条件下,玉米不仅是人们的口粮,而且是配合饲料的重要原料和重要工业原料,可加工成的工业产品超过 3000 种。玉米加工业的特点是加工空间大、产业链长、产品极为丰富，包括淀粉、淀粉糖、变性淀粉、酒精、酶制剂、调味品、药用、化工等，这些深层次的加工品或副产品其价值相当高即具有较高的附加值，随之便可带来高利润。广阔的前景、丰厚的利润，吸引了大量外资投入玉米深加工行业。外资凭借雄厚的资金、技术优势，精心布局，通过兼并重组，快速、全面进入玉米种业、饲料加工、畜禽业饲养领域，逐渐对玉米种源和销售渠道加以掌控，对中国民间中小资本形成了排斥和抑制。到2015年，外商独资企业进口玉米占当年进口总量的43%，外资企业畜禽业实际产量占总产量的45%，工业增加值占51%。

外资通过进口玉米操控玉米定价权的影响已经产生，2014~2015年，国际玉米价格先升后降，大幅波动，中国大量加工企业陷入了因采购国外高价玉米而严重亏损的局面。

2. FDI产业链控制的识别

为尽量准确地评判包括育种、种植、收储、饲料加工各环节在内的玉米产业外资控制力的状况，本书建立了一套综合评价指标体系，其主要构架见表11-9。

（1）玉米种子市场洋玉米种子占有率 = 洋玉米种子销售量/当期玉米种子总销售数量。

表11-9  外资产业链控制指标体系

| 指数层 | 指标层 |
| --- | --- |
| 种植环节 | 玉米种子市场洋玉米种子占有率 |
|  | 洋玉米种子种植面积占比 |
|  | 农药、化肥市场外资产品占有率 |
| 收储环节 | 外资企业收储能力占比 |
|  | 外资企业收储价格控制权 |
| 加工环节 | 外资企业加工能力占比 |
| 销售环节 | 外资采购权占比 |
|  | 农业外资显示性控制指数 |

（2）洋玉米种子种植面积占比 = 洋玉米种子播种面积增长率/总玉米播种面积增长率。洋玉米种子播种面积占比体现了外资对玉米生产量

的控制权，一方面，洋玉米种子占有高的市场份额后会利用垄断力使玉米种子涨价，增加农民的生产成本，降低农民利益，另一方面，过大的单一品种种植使产量受气候变化的影响风险增加。

（3）农药、化肥市场外资产品占有率 = 外资企业农药、化肥销售量/当期农药化肥的总销量。这一指标反映外资对农资的控制状况，也可间接反映外资带给农业的技术和组织变革。

（4）外资企业收储能力占比 = 外资企业收购的玉米数量/当年玉米储备量。这反映外资进入我国玉米购销领域的程度。外资企业过强的收储能力，有可能使政府有关部门不能及时掌握玉米库存和购销状况，导致难以做出正确的决策。在某种通胀预期下，他们可以囤积玉米，然后释放出各种信号，趁机炒高玉米价格，这会对玉米市场的稳定和社会稳定产生巨大影响。

（5）外资企业收储价格控制权。这反映外资垄断玉米收购市场，进而操控玉米价格引发玉米安全问题的程度。外资定价权的计算方法见第三章第三节。

（6）外资企业加工能力占比 = 规模以上外资企业年加工能力/内资企业年加工能力。这反映外资对我国农作物货源和实际加工能力的控制。

（7）外资采购权占比 = $\dfrac{国外市场采购量}{采购总量}$。这反映外资影响玉米国内需求的能力。跨国粮商利用其对原料采购的掌控，不仅在国际市场控制话语权，而且在国内市场上也控制话语权，玉米进口时间、数量、价格被国外参股控股企业所掌控，玉米产业可能被外资垄断。

（8）农业外资显示性控制指数：$RCA_{ij} = (X_{ij}/X_i)/(W_j/W)$。式中，$RCA_{ij}$代表$i$玉米产业$j$外资的显示性控制指数，$X_{ij}$代表$i$玉米产业引进的$j$外资数量，$X_i$代表$i$玉米产业产值，$W_j$代表全国引进的$j$外资数量，$W$代表一国所有产业产值总和。显示性控制指数可以反映一国玉米业外资控制相比其整体产业外资控制的显著性。如果$RCA > 2.5$，则表明玉米产业外资具有极强的控制力；如果$1.25 \leqslant RCA \leqslant 2.5$，则表明玉米产业外资具有较强的控制力；如果$0.8 \leqslant RCA \leqslant 1.25$，则表明玉米产业外资具有中度的控制力；如果$RCA < 0.8$，则表明玉米产业外资的控制力相比全国整体产业外资控制要弱。

评价原始数据整理如表 11-10 所示。

表 11-10 中国玉米产业外资控制力评价指标计算结果

单位：%

| 指标 | 2005 年 | 2010 年 | 2012 年 | 2014 年 | 2015 年 |
| --- | --- | --- | --- | --- | --- |
| 玉米种子市场洋玉米种子占有率 | 15.3 | 17.0 | 17.2 | 15.8 | 18.5 |
| 洋玉米种子种植面积占比 | 2.3 | 3.9 | 3.9 | 3.7 | 4.4 |
| 农药、化肥市场外资产品占有率 | 1.7 | 3.4 | 3.4 | 2.2 | 3.06 |
| 外资企业收储能力占比 | 11.1 | 11.3 | 15.3 | 20.8 | 18.4 |
| 外资企业收储价格控制权 | 7.2 | 7.5 | 8.1 | 8.2 | 9.1 |
| 外资企业加工能力占比 | 7.3 | 11 | 12 | 16.2 | 13.5 |
| 外资采购权占比 | 20.1 | 21.8 | 21.8 | 18 | 23 |
| 农业外资显示性控制指数 | 14.1 | 20.8 | 30.8 | 33.6 | 38.4 |
| 综合指数 | 9.9 | 12.1 | 14.0 | 14.8 | 16.0 |

资料来源：综合指数的计算采用各子指标等权重加权计算。

可见，在玉米种子、化肥、农药、玉米深加工、销售等玉米产业链的各环节都有外资渗入。从跨国粮商在各环节相对于内资的经营能力所占比重上看，种植环节的玉米种子市场占有率 2015 年最高达到 18.5%，收储环节的仓储能力占比 2014 年最高为 20.8%，加工环节的加工能力占比 2014 年最高为 16.2%，综合指数 2015 年最高，达到 16.0%。这对生产经营相对比较分散的农业产业来说，已经形成一定的外资控制格局，且发展迅速。外资对玉米饲料加工和收储渠道的控制力增长很快，2005 年和 2015 年平均年增长速度分别达到 22% 和 18%。虽然外资在全局还没有形成掌控玉米价格的局面，但玉米收购价格和质量标准，在某些地方已经显示跨国粮商的话语权，而农民的利益有受到双重损害的威胁。

（二）风险等级设定

风险隐患的严重程度（危害程度）不同，应采取不同的管理、控制措施。可以将风险隐患的危险程度划分为"严重"、"一般"和"轻微"三个等级，如表 11-11 所示。

表 11-11　风险隐患的危害程度划分

| 危害程度 | 说明 | 控制对策 |
| --- | --- | --- |
| 严重 | 危害程度很大，不及时处理会导致财富重大损失及产业发展受阻 | 发出警示，立即处理 |
| 一般 | 危害程度较大，不及时处理会导致国民财富损失 | 发出预警，限期处理 |
| 轻微 | 危害程度不大，不处理可能会导致轻微经济损失 | 发出提示，要求处理 |

表 11-11 所给出的控制对策是宏观性的，供制定具体对策时参考。

外资大量进口玉米带给中国玉米产业发展的危害主要有以下几方面。一是损害国民利益。2010 年至 2014 年，由于国际市场价格上涨，中国玉米进口成本大幅增加，仅 2014 年进口费用就增加了 80 亿美元，约合 540 亿元人民币。2015 年初玉米价格开始下跌，中国在东北对玉米实行大规模的临时收储政策，但由于进口的继续增加，政策效果非常有限，收储玉米长时间积压在库。国外企业的垄断利润是以中国国民财富的巨大损失为代价的。二是中国玉米乃至畜禽肉自给水平大幅下降，玉米的自给率已从 2005 年的 83% 下降到 2015 年的 61.6%，畜禽肉自给率目前不足 50%，给长期供给安全带来了潜在风险。三是大量进口强化了国际市场波动对国内的传导作用，加剧了国内玉米市场的不稳定性。大量进口玉米，国内价格几乎完全取决于进口玉米价格（到岸价加上税费），这使得国际市场波动直接传导到国内市场。可以依据在上述三个方面的危害程度进行风险定级。

（三）管理和控制措施建议

中国的国情决定了玉米作为主要大宗农产品其基本供给必须依靠国内产业来保障。目前，外资在中国玉米产业链各环节的市场份额并不大，但增幅迅速，为削弱其可能的恶意行为，必须采取有效措施。

1. 发展旗舰企业，扩大民族企业发展空间

实力雄厚的跨国公司收购中国企业后，大多既不输入先进技术，也不进行大规模投资，而是设法将中国企业原有的核心技术和品牌控制在手中，并采用终止企业运营，或把并购企业转变成跨国公司的一个加工厂，使其成为其全球生产链上的一环等方式，打压中国内资企业的发展。面对这一不利局面，政府要鼓励内资企业通过强强联合，打造内资旗舰

型企业,鼓励创新,在发展民族品牌的同时,创建新的优势品牌,通过借鉴、学习、消化吸收优势跨国公司的技术、品牌、营销、管理技能,弥补自身的所有权劣势,尽快形成自身的品牌优势,夯实资本实力,完善营销渠道及提高技术和管理水平,牢牢把握农业产业控制权。对中小民族农业企业给予资金和政策支持,拓展其发展空间。

2. 弘扬本土种子品牌,鼓励行业竞争

外资并购中国龙头企业,一般不愿意出较多资金买断其所有权,而是以较少资金买断其使用权,之后通过对本土玉米种子进行"冷藏"或封存,或是利用本土种子嫁接国外知名品牌,使本土种子品牌在市场上消失。失去知名品牌不仅仅是失去了一个企业,多数情况下还意味着失去市场空间,失去产业发展的良好时机,甚至永久地失去了一个产业。因此,本土种子品牌的创立和保护一定要放在一个战略高度。与知名品牌相连的往往是成熟的销售网络、可观的市场份额、忠诚的顾客群体和良好的社会形象,拥有知名品牌可以达到控制市场份额和增强竞争主动权的目的。

3. 提升本土农业企业的技术研发能力

外资控股并购中国企业后,大都取消企业原有的研发机构,减少研发费用,限制研发活动。2012年,中国内资企业平均研发费用占主营业务收入的0.55%,"三资企业"平均研发费用占主营业务收入的0.45%,其中中外合资经营企业为0.50%,外商独资经营企业仅为0.35%。无论是获取被并购企业的核心技术,还是限制其研发活动,都可能使中国被并购企业丧失自主研发能力,被锁定在国际产业分工格局的不利位置,也影响整个产业的国际竞争力。因此加大科研投入,调动科研人员的积极性,提升本土企业的研发能力,拓宽自主创新的基础和路径,是与外资企业有效竞争、保护本土农业产业控制力的核心。

### (四) 全息动态监控方法

FDI产业控制全息动态监控方法,包括FDI产业控制信息的收集,FDI产业控制信息的传输、查询和分析,隐患信息的筛选、整理和存储,FDI产业控制信息的监控与管理,以及FDI产业控制监管决策等。

1. FDI产业控制信息的收集

FDI产业控制信息的收集由各级政府管理机构或行业协会相关专业人员完成,对外资企业上报的各种财务信息汇总,填写FDI产业控制动态监控汇报表，此监控表实际上是专业性FDI产业控制检查表，主要内容包括FDI投资产业、地点、规模、投资时间，对FDI产业组织控制、产业结构控制、产业布局控制及综合产业控制力改变的情况，发现隐患，提出整改建议等。

2. 隐患信息的筛选、整理和存储

依据专业人员填写的FDI产业控制动态监控汇报表进行分类整理，对于可能影响产业发展进程和产业发展方向的重大FDI投资项目要随时跟踪，及时用计算机记录其项目投资运营状况对相关市场、价格、原材料等造成的影响。

3. FDI产业控制信息的传输、查询和分析

FDI产业控制相关信息通过计算机上传到监管部门局域网，经网站管理员授权的人员，如各级领导，有关部门、行业的管理人员均可方便地在局域网上查询有关信息，对可能造成安全隐患的项目其影响产业控制力的变化情况及时进行分析和评价。

同时应用相关软件对FDI项目产业控制信息进行直观、形象的统计分析。

（1）趋势图分析

可以根据需要，对所有FDI项目对产业控制力影响进行趋势图分析，也可以对不同规模、不同产品的FDI项目造成的产业控制力的变化进行趋势图分析，对FDI项目造成的行业控制力的发展趋势进行实时、动态、形象的分析。

（2）比重图分析

FDI产业控制力比重图是表示FDI产业控制力构成情况的平面图。在一个圆中，用各部分的面积形象地反映各种产业控制力（产业组织控制、产业结构控制、产业布局控制等）构成所占的百分比，对FDI产业控制力构成情况进行实时、形象的分析。

比如，按照FDI项目的类型进行统计，将排在行业前5位的FDI项目控制力类型（组织控制、结构控制、布局控制力、市场控制、价格控制、产业链控制等）在比重图上逐一绘出。

4. FDI产业控制信息的监控与管理

FDI产业控制信息的监控与管理主要做好以下两方面的工作。

(1) 填写FDI产业控制力动态监控表的工作

动态监控表包括FDI项目投资企业、所在行业、地点、投资规模、年生产能力、人员等内容,用于监管人员对FDI产业控制力变动状况的追踪与检查,生成FDI产业控制动态监控表,见表11-12,作为FDI产业控制监管的重要参考依据。

表11-12 FDI产业控制动态监控表

| 总体层 | 指数层 | 指标层 | 实际计算值 | 设定的警戒标准 | 建议 |
| --- | --- | --- | --- | --- | --- |
| 外资产业控制力 | 产业组织控制力 | FDI市场集中度 | — | <25% | ×× |
| | | FDI资本进入壁垒 | — | <50% | ×× |
| | | FDI拥有发明专利控制力 | — | <50% | ×× |
| | | FDI研发费用控制力 | — | <50% | ×× |
| | | FDI新产品产值控制力 | — | <50% | ×× |
| | | FDI流通渠道控制力 | — | <50% | ×× |
| | | FDI市场控制力 | — | <50% | ×× |
| | | FDI利润控制力 | — | <50% | ×× |
| | 产业结构控制力 | FDI农业产业结构合理化控制力 | — | <50% | ×× |
| | | FDI产业技术进步控制力 | — | <50% | ×× |
| | | FDI产业关联效应控制力 | — | <50% | ×× |
| | | FDI贸易额控制力 | — | <50% | ×× |
| | | FDI贸易结构控制力 | — | <50% | ×× |
| | 产业布局控制力 | | — | <30% | ×× |
| | 产业定价权 | | — | <25% | ×× |
| | 产业链构建控制力 | | — | <30% | ×× |

对于不同类型的FDI产业控制力隐患,监控系统自动进行检测与管理,若某一控制指标长期居高不下,则系统给出预警提示,要求立即查明原因,并及时处理。

(2) 填写风险隐患识别表

定期测量相关指标,并回答系列问题:当前FDI产业控制水平有风险吗?风险发生在哪个环节?风险的本质及严重程度?潜在的后果是什么?风险发生的原因?需要怎样的措施?

同时要时刻监控上述各项的变化轨迹,填写风险隐患识别表。玉米产业风险隐患识别情况见表 11-13。

表 11-13　风险隐患识别情况

| 序号 | 隐患时间 | 隐患内容 | 危险等级 | 采取措施 | 负责单位、人员 | 备注 |
| --- | --- | --- | --- | --- | --- | --- |
| 1 | 2008 年 | 艾格菲在中国全产业链布局完成① | 严重 | 发展民族旗舰企业 | ××× | |
| 2 | 2009 年 | 正大集团在中国全产业链布局完成② | 严重 | 发展民族旗舰企业 | ××× | |
| 3 | 2015 年 | 玉米进口井喷式增长 | 严重 | 限制进口,政策支持农民扩大玉米种植 | ××× | |

5. FDI 产业控制指令信息的发布与查询

各级 FDI 监管机构和管理人员可在网上查询、分析近期 FDI 产业控制指标及变化情况,可以通过局域网准确、快速地发布 FDI 产业控制指令信息,各 FDI 企业可以通过局域网快速、准确地接受相关指令信息。监管指令信息可以通过两种方式发布与查询:在线信息与实时通信。

(1) 在线信息:使用"在线信息"功能发布监管指令信息,是将其发送到局域网服务器上,网上的所有有权用户均可以查询该指令信息,这种方式可以方便有效地完成将指令同时发送给多个单位。

(2) 实时通信:"实时通信"可以实时地将 FDI 产业控制安全指令信息发送给相关单位或人员,但要求对方当时也在网上,这种方式适用于向个别单位或人员发送不便公开的指令信息。

6. FDI 产业控制监管决策

对 FDI 项目监管的处理方案进行成本指标或效益指标的评价,利用

---

① 高盛参股的艾格菲是一家在美国上市、以动物营养饲料开发为主的公司。目前它已经在中国全面收购了百世腾、汇杰、禾杰等著名饲料企业,并将中国总部设在了产猪大省江西。完成收购后,艾格菲一方面通过国内的饲料企业巩固原有市场,另一方面投入资金将被收购公司原来单一的饲料生产线向生猪养殖业扩展。艾格菲旗下的百世腾公司成立有专门的养殖事业部,在上海、江西、广西、福建 4 地全资收购了 26 家养猪场,年出栏可达 100 万头。

② 正大集团由玉米种子改良、种植业、饲料业、养殖业、农牧产品加工、食品销售、进出口贸易组成的完整现代农牧产业链在 2009 年全面完成。

有限方案的多目标决策方法，进行监管决策，确定监管目标，指导 FDI 项目的经营管理。

### （五）全息动态监控系统运行注意事项

1. 建立规整制度

①日常运行管理工作制度；②日常操作制度，包括监控系统日常操作规程、监控系统故障处理规程、日常设备巡检制度以及系统管理和维护规范；③计算机安全管理制度；④应急处理制度。

2. 内容记录

每周生成一份周日常操作记录；每月生成一份月问题汇总（包括问题处理记录）；出现重大问题（系统崩溃等）生成重大问题记录（包含处理记录）；每月对问题处理情况做一汇总分析，上报主管单位。

3. 问题处理方式

发现异常问题，负责提出政策建议，上报上级主管部门。

# 参考文献

[1] 卜伟、谢敏华、蔡慧芬：《基于产业控制力分析的我国装备制造业产业安全问题研究》，《中央财经大学学报》2011年第3期。

[2] 陈仲常：《产业经济理论与实证分析》，重庆大学出版社，2005。

[3] 程恩富：《产权制度：马克思与西方学者若干理论比较》，《社会科学》1998年第2期。

[4] 樊增强：《跨国公司在华技术控制与我国的战略选择》，《投资研究》2007年第9期。

[5] 高焰辉、董金移、张锐：《外资与中国粮食安全》，《中国外资》2009年第9期。

[6] 甘培忠：《"国家安全"的审查标准研究——基于外国直接投资市场准入视角》，《法学杂志》2015年第5期。

[7] 郭春丽：《外资在华并购的动向及对我国的影响》，《宏观经济管理》2007年第3期。

[8] 郭永新：《提防外资，农业产业急需"亡羊补牢"》，《中国经营报》2008年8月10日。

[9] 蒋殿春、张宇：《经济转型与外商直接投资技术溢出效应》，《经济研究》2008年第7期。

[10] 何承高：《中国产业大量被外资控制的危险情况》，http://www.szhgh.com/Article/opinion/zatan/2014-11-22/68451.html。

[11] 何维达、何昌：《当前中国三大产业安全的初步估算》，《中国工业经济》2002年第2期。

[12] 黄晋：《我国外资安全审查存在重大安全漏洞》，《中国社会科学报》2015年12月9日。

[13] 景一凡：《从西方幼稚工业保护理论看我国幼稚产业发展》，《商业时代》2008年第10期。

[14] 景玉琴：《产业安全概念探析》，《当代经济研究》2004年第3期。

[15] 景玉琴:《产业安全的根本保障:提升民族资本产业控制力》,《福建论坛(人文社会科学版)》2006年第1期。

[16] 李昌平:《未来的粮食危机并非因为粮食不够吃》,《中国社会科学报》2010年第2期。

[17] 李昌宇:《资源倾斜配置研究》,陕西人民出版社,1994。

[18] 李连成、张玉波:《FDI对我国产业安全的影响和对策探讨》,《云南财经学院学报》2002年第2期。

[19] 李海舰:《外资进入与国家经济安全》,《中国工业经济》1997年第8期。

[20] 李孟刚、蒋志敏、李文兴:《警钟鸣响五大领域——市场、股权、技术、品牌、知识产权中国外资产业控制报告》,《中国国情国力》2006年第6期。

[21] 李泳:《从外资控制作用机理看我国的外资安全审查》,《国际贸易》2009年第7期。

[22] 李泳:《我国农业产业外资控制力研究》,《公共管理与政策评论》2014年第3期。

[23] 马松林:《入世十年农副食品加工业外资控制研究》,《产业与科技论坛》2012年第5期。

[24] 倪洪兴:《提高农业开放水平加强合理保护》,《中国日报》2011年12月9日。

[25] 乔颖、彭纪生、孙文祥:《FDI对我国产业风险的实证分析》,《当代经济研究》2005年第9期。

[26] 石玉、马晓宁:《益海嘉里:一个粮油巨头的成长路径》,《第一财经日报》2008年5月7日。

[27] 宋宝香、彭纪生:《外资对中国本土品牌的挤出效应》,《现代经济探讨》2007年第5期。

[28] 陶涛、李怡群:《外资对我国市场控制的总体特征及行业特征》,《经济研究参考》2010年第12期。

[29] 王水平:《基于产业控制力视角的中国零售业安全评估》,《财贸研究》2010年第6期。

[30] 王苏生、孔昭昆、黄建宏、李晓丹:《跨国公司并购对我国装备制

造业产业安全影响的研究》,《中国软科学》2008 年第 7 期。

[31] 王先庆:《渠道控制权面临的问题与挑战》,《中国市场》2014 年第 9 期。

[32] 严剑锋:《美国外国投资安全审查制度及其对上海自贸试验区的启示》,《科学发展》2015 年第 75 期。

[33] 杨公朴、王玉、朱舟、王蔷、李太勇:《中国汽车产业安全性研究》,《财经研究》2000 年第 1 期。

[34] 杨明洪:《WTO 与中国的粮食安全问题》,《经济问题》2000 年第 1 期。

[35] 杨瑞:《外资并购我国涉农企业现状及其影响》,《江苏商论》2010 年第 12 期。

[36] 杨妍:《兰州市农业产业链结构与农产品竞争力的调查研究》,硕士学位论文,甘肃农业大学,2006。

[37] 叶勤:《跨国并购影响因素的理论解释与述评》,《外国经济与管理》2003 年第 1 期。

[38] 余劲松:《国际投资法》,法律出版社,2014。

[39] 张诚:《海外投资项目评估与跨国企业的投资决策》,《外国经济与管理》1995 年第 1 期。

[40] 张春生:《外资引进与我国产业安全厦门》,硕士学位论文,厦门大学,2007。

[41] 张中山、李冬梅:《开放市场下我国产业安全形成机理》,《商业时代》2006 年第 17 期。

[42] 赵元铭:《产业控制力的实现层次:基于后发国家产业安全边界的审视》,《世界经济与政治论坛》2008 年第 6 期。

[43] 赵元铭、黄茜:《产业控制力:考察产业安全的一个新视角》,《徐州工程学院学报》2009 年第 5 期。

[44] 郑秀君:《我国外商直接投资(FDI)技术溢出效应实证研究述评:1994～2005》,《数量经济技术经济研究》2006 年第 9 期。

[45] 周智勇、宋清华、李涛、陈建宏:《基于 G1-变异系数法的矿产资源项目海外投资决策模型研究》,《黄金科学技术》2014 年第 8 期。

[46] 钟炜、胡怡建:《税收优惠对我国外商投资企业的重要性程度研

究——一项问卷调查》,《财贸经济》2007年第1期。

[47] 祝年贵:《利用外资与中国产业安全》,《财经科学》2003年第5期。

[48] 〔阿根廷〕劳尔·普雷维什:《外围资本主义:危机与改造》,苏振兴译,商务印书馆,1989。

[49] 〔德〕弗里德里希·李斯特:《政治经济学的国民体系》,邱伟立译,华夏出版社,2009。

[50] 〔美〕H. 钱纳里、M. 赛尔昆:《发展的模式1950~1979》,李小青等译,中国财政经济出版社,1989。

[51] 〔美〕亚历山大·汉密尔顿: *Report on the Subject of Manufactures*,电子文档。

[52] 〔英〕亚当·斯密:《国民财富的性质和原因的研究(上卷)》,郭大力、王亚南译,商务印书馆,1972。

[53] Adelman, M. A. "Concept and statistical measurement of vertical integration", *Business Concentration and Price Policy*, ed. Stigler, G. J. (Princeton, NJ.: Princeton University Press, 1955).

[54] Aitken B. and Harrison, A. E., "Does domestic firms benefit from direct foreign investment? Evidence from Venezula", *The American Economic Review* 89 (3), 1999.

[55] Akkoyun O., "Simulation-based Investment Appraisal and Risk Analysis of Natural Building Stone Deposits", *Construction and Building Materials* 31, 2012.

[56] Arrow, Kenneth J. "The Economic Implications of Learning by Doing", *Review of Economic Studies* 29 (3), 1962.

[57] Banker, R. D., Charnes, A. and Cooper, W., "Some Models for Estimating Technical and Scale Inefficiency in Data Envelopment Analysis", *Management Science* 30, 1984.

[58] Bartels, Frank, "Strategic Management Interaction between French Multinational Enterprises and Subsidiaries in Sub-Saharan Africa", *The Strategy and Organization of International Business*, *The Academy of International Business Series*, eds. Buckley P. J., Burton F., Mirza H. (Palgrave Macmillan, London 1998).

[59] Blomström, M. and F. Sjöholm "Technology transfer and spillovers: Does local participation with multinationals matter?", *European Economic Review* 43, 1999.

[60] Blonigen, B. A., "A Review of the Empirical Literature on FDI Determinants", *Atlantic Economic Journal* 33, 2005.

[61] Bond, Eric W. and Samuelson, Larry "Tax Holidays as Signals", *The American Economic Review* 76 (4), 1986.

[62] Cantwell, J., "Foreign Multinationals and Industrial Development in Africa", *Multinational Enterprises in Less Developed Countries*, eds. Buckley P. J., Clegg J., (Palgrave Macmillan, London, 1991).

[63] Caves, R. and Mehra, S. "Entry of Foreign multinationals into U. S. Manufacturing Industries", *Competition in Global Industries*, ed. M. porter (Boston: Harvard Business School Press, 1986).

[64] Charnes, A., Cooper, W. W., Rhodes, E. "Measuring the efficiency of decision making units", *European Journal of Operational Research* 2 (6), 1978.

[65] Chenery, H. B., Syrquin, M. and Elkington, H.. "Patterns of Development: 1950 – 1970", *African Economic History*, No. 2, 1975.

[66] Chukwuka Onyekwena, Idris Ademuyiwa, Eberechukwu Uneze, "Trade and Foreign Direct Investment Nexus in West Africa: Does Export Category Matter?" Part of the Series Advances in African Economic, Social and Political Development, 25 November 2016.

[67] Coyne, E. J. *An Articulated Analysis Model for FDI Attraction into Developing Countries*, (Florida: Nova Southeastern University Press, 1994).

[68] Doyle, Chris and Wijnbergen, Sweder Van "Taxation of Foreign Multinationals: A Sequential Bargaining Approach to Tax Holidays", *Institute for International Economic Studies Seminar Paper*, No. 284, (University of Stockholm), 1984.

[69] Driffield, N., Love, J. H., "Linking FDI Motivation and Host Economy Productivity Effects: Conceptual and Empirical Analysis", *Journal of International Business Studies* 38, 2007.

[70] Dunning, John H. "The Determinants of International Production", *Oxford Economics* 25 (3), 1973.

[71] Dunning, John H. *International Production and Multinational Enterprises* (London: George Allen & Unwin, 1981).

[72] Dunning, John H. "Multinational Enterprises and The Global Economy", *Business and Economics*, ed. Addison-Wesley (1992).

[73] Easson, A. J. *Tax Incentives for Foreign Direct Investment*, (Publisher: Kluwer Law International, 2004).

[74] Econometrics Beat: Dave Giles' Blog, http://davegiles.blogspot.com/2013/06/ardl-models-part-ii-bounds-test.html.

[75] Egger P. and Pfaffermayr, M., "A note on labour productivity and foreign inward direct investment", *Applied Economics Letters*, 8, 2001.

[76] Farzin, Y., Huisman, K., Kort, P., "Optimal timing of technology adoption", *Journal of Economic Dynamics and Control* 22 (2), 1998.

[77] Feinerman, J. V., "Enter the Dragon: Chinese Investment in the United States", *Law and Policy in International Business* 22, 1991.

[78] Goodhart, C. A., Hofmann, B., "Asset Prices and the Conduct of Monetary Policy", No. 88, *Royal Economic Society Annual Conference*, 2002.

[79] Guisinger, S., *Comparative Study of Country Policies. In Investment Incentives and Performance Requirements*, (New York, Praeger, 1985).

[80] Halme, Merja, Joro, Tarja, Korhonen, Pekka, Salo, Seppo and Wallenius, Jyrki "A Value Efficiency Approach to Incorporating Preference Information in Data Envelopment Analysis", *Management Science* 45 (1), 1999.

[81] Helpman, E., "A Simple Theory of International Trade with Multinational Corporations", *Journal of Political Economy* 92 (3), 1984.

[82] Hecock, R. D., Jepsen Eric M., "The Political Economy of FDI in Latin America 1986 – 2006", *A Sector-Specific Approach in Studies in Comparative International Development*, 49, 2014.

[83] Jensen, Eric, "Balancing security and growth: defining national security review of foreign investment in China", *Pac. Rim L. & Pol'y J.* 161

(19), 2010.

[84] Jiang, Jinli, "CFIUS: for national security investigation or for political scrutiny", *Texas Journal of Oil, Gas, and Energy Law* 67(9), 2013 ~ 2014.

[85] Josselyn, Amy S. , "National Security at All cost: Why the CFIUS Review Process May Have Overreach Its Purpose", *Geo. Mason L. Rev.* 1347 (21), 2013~2014.

[86] Jussaume, R. and Kenney, M. "Japanese Investment in United States Food and Agriculture: Evidence from California and Washington", *Agribusiness* 9 (4), 1993.

[87] Kaiser, Henry F. "An Index of Factorial Simplicity", *Psychometrika* 39 (1), 1974.

[88] Kling, G. , Baten, J. , Labuske, K. , "FDI of German Companies During Globalization and Deglobalization", *Open Economies Review* 22, 2011.

[89] Kokko, A. , Thang, T. , "Foreign Direct Investment and the Survival of Domestic Private Firms in Viet Nam", *Asian Development Review* 31 (1), 2014.

[90] Krickx, G. A. , "The Relationship between Uncertainty and Vertical Integration", *International Journal of Organization Analysis* 8 (3), 2000.

[91] Markusen, James R. , "Multinationals, Multi-Plant Economies, and the Gains from Trade", *Journal of International Economics* 16, 1984.

[92] Narayan, Paresh K. , "Reformulating Critical Values for the Bounds F-statistics Approach to Cointegration: an Application to the Tourism Demand Model for Fiji", *Department of Economics Discussion Papers* NO. 02/04, 2004.

[93] OECD, *Identification of Foreign Investors: A Fact Finding Survey of Investment Review Procedures*, 2011.

[94] Patel, Nikul, "Suggesting a Better Administrative Framework for the CFIUS: How Recent Huawei Mergers Demonstrate Room for Improvement", *North Carolina Journal of International Law and Commercial Regulation* 955 (38), 2012 ~ 2013.

[95] Pesaran, M. H., Shin, Y. and Smith, R. J., "Bounds testing approaches to the analysis of level relationships", *Journal of Applied Econometrics* 16, 2001.

[96] Reuber, G. L., Crookell, H., Emerson, M., Callais-Hamonno, G. "Private Foreign Investment in Development", *The Canadian Journal of Economics* 8 (4), 1975.

[97] Saha, Souvik "CFIUS Now Made in China: Dueling National Security Review Frameworks as a Countermeasure to Economic in the Age of Globalization", *Northwestern Journal of International Law & Business* 33 (199), 2012~2013.

[98] Speaker, Paul J., Mitchell, Douglas W., and Gelles, Gregory M. "Geometric Combination Lags as Flexible Infinite Distributed Lag Estimators", *Journal of Economic Dynamics and Control* 13, 1989.

[99] Sprenger, Rolf-Ulrich, Rauscher, M., "Economic Globalization, FDI, Environment and Employment", *Internationalization of the Economy and Environment Policy Option*, ed. Welfens P. J. J., (Springer, Berlin, Heidelberg, 2001).

[100] Sun, B., Fu X., "The option value analysis and application of uncertainty of mining investment projects", In 2nd IEEE International conference on Information Management and Engineering, Piscataway: IEEE, 2010.

[101] United Nations: *Bilateral Investment Treaties* 1995 – 2006: *Trends in Investment Rulemaking* (New York and Geneva, 2007).

[102] Vahter, Pritt, "An Econometric Study of Estonia and Slovenia: The Effect of FDI on Labour Productivity, Technology Transfer via Foreign Direct Investment in Central and Eastern Europe", *Part of the series Studies in Economic Transition*, 2006.

[103] Waldkirch, A., "Comparative advantage FDI? A host country perspective", *Review of World Economics* 147, 2011.

[104] Weimer, C. M., "Foreign Direct Investment and National security Post-FINSA 2007", *Tex. L. Rev.* 663 (87), 2008~2009.

[105] Wells, L. "Investment incentives: An Unnecessary Debate". *The CTC Reporter* 22, 1986.

[106] Zugravu-Soilita, N., "How does Foreign Direct Investment Affect Pollution? Toward a Better Understanding of the Direct and Conditional Effects", *Environmental and Resource Economics* 66 (2), 2017.

# 后　记

本书是我多年来从事外商直接投资研究的集合成果。本书从产业控制的角度探讨了外商直接投资威胁产业安全的机理，提出了外商直接投资产业控制力的评价方法，以此为基础构建了 FDI 安全审查制度和全息动态监控体系。该成果得到了同行专家的高度认可和肯定，获得国家社科基金后期资助，也得到中国政法大学人文社科项目的资助。

感谢国家社科基金五位匿名评审专家提出的宝贵意见，让本书内容体系得以更加完善。更要感谢我的学生们，特别是张静海、吴迪为本书的调研、资料收集做出的辛勤工作。另外，要感谢社会科学文献出版社，他们一直为繁荣我国的社会科学研究提供优质的服务。在本书编辑过程中，高雁编辑认真负责，付出了辛勤劳动，在此对出版社和高编辑为本书顺利出版给予的支持帮助表示诚挚的感谢。

李泳<br>
2017 年 7 月 3 日

图书在版编目(CIP)数据

外商直接投资产业控制力研究/李泳著. -- 北京：社会科学文献出版社，2018.1
　国家社科基金后期资助项目
　ISBN 978 – 7 – 5201 – 1625 – 1

　Ⅰ.①外⋯　Ⅱ.①李⋯　Ⅲ.①外商直接投资 – 影响 – 产业发展 – 研究 – 中国　Ⅳ.①F269.2

中国版本图书馆 CIP 数据核字(2017)第 257559 号

国家社科基金后期资助项目
## 外商直接投资产业控制力研究

著　　者／李　泳

出 版 人／谢寿光
项目统筹／高　雁
责任编辑／高　雁　李　佳

出　　版／社会科学文献出版社·经济与管理分社　(010)59367226
　　　　　地址：北京市北三环中路甲29号院华龙大厦　邮编：100029
　　　　　网址：www.ssap.com.cn

发　　行／市场营销中心　(010)59367081　59367018
印　　装／北京季蜂印刷有限公司

规　　格／开　本：787mm × 1092mm　1/16
　　　　　印　张：16.75　字　数：288 千字

版　　次／2018 年 1 月第 1 版　2018 年 1 月第 1 次印刷
书　　号／ISBN 978 – 7 – 5201 – 1625 – 1
定　　价／85.00 元

本书如有印装质量问题，请与读者服务中心 (010 – 59367028) 联系

▲ 版权所有 翻印必究